フランスと世界

渡邊啓貴
上原良子
編著

法律文化社

ま え が き

　本書は，フランス外交やフランスと世界をめぐる事情に関心をもつ大学生を対象にして編纂された教科書です。

　わが国では多くの分野で海外の研究といえば英語からの研究業績が主流であるため，各国の外交や対外政策研究はともすれば米英の見方からのものが多くなります。筆者の経験でいえば，そうした英語の研究は初学者が大まかな知識の概要を得るには有効であることは確かだと思います。国際比較に基づいてできるだけ客観的な視点から書かれているものも多いように思うからです。

　しかしそうした姿勢だけですと，米英のスタンダードを絶対視したものの見方になります。そうした潮流に異を唱えているのが，アジアでは中国ですし，ヨーロッパではフランスです。したがって本書は基本的にフランス語の文献をもとにフランス研究を専門とする研究者の中から，それぞれの分野でわが国ではもっとも評価の高い研究者に執筆をお願いし，初学者からある程度の専門知識を有する読者にも，十分な知見が得られることを目指して編集したものです。

　本書の総論では，最初に19世紀後半の第三共和制から現代までのフランス外交の歴史を概観しました。フランス外交の通史を書いた邦語の書籍は極めて希少なので，導入部分で概略を把握してほしいと考えたからです。できるだけ世界全体の動きにも配慮しながら，フランス外交の理解に不可欠と思われる政策の変遷や事象をまとめてみたつもりです。しかし150年近くの歴史を60頁ほどで論じたわけですから，抜け落ちている部分はあると思います。要は大きな流れとその中での事件や重要人物の名前などを記憶に残していただければと思って紹介しました。

　第Ⅰ部では，それぞれのイシューの執筆者は日本でそのテーマの研究を代表する研究者です。フランスにとって重要な地域であるドイツ，ヨーロッパ，中東・アフリカ・アジアにおける旧植民地諸国との関係の歴史と問題点について分かりやすく説明をしたつもりです。欧州統合と，その中での独仏の重要性は

夙にいわれるところですが，その重要性の内実について本書の読者は納得いく理解を得られることと確信します。また第二次世界大戦後頻発する世界の紛争勃発地域にフランスが歴史的にどのようにかかわっていたのか。そうした問いにも的確な回答を読者にお伝えする試みでもあります。

　なお，当初米仏関係について1章を設定する予定でしたが，それは総論の方に組み込むことにいたしました。世界のほとんどの国の戦後外交を論じるときにアメリカとの関係を論じることは不可欠です。フランス外交においてもそれは例外ではなく，戦後フランス外交の大きな軸となっているのが対米外交であることは明らかだからです。

　第Ⅱ部ではトピック別にフランスのスタンスについて論じてみました。政治・経済政策や防衛政策にはフランス特有の考え方が顕著に表れていますが，科学・原子力・文化外交などにはフランスの独自性をうかがい知ることができます。そこで扱ったいずれのテーマも外交政策に直接・間接的に関連をもっています。さらに移民大国，農業大国としてのフランス，地方自治体の取り組みなどにもフランス社会の独特の側面がみられます。

　2019年7月

執筆者を代表して

渡邊　啓貴

『フランスと世界』 目次

まえがき

総　論　フランス外交の歴史 ··· 001

1　第三共和制（1870〜1940年）の外交　001
2　第二次世界大戦後の国際環境とフランス　012
　　：対米協調・植民地帝国維持・欧州統合とドイツ
3　フランスの「偉大さ」を求めたドゴール外交（1958〜69年）　018
　　：演出された自立
4　ポンピドゥー時代（1969〜74年）　027
　　：緊張緩和時代のフランス外交政策の転換と連続性
5　ジスカール・デスタン時代の外交（1974〜81年）　030
　　：継続性の中の変化
6　ミッテラン時代の外交（1981〜88年，1988〜95年）　034
7　シラク時代（1995〜2002年，2002〜2007年）の外交　042
8　フランスの存在感を求めたサルコジ外交：過去との決別　052
9　オランド外交　058
　　：大西洋均衡・ユーロペシミズム・アフリカ介入
10　中道派「ドゴール主義」のマクロン外交　062

第Ⅰ部　地　域　編

1　フランスとドイツ ··· 069

はじめに：フランスにとってのドイツとは何か　069
1　「先祖代々の宿敵」　070
2　第二次世界大戦後の変化　071
3　戦後枠組みの成立　072
4　「独仏カップル」の成立　075
5　冷戦後ドイツの役割変化とフランス　078

◆iii

おわりに　080

2 ｜ フランスとヨーロッパ 081

はじめに　081
1　第二次世界大戦後の選択：ヨーロッパの建設　081
2　ＥＥＣとドゴールのヨーロッパ　083
3　オイルショックとヨーロッパへの転回　085
4　フランスを拘束するＥＵ　087
おわりに　091

3 ｜ フランスとアフリカ 093

はじめに：フランスにおけるアフリカ（"Afrique"）　093
1　フランスとフランス語圏アフリカ諸国の関係の特殊性　093
2　フランス・アフリカ関係の歴史的展開　095
3　フランス語圏アフリカ諸国とフランスの絆　097
4　フランス・アフリカ関係の「司令部」と家父長主義的統制　099
5　継続性の中の変化と3つの危機　102
おわりに：新たな関係の萌芽　103

4 ｜ フランスとマグレブ 108

はじめに　108
1　戦後から独立まで　109
2　政治体制の固定化と経済発展　110
3　1970年代の経済危機と政治的自由化　113
4　冷戦後の国際関係と9.11テロ後　115
おわりに：今後の課題　117

5 ｜ フランスと中東 119

はじめに　119
1　フランスにとって中東とはどこか　120
2　ドゴールからシラクまで　121
3　サルコジ以降　124
おわりに：将来展望　126

iv ◆

6 **フランスとインドシナ** ··· 128

はじめに　128
1　インドシナの植民地化　129
2　ナショナリズムの台頭　130
3　インドシナ紛争（第一次インドシナ戦争）から脱植民地化へ　133
4　フランスと独立後のインドシナ　134
おわりに：関係の発展を目指して　137

7 **フランスと南太平洋島嶼** ··· 139

はじめに　139
1　EUと海外フランス　139
2　フランス領南太平洋とアルジェリア　142
3　ニューカレドニア独立問題　143
おわりに：重なる地域，人の移動と共和国　146

第Ⅱ部　トピック編

1 **フランスの政治** ·· 153

はじめに　153
1　フランス政治体制の特徴　153
2　大統領の外交安全保障の権限　154
3　「偉大さ」の象徴としての大統領　155
4　「専管事項」としての外交安保　155
5　「自主外交」vs.「大西洋主義」　156
おわりに：大統領の外交を規定するものとは　158

2 **フランスの軍事・国防** ··· 162

はじめに　162
1　冷戦期フランスの軍事・国防政策　163
2　冷戦後から現在に至るフランスの軍事・国防政策　165
おわりに：今後の展望と課題　167

3 | フランス経済の特質と変貌 ·· 169

はじめに　169
1　3つの歴史的特性　171
2　戦間期の苦闘　172
3　戦後経済の発展　173
おわりに　176

4 | フランスの経済・金融 ·· 181

はじめに　181
1　フランス経済における「伝統」と「革新」　182
2　フランスの貿易：相手国，品目，貿易収支　182
3　フランスへの投資とフランスからの投資　186
4　金融のグローバル展開：銀行と資本市場　190
おわりに　193

5 | フランス文化外交の変遷 ·· 195

はじめに：ソフトパワー大国の歴史　195
1　外交と文化の結合：啓蒙活動の手段　195
2　フランス革命から第二次世界大戦へ：海外進出の手段　197
3　冷戦時代の文化外交の飛躍　198
4　冷戦終結後の転換　199
5　フランス芸術活動の普及　200
6　フランス海外広報文化の2つの柱：語学教育と文化の普及　201
7　フランス文化外交の危機感と躍進：「フランス院」の誕生　202

6 | フランスの農産物 ·· 207

はじめに　207
1　フランスはなぜ農産物輸出国になったのか　207
2　共通農業政策はフランスの農産物輸出をどう変えたか　209
おわりに　212

7 | フランスと原子力 ·· 215

はじめに　215

1　原子力黎明期から軍事利用顕在化　215
　　　　　：エネルギー対外依存の高まりへ
　　　2　原発大国化への道　217
　　　3　反原発の動きと温暖化の中での「脱炭素化エネルギー」　219
　　おわりに　220

8　科学技術とフランスのグローバル戦略　222

　　はじめに　222
　　　1　科学技術に支えられたフランスの独自性　223
　　　2　グローバル市場での競争　224
　　　3　スターウォーズ計画への対抗　225
　　おわりに：冷戦後のグローバル競争　226

9　フランスの脱植民地化　229

　　はじめに　229
　　　1　第二次世界大戦後のフランス植民地体制の再編　229
　　　2　脱植民地化の諸類型　230
　　　3　脱植民地化の歴史的位置とその後の問題　232

10　フランスの自治体外交　236

　　はじめに　236
　　　1　自治体外交の制度的発展　237
　　　2　自治体外交の制度枠組みと推進体制　238
　　　3　自治体外交の相手国と活動分野　239

11　フランスの移民　245

　　はじめに　245
　　　1　フランスを構成する多様な移民　245
　　　2　政治化する移民問題　248
　　　3　安全保障問題化する移民問題　250
　　おわりに　251

さらに学びたい人のための参考文献資料

年　　表

あとがき

【コラム】

1　ジャーナリズム　160

2　ファッション　179

3　世界の中のフランス映画　205

4　ワイン・料理　213

5　フランスとテロ　234

6　建築および都市遺産の保護・活用政策　243

総　論

フランス外交の歴史

渡邊　啓貴

1◆―――第三共和制（1870〜1940年）の外交

1-1　帝国主義の時代

対独復讐と植民地主義　　フランスはプロシアとの戦争に負けて（普仏戦争：1870〜1871年），アルザス・ロレーヌ地方を失い，その後に成立した第三共和制のフランスはオットー・フォン・ビスマルク宰相の外交によって孤立した。しかしその時代は第二帝政下の産業革命を通して成長したブルジョワジーが海外植民地を求めて世界に雄飛した帝国主義の時代でもあった。その意味では普仏戦争以後のフランス外交は「対独復讐（強硬）」と「植民地拡大」という２つの路線が交錯する中で展開された。

したがって1880年代にフェリー内閣（1880年９月〜1981年11月，1883年２月〜1885年３月）の植民地政策をドイツは歓迎した。ドイツ帝国はビスマルクのもとで，独墺伊三国同盟と独露再保障条約，イギリスやスペイン南欧諸国との協調による広範で複雑な対仏包囲網を結成していたからだった。フランスの植民地拡大政策はドイツにとってフランスの対独復讐政策の後退＝独仏緊張緩和の意味をもち，２つの政策は表裏の関係にあった。

1830年にアルジェリアを保護国としたフランスは1882年にチュニジアを保護国とし，1885年６月には清国と天津条約を締結，インドシナを保護国とした（仏領インドシナ）。フランスの植民地政策の特徴は，「文明上の使命」と高利貸し的金融帝国主義にあった。イギリスなどと同様に，文明の伝播と開発を口実に原材料の供給地と生産品の市場を求めた帝国主義であったことに違いはなかったが，その特徴は国内の膨大な預金を海外債権に投じる「高利貸し的金融

◆ 001

帝国主義」にあった。

　こうした中でビスマルクが1890年に失脚したことはフランス外交の大きな転機となった。ウィルヘルム二世は独露再保障条約の更新をせず，両国関係が疎遠となったと解釈したフランスは大量の対露融資を開始し，仏露は1891年に政治協定，1894年に軍事協定を締結，露仏同盟を成立させた。露仏同盟はフランスにとって国際的孤立から脱出するための大きな一歩であったが，同時に植民地政策の復活ともなった。1894年に植民省が独立，1895年日清戦争後の対日三国干渉，清国からの領土の租借・中国分割策（広州湾），マダガスカルの支配，コンゴ，カメルーンなどへの植民地拡大につながり，1898年にはアフリカ縦断政策をとるイギリスとファショダで軍事衝突した（ファショダ事件）。この時期フランス国内の「対独復讐」の気運は和らいだ。

　デルカッセ外交と独仏関係の悪化　　デルカッセ外相（1898年6月〜1905年6月）時代には，英仏接近と独仏間の緊張が増大した結果，対独強硬（復讐）政策と植民地拡大政策がひとつの政策となっていった。

　ファショダ事件後締結された英仏協定（1899年）によって英仏はアフリカ植民地の棲み分けを実現した。その一方で，仏伊間の急速な接近が進んだ（1898年通商協定，その後通商・政治協定）。そして英独同盟交渉が失敗した結果英仏両国の接近が進み，1904年4月英仏協商が成立した。この条約は英仏がそれぞれエジプトとモロッコの支配権を確認したものだった。

　この英仏協商はフランスの国際的地位を向上させるとともに，英仏露列強による対独包囲網の形成をもたらすことになった。そのきっかけは第一次世界大戦の原因のひとつといわれてきた独仏関係の悪化であった。

　その舞台となったのがモロッコだった。ドイツはモロッコの門戸開放と独立を要求して，1905年3月にはウィルヘルム二世がタンジールを訪れ，フランスへの対抗的姿勢を明らかにした。しかしフランスは当時の国内事情から強硬姿勢に出ることができず，1906年モロッコの独立と門戸開放が国際的に承認され（アルヘシラス会議），ドイツ外交の勝利と見られた（第一次モロッコ事件）。

　1911年4月今度はフランスが治安維持を口実にモロッコの首都フェズに出兵した。これに対抗してドイツは砲艦パンテルをアガディールに派遣した。この第二次モロッコ事件は「対独復讐」熱をフランスで再燃させた。対独強硬派の

ポワンカレー内閣（第一次 1912～1913年，以後 4 回組閣）が誕生し，1912年 3 月にモロッコとの間にフェズ条約を締結し，その結果モロッコはフランスの保護領となった。

この年フランスはロシアとの間で露仏同盟の陸軍協力に引き続いて両国の海軍協力に合意した。英仏協力も一層前進し，1912年には英仏協商は植民地協定から軍事同盟に格上げされた。他方で，日露戦争後ユーラシアで帝国主義的な対立を続けてきた英露関係に緊張緩和の時期が訪れ，1907年 8 月に英露協商が成立し，その結果英仏露三国協商が成立するに至った。

こうして植民地政策がひと段落したフランスにとって，その外交の焦点は次第に「対独復讐」へと一元化されていった。そしてそれは具体的には再びアルザス・ロレーヌ問題へと収斂していったのであった。

1-2　第一次世界大戦後のフランス外交

フランスは第一次世界大戦開戦間もない1914年 9 月にマルヌの会戦で窮地に陥り，かろうじてドイツ軍を駆逐したが，同年末頃から独仏戦線（「西部戦線」）は膠着状態となった。1916年 2 月のヴェルダン要塞の戦いはドイツの猛攻撃をフィリップ・ペタン（のち元帥，ヴィシー政権時代の国家元首）が阻んだが，戦争の決着はつかなかった。ドイツの敗北が決定的となったのは，1917年 4 月にアメリカが参戦，1918年 7 月ランスの戦いで連合司令官フェルディナン・フォッシュ将軍が独軍を駆逐した後だった。同年11月にはルトンドのコンピェーニュの森で連合軍とドイツ軍は休戦条約に調印，翌年 1 月には戦後処理のためにパリ講和会議が開催された。

ヴェルサイユ条約と対独報復主義　　パリ講和会議では米英仏の「三大国」が会議をリードしたが，現実主義に固執したジョルジュ・クレマンソーと理想主義を標榜したウッドロー・ウィルソン米大統領の確執が諸所で見られた。

ドイツの徹底した弱体化を望んだクレマンソー首相に対してウィルソンは普遍的国際協調主義，民主主義，民族自決主義を唱えたのである。クレマンソーは，ウィルソンの理想主義は「キリストのごとき言葉」と述べ反発していた。したがってフランスはもともと，1920年に発足した国際連盟による普遍的集団安全保障機能には消極的な立場だった。その一方で，ドイツの徹底的な弱体化

総　論　フランス外交の歴史　　◆003

を望まなかったのが，ロイド・ジョージ英国代表だった。

　第1にドイツに対する戦争責任は，1320億金マルクの賠償，陸・海・空軍の極端な制限となって示された。ドイツからの賠償金はフランスの再建と同時に戦時中の対米債務を支払うための財源でもあった。1920年のスパー会議の合意では賠償受取額の全体の52％をフランスが占めたし，1923年1月にはドイツがその年の支払い停止を要請したことを理由に，レイモン・ポワンカレはベルギー軍とともに，ルール地方を占領した。

　第2にフランスの最大の関心はドイツに対する安全保障の確保であった。そのためにヴェルサイユ条約では，ライン河左岸のドイツの軍事施設・軍の駐留・軍事演習の禁止などが定められていたが，それらはフランス側の強い要請の結果であった。

　第3に，フランスにとってもうひとつの脅威は1917年ロシア革命によって誕生した「共産主義国家」＝ソ連であった。当時ヨーロッパではソ連共産主義・ボリシェヴィズムというイデオロギーは軍事力や経済力とは異なった，目に見えないまま感染する「疫病」のようなものだと考えられていた。

　米英と中・東南欧との同盟：大西洋同盟・「間接的侵略」・「防疫線^{コルドン・サニテール}」　ドイツに対する潜在的な脅威を前にしてフランスは，米英と中・東欧諸国に接近した。独仏国境に関してはアルザス・ロレーヌを回復し，ライン河国境説を主張した。さすがにライン河を両国の国境にすることでは米英を説得することができず，ライン河左岸の15年占領と右岸50kmの非武装を認めさせるにとどまった。

　そこでフランスはライン河国境を断念する代償として米英との同盟関係に期待をかけた。しかし1919年ヴェルサイユ条約時に調印されたフランスと米英両国との相互援助条約は，アメリカ上院がその批准を認めなかったので，結局いずれの条約も成立しなかった。

　したがってフランスは，別の策を講ぜねばならず，小協商諸国と中・東南欧諸国との安全保障体制構築を意図するようになった。すなわちポーランドおよび，1920年から21年にかけて成立したチェコスロバキア，ルーマニア，ユーゴスラビアとの条約だった。フランスはドイツの「間接的侵略」（フランスをはじめとする西欧進出の前の東南欧への侵略）の可能性に備えて，1924年1月にはチェ

コスロバキアと同盟条約を締結し，ほかの小協商諸国とも同盟関係を結んだ。他方でフランスにとってポーランドや小協商諸国との同盟はドイツに対する脅威とともにソ連共産主義というイデオロギーの「疫病」の感染を阻むための「防疫線」の意味があった。この言葉はクレマンソーの発案によるものだったが，冷戦時代「封じ込め政策」で有名になったジョージ・ケナンが使った言葉としてわが国でも知られるようになった。

1-3　相対的安定の時代

国際協調主義＝集団安全保障政策：左翼連合時代の外交転換　　戦後のフランスが対独強硬姿勢と反ソ姿勢を基本とすることを支持したのは右派「ブロック・ナショナル（国民連合）」だった。他方で急進派と社会主義勢力を糾合した「カルテル・ド・ゴーシュ（左翼連合）」は新生ドイツを平和的民主的国家とみなし，対独協力路線，対英協調外交，ソ連を承認する立場をとった。前者を代表したのがアレクサンドル・ミルランやポワンカレであり，後者を代表したのが1924年に左翼連合の首班を形成したエドゥアール・エリオ（首相 1924年以降，三度組閣）らであった。そしてこの両者の中間派が，アリスティード・ブリアンのリアリズム外交であった。

　1924年5月に成立したエリオ内閣（左派連合）のもとでは，親独ソ国際協調的な路線が推進された。第1に対独賠償問題ではドーズ案（アメリカからの融資をドイツが受け，それをドイツはフランスへの賠償支払いに充てる）を受け入れた。賠償を受けたフランスはそれによって対米負債の返済を行う。その間に独仏ではアメリカからの融資による景気浮揚・経済再建が試みられるという考え方であった。その結果ヨーロッパ経済は安定期を迎える。1929年世界大恐慌までの間仏工業生産は上昇し，1950年代までその記録は破られなかった。

　第2に，1924年10月にエリオ内閣はソ連を承認した。第3にフランスは同月国際連盟総会でイギリス労働党のラムゼイ・マクドナルド首相と協力して作成したジュネーブ議定書を提出した。この条約は，仲裁裁判，安全保障，軍備縮少という三原則による国際紛争の平和的解決のための保障協定だった。これはフランス外交が普遍的集団安全保障体制支持へ転換したことを意味した。

ブリアン外交：地域的集団安全保障としてのロカルノ条約と欧州統合案　　しか

総　論　フランス外交の歴史　　◆005

し翌年4月にエリオが退陣し，ブリアン（外相 1925年以降15回同相，1913年以降10回組閣）が外相に就任してからはその方向が再び変わり，地域的集団安全保障体制の構築に向かった。ブリアン外交の特徴は，①対独賠償を強要しないこと，②イギリスとの相互依存関係強化，③アメリカとの接近であった。

　そうしたブリアン外交の真骨頂がロカルノ条約だった。1925年10月スイスのロカルノで，英・仏・独・伊・ベルギー間にラインラントの現状維持やラインラントの非武装を定めた5か国相互保障条約（ロカルノ条約，またはライン条約），およびドイツとベルギー，ポーランド，チェコ，フランスそれぞれの間の仲裁裁判条約，さらに，フランスとポーランド，チェコ，それぞれとの相互援助条約が締結され，いわゆる「ロカルノ体制」と称する地域的集団安全保障体制が成立した。これによってヨーロッパは相対的安定期を迎え，ブリアンは「平和の使徒」「平和外交の巡礼者」と称賛され，ノーベル賞を受賞した。ロカルノ条約は，第一次世界大戦後の地域的集団安全保障体制の成功例だったが，後のブリアンの国際連盟での文字通り「欧州統合」提案の出発点でもあった。

　この条約締結の結果ドイツは国際連盟へ加入することが認められた。独仏の接近は，1926年9月ジュネーブ近郊のトワリーでブリアンとグスタフ・シュトレーゼマンが会談し，1927年に独仏間で通商条約が締結されたことにも見られた。この頃独仏ベルギー・ルクセンブルグの間で鉄鋼部門での協商の話も進められていた。戦後の欧州統合の具体的出発点となった欧州石炭鉄鋼共同体（ECSC）の前身だった。

　しかしフランスにとってロカルノ体制は完全なものではなかった。ドイツの東側国境の安全保障は確保されたわけではなかった。またロカルノ条約によって，フランス軍はドイツとの国境を越えて東進することはできなくなっていたので，フランスのポーランドや小協商諸国との同盟はこの条約によって事実上有名無実化したというのが真実だった。

　1928年にはケロッグ・ブリアン条約として知られる不戦条約が締結され，戦争の違法化が初めて承認されたが，この条約はブリアンが親米派であることの証でもあった。1929年8月にはドイツ賠償額を358金マルクに減額することとライン川流域から兵力の撤退で合意した。

　同年9月の国際連盟総会における欧州統合案の演説は，ブリアンの名前を後

世に残したもうひとつの偉業だった。今日の EU につながる「人，モノ，金」の自由などがすでに提唱されていた。ヨーロッパは統合を通してアメリカの経済的パワーとソ連の革命的圧力に対抗しうるという考えも内包していた。しかし一連の親英米独外交は国内の右派・穏和派の強い反発を招き，翌月ブリアン内閣は倒壊した。

1-4　世界恐慌後のフランス外交の動揺と第二次世界大戦への道

ヴェルサイユ条約修正要求への対応　　1929年10月ニューヨーク市場における株価暴落による世界恐慌は独仏にも大きな打撃を与えた。

フランスでは，同月ブリアンに代わった「クレマンソー主義者（対独復讐主義）」と称されたタルデュー政府（1932年5月）が誕生した。当時ザール地方の領有と，ヤング・プランに基づく賠償金未払いの「制裁」をめぐって独仏間に角逐があった。賠償問題と再軍備をめぐるドイツのヴェルサイユ体制修正の主張に対して，ラヴァル政府（1931年）もそのあとの第二次タルデュー政府（1932年2月〜5月）も受け入れようとはしなかった。こうして相対的安定期が崩壊していく中で，1933年1月にはアドルフ・ヒトラーが政権を奪取した。

軍縮・相互援助安全保障体制から軍備管理へ：ドイツの国際連盟離脱　　そしてナチスドイツは再軍備（権利の平等）を要求，それは国際連盟の軍縮会議で議論された。1932年2月に開始された国際連盟主催の一般軍縮本会議（64か国参加，ジュネーブ軍縮会議）は難航のすえ，同年12月11日にドイツの権利の平等を「原則として」認める英米仏伊四国宣言を承認した。しかし会期中の33年1月30日にヒトラー政権が誕生，やがて，10月ヒトラーは軍縮会議および国際連盟からドイツが脱退することを宣言，軍縮会議は成果を上げないまま34年5月閉会した。

このジュネーブ軍縮会議において，軍備の平等を執拗に主張するドイツ（1932年の時点で秘密裡に再軍備を始めていた），それに対して宥和的姿勢を示すイギリスを相手に，フランスは領土の現状維持とロカルノ体制を捕完する新たな安全保障体制の確保を主張した。同年2月5日の軍縮会議でフランスが提出したタルデュー・プラン，ポール・ボンクール陸相兼ジュネーブのフランス主席代表の「建設的プラン」などがあったが，ドイツ，オーストリア，ハンガリー

などの消極的姿勢によって実現しなかった。英米もドイツに対する制裁の適用については消極的だった。

バルトゥ外交：ソ連・東欧・イタリアへの接近　　こうした中でフランスの左派の伝統的立場をとろうとしたのが，ドゥーメルグ内閣（1913年12月9日〜1914年6月2日）のルイーズ・バルトゥ外相の「東方外交」として有名になったソ連と中・東欧諸国への接近策だった。

1934年になると，ポーランド・ドイツの不可侵条約，ドイツ・ユーゴスラビア通商協定が結ばれた。フランスの東南欧地域での劣勢は明らかだったが，こうした事態に対処しようと，バルトゥはソ連の国際連盟への加盟を支持し（1934年9月加入），仏ソ相互援助条約を画策，その一方で「東方ロカルノ」体制を築こうした。

「東方ロカルノ」体制とは，ソ連，ドイツ，ポーランド，チェコスロバキア，フィンランド，バルト三国との相互援助条約の体制であった。しかしもともとこのバルトゥの構想には無理があった。ポーランドはドイツに接近しており，ポーランドとソ連の間の不和があったからだ。

加えて，フランスと東南欧諸国の間には農産物貿易をめぐる摩擦があった。フランスにとって東欧諸国の対ソ「防疫線」の意味はすでに実質的に失われていたのであった。

他方でバルトゥはドイツを牽制するためにイタリアにも接近した。当時イタリアはユーゴとの間でトリエステ領土をめぐる対立があったので，バルトゥは両国の和解に乗り出し，同年10月にユーゴ国王アレクサンドル一世をフランスに招いた。しかしバルトゥはマルセイユで訪仏中のアレクサンドル一世暗殺事件に巻き込まれ，不慮の死を遂げ（マルセイユ事件），「東方ロカルノ計画」は結局挫折した。

ラヴァル外相の親伊政策と欺瞞のストレーザ戦線　　バルトゥ外相を襲ったピエール・ラヴァル外相（首相と兼任，1935年）の外交は前任者バルトゥを引き継ぐ親伊姿勢にあった。1935年1月に締結された仏伊協定（ローマ協定）は，長年の両国のアフリカでの利害関係を調整（エチオピアでのイタリアの経済的優位を承認），東欧諸国の領土保全の確保とドイツの脅威に仏伊が共同で対抗する意思を表明したものだった。そして翌2月には英仏伊三国の共同宣言が発表さ

れ，三国の対独連携が試みられたのである。しかし「ドイツが国際連盟に復帰するなら，ヴェルサイユ条約上の軍備制限条項の破棄を認める」イギリスとドイツの事実上の再軍備を拒絶するフランスとの間には対独姿勢に大きな開きがあった。

　こうした中で1935年3月，ナチスドイツが再軍備を宣言した。これに対して4月に英仏伊三国はイタリアのストレーザで会議を開催し，ドイツの一方的なヴェルサイユ条約の破棄を非難，ロカルノ条約遵守とオーストリアの独立保全などを約束し，反ドイツのための「ストレーザ戦線」を構築した。しかしこの三国の協力は実効性をもたなかった。英仏はオーストリアの独立に積極的ではなかったので，イタリアはやがてドイツに接近していったからである。

1-5　宥和政策

英独海軍協定とイタリアのエチオピア侵攻　　ストレーザ戦線は1935年6月に英独海軍協定が結ばれたことで崩壊する。イギリスはドイツに対してイギリスの35％の海軍力の保有を認めたのであった。これはイギリスの対独宥和政策のはじまりとなった。フランスはそれに抵抗することができず，その後「対英追随外交」が顕著となっていった。さらに同年10月のイタリアのエチオピア進軍の際には，英仏はイタリアとの交戦を回避し，事実上の了解を与え，同年12月ホーア英外相とラヴァル仏外相がそのための英仏協定を締結しようとしたが，挫折した。

仏ソ相互援助条約を契機とするドイツのラインラント進駐　　1935年5月に調印された仏ソ相互援助条約が翌年2月末にフランス下院で批准されたことに激怒したヒトラーは，翌3月ドイツ軍をラインラントに進駐させた。その理由はこの条約の発効によって，対ソ支援のためにフランスが独仏国境を越えてソ連に援軍を送ることができたという点にあった。しかしラインラントの非武装を約したロカルノ条約が順守される限り，ドイツの主張には現実味がなかった。

　結局フランスはこの地域に軍隊を派遣しなかった。その背景には，弱腰の世論と軍備不足という解釈が指導層にあったからだ。右翼は親独的な姿勢に終始しており，仏ソ条約がドイツを刺激したと非難していたし，左翼の社会党は政

総　論　フランス外交の歴史　　◆009

府に慎重策を説いていた。当時ドイツ正規軍の数は120万人，これに対して仏軍総数は60万人と見られた。またライン川の対岸に派遣すべき遠征攻撃軍の編成のための調達は不十分だった。いずれにせよ，フランス国内の厭戦気分は明らかで，イギリスに追随する宥和政策やむなしという雰囲気だったことは明らかだった。

人民戦線内閣の宥和政策：スペイン内戦不干渉・オーストリア併合・ミュンヘン会議　ナチス・ドイツの興隆の一方で，フランスではファシズムに対抗するための統一戦線成立の動きが大きくなった。1936年 4 月〜 5 月選挙で社会党・共産党・急進社会党の 3 党による「人民戦線」派が勝利し，社会党レオン・ブルムを首班とする人民戦線内閣が成立した。

スペインでも1936年 2 月にアサーニャ人民戦線内閣が成立したが，これに対してフランシスコ・フランコは軍部による反政府運動を開始，ブルゴスに政権を樹立した。スペイン内乱の勃発だった。しかしブルム政府は同朋であるスペイン人民戦線を救おうとはせず，イギリスと協調して国際連盟におけるスペイン内戦不干渉委員会を支持，イギリスの反共外交を支持したのであった。フランス左派特有の親英姿勢だった。

しかし人民戦線政府は何もしなかったわけではなかった。公式には不干渉政策を維持しつつも，1 万人の国際義勇軍を共和派に派遣し，ソ連からの兵器をフランス経由でスペインに供給した。フランス人民戦線の矛盾した政策こそ，宥和政策の源だった。

1938年 3 月12日ドイツ軍はオーストリアナチ，アルトゥル・ザイヌ＝イングヴァルト首相の要請を受けてオーストリア国内に進駐した。しかしドイツの侵略直後に英仏がイタリアと接触して対抗措置を協議したい旨，伝えたときにイタリアは全く関心を示さなかった。イタリアはスペイン内乱に深く関与しており，ドイツと事を構える余裕がなかったからだった。

オーストリア合併の次にヒトラーが目標にしたのは300万人のドイツ系住民のいるズデーテン地域であった。この地域はチェコの工業・経済の中心地域で，この地域の喪失はチェコスロバキアにとって大きな損害を意味した。1938年 4 月，コンラード・ヘンライン ズデーテンドイツ党党首は，カルルスバードでズデーテン地方のドイツ系住民の権利の諸要求を発表（「カルルスバード綱

領」），その後チェコ国内の事態は緊張，動揺した。ドイツ軍のズデーテン地域への武力侵攻のうわさが高まる中で，英スティーヴン・ランシマン卿使節，ネヴィル・チェンバレン英首相が訪独し，ヒトラーの説得に努めたが，成功しなかった。事態は一触即発の様相を呈した9月末，ベニート・ムッソリーニの仲介による4か国間の会談（ミュンヘン会談）が開催され，ドイツの要求が受け入れられた。

エドワール・ダラディエ仏首相自身は宥和政策に批判的であったが，イギリスが独伊に対して抵抗する姿勢をもたない限り，フランスに単独で戦う気概はなかった。戦争の準備もないと考えられていた。したがってその後1939年3月にドイツ軍がプラハに侵攻し，その後ポーランドとソ連との軍事同盟交渉が続いたが，フランスは，イギリスの宥和政策への追随外交から積極外交に転じることはついにできなかった。その間隙を縫って同年8月と9月に独ソ（不可侵）条約が締結された。

第二次世界大戦の勃発と終戦　1939年9月，ドイツのポーランド侵攻に抗議して宣戦布告した英仏だったが，戦闘は半年以上も行われなかった（奇妙な戦争）。実際に戦争が始まったのは，ドイツ軍戦車部隊がベルギー国境アルデンヌの森を突破してフランスに侵入してきた翌年5月だった。この時新たに首相となったポール・レイノーはイギリス軍の支援を求めて，新内閣の国防次官ドゴールをイギリスに派遣し，英仏政治統合をすすめようとした。しかしドイツの攻勢の前に抗戦派レイノー政権にもなす術もなく，同年6月15日にパリはドイツに占領された。そして17日にはドイツとの和平派を代表する第一次世界大戦の英雄フィリップ・ペタン副首相・元帥が首相となり，22日には独仏休戦協定が締結された。その後ボルドーに臨時政府を樹立，7月1日には中南部のヴィシーに政府は移転した（ヴィシー政権）。

ヴィシー政権は「国民革命」と称して，牧歌的で復古主義的なカトリック的道徳観に支えられた農業国家としての「新しい秩序」の建設を称揚した。敗戦は道徳的秩序感を失ったフランス国民と指導層の退廃にその原因があるという見方であった。しかしそれは結局ドイツとの協力を促進させる以外のなにものでもなかった。ヴィシー政権には親独派ピエール・ラヴァルが副首相となったが，親独姿勢があまりにも強かったことからフランス国民の嫌気をかった。ペ

タンは12月には国民に不評なラヴァルを解任して，ピエール＝エチィンヌ・フランダンを副首相とした。

　このときドゴールはいち早くロンドンに逃れ，亡命政府「自由フランス」を結成，6月18日にはBBCラジオで歴史にその名を遺した声明を発表した。世界戦争は始まったばかりだ，という檄をフランス国民と世界に訴えた。「6月18日の男」の誕生だった。「自由フランス」は海外，特にフランスの北アフリカ植民地を中心に対独抵抗運動をつづけた。その後アメリカが支援したアンリ・ジロー大将との角逐があり，1943年6月に成立したフランス国民解放委員会ではドゴールとジローが共同代表となったことがあったが，11月にはジローは辞職した。そして翌年ドゴールが代表するフランス共和国臨時政府が成立した。そして同年6月ノルマンディー上陸作戦を経て，8月パリは解放された。

　こうして解放後の臨時政府の主席にドゴールは就任したが，社会党・共産党との対立から1946年1月辞職した。ドゴール自身はほどなく政権に復帰するつもりだったが，ドゴール政権樹立にはその後12年の歳月を必要とした。

2 ◆——— 第二次世界大戦後の国際環境とフランス
：対米協調・植民地帝国維持・欧州統合とドイツ

2-1　第二次世界大戦後のフランス外交3つの軸

　米英ソ三大国の首脳によるヤルタ会談（1945年2月）に招待されなかったことを終生屈辱と感じ，戦争末期，フランクリン・ルーズベルトの会見の申込みを拒絶したシャルル・ドゴールだったが，終戦直後には援助を求めてジョルジュ・ビドー外相をアメリカに派遣していた。

　米ソ冷戦が進行していく中で，もはや「中級パワー」にすぎなくなった第二次世界大戦後のフランスの外交は3つの軸によって構成された。すなわち，米ソ対立＝東西冷戦の枠組み（対米政策），ドイツとの連携・ヨーロッパ統合，旧フランス帝国の終焉＝植民地独立への対応である。

　冷戦下ビドーの親米外交：防衛協力とマーシャル復興支援　　第1に，フランスは結局西側陣営の一員として復活した。解放直後，フランスの国際的地位の復活を目指すドゴールは，1944年12月にモスクワを訪れ，ドイツの脅威に備え

て仏ソ同盟条約を締結した。そこには，ドイツの脅威に対抗するためロシア・東欧諸国をフランスにひきつけておきたいという伝統的なヨーロッパ勢力均衡外交の発想が生きていた。

　しかしその一方で，フランスにとって復興のためのアメリカからの支援は不可欠だった。1945年2月ジャン・モネが，同年8月末にはビドー外相が支援要請のために訪米，1946年1月にドゴールが退陣した後，同年5月にはかつての人民戦線内閣首相レオン・ブルムが渡米し，ブルム＝バーンズ協定（米仏協定）を締結した（アメリカからの26億ドルの援助）。その代償としてフランスはアメリカ映画のフランス国内上映をアメリカと約束しなければならなかった。

　第四共和制発足当時フランス外交において重要な役割を果たしたのがビドーだった。歴史学の教員でキリスト教民主主義者，レジスタンス（対独抵抗運動）に身を寄せ，全国抵抗評議会（CNR）議長も務めた経験があった。ビドーの時代にフランスはアメリカとの共同防衛に強く傾斜していった。1950年3月アメリカとの相互防衛援助条約（MSA）を締結し，20個師団増強を計画したのはその象徴だった。親米一辺倒の外交はフランス第四共和制を通して行われた。

　東西対立の危機感を高めていたのは西欧各国での共産主義者と労働運動の隆盛だった。物価・賃金凍結措置を続ける政府の政策に抗議して労働者のストライキが展開された。こうした中で1947年5月社会党ポール・ラマディエ首相は共産党閣僚の更迭に踏みきった。その背景には，すでにヨーロッパ復興援助計画（マーシャル・プラン）を発表していたアメリカからの圧力があったといわれる。1951年に調印された欧州石炭鉄鋼共同体（ECSC）構想（シューマン・プラン）もアメリカは強く支持しており，この頃フランスでは，アメリカはヨーロッパ復興援助と西欧経済の一体化（欧州統合）を抱き合わせで考えていると見られていた。そして，欧州統合はアメリカ資本主義の市場拡大の試みの一環と見る意見も強かったのである。

　ドイツと欧州防衛　　第2に，ヨーロッパはフランス外交の中心領域として位置づけられた。そして，ヨーロッパ統合は，ドイツの潜在的脅威への抑止手段となると考えられた。

　欧州復興援助と統合，そしてドイツ問題は緊密に関係していた。フランスは復興支援によるドイツ工業力の復活が軍事大国の再興につながることに強い警

総　論　フランス外交の歴史　　◆013

戒心をもった。フランスはドイツ占領期間の延長，地方分権，武器生産の禁止，ルールなど工業地帯の国際管理を提案した。「欧州統合の父」と呼ばれたロベール・シューマンもドイツ統一への脅威を隠さなかった。

　しかしその後フランスは統合欧州の枠組みの中に西ドイツの潜在力を押し込め，ドイツを含めた統合欧州全体でアメリカに対抗しようと考えるようになった。こうした中ビドーは，米軍のドイツ駐留継続とアメリカの西欧防衛の負担を条件にして，通貨改革を経てドイツ連邦共和国を創設（西ドイツ）することを受け入れた。ビドーはジョージ・マーシャル国務長官に宛てた書簡で，「米英仏は，差し迫る危険に対して共同防衛のために必要な技術的問題を早急に検証する必要があります」と書いた。それは後のドゴールの米英仏三か国防衛体制の主張でもあった。

　1947年対独共同防衛条約として英仏間にダンケルク条約が締結された。ビドーはこの種の同盟関係をベネルクスとも締結しようと意図していたが，ベネルクス諸国はドイツだけを対象とした同盟条約よりも仮想敵ソ連に対する地域協定の締結を期待した。

　こうした中で1948年3月のチェコにおける共産党のクーデタ（ソ連の後押しを得た共産主義者による政権奪取劇）は当時米欧諸国に大きな衝撃を与え，西欧とアメリカに地域集団的な防衛条約の必要性を痛感させた。こうして1948年3月，英仏・ベネルクス諸国はソ連を仮想敵とするブリュッセル条約を締結した。

　次いで同年6月末，ワシントンで北大西洋条約機構（NATO）設立のための協議がブリュッセル条約5加盟国とアメリカの間で準備された。フランスの望んだ米英仏三国ではなかったが，アメリカはこの条約によって攻撃を受けた同盟国に対する自動的な軍事支援（第5条）を約束した。

　しかしNATOはヨーロッパ諸国の植民地紛争については不干渉の立場を維持した。それは民族解放・反植民地主義を標榜するアメリカの対外姿勢を反映していた。後のスエズ動乱，アルジェリア独立紛争などでは英仏はアメリカと齟齬をきたすことになる。またフランスの再三の主張にもかかわらず，北アフリカはNATOの防衛範囲と認められなかった。いわゆる「域外地域」にとどまったのである。

しかし NATO における西ドイツの隣国フランスの役割は大きいと見られ，NATO 設立後統合参謀司令部（SHAPE）はパリ郊外に設置された。東西緊張関係が熾烈化していく中でフランスはアメリカ寄りの政策を一段と濃くしていった。ビドーは当初フランス占領地域の米英地域との合併を望まなかったが，最終的には米英仏の占領地域の統合を受け入れた。これに対して，共産党とドゴールは，この米英に対する妥協的な外交を批判した。

　フランス植民地大国の再編の試み　　第3に，フランスは「植民地帝国の危機」に迫られていた。1945年5月にはアルジェリアのコンスタンチン北部で大殺戮が起こり，同年9月にはベトナム共和国が独立を宣言した。終戦による民族自決の運動の高揚はフランスの植民地体制を動揺させ始めていた。

　しかしフランス国民には時代の客観的認識はできていなかった。戦後フランスと植民地帝国との関係は，1944年1月末ドゴールが主催したブラザビル会議での方針（「ブラザビル精神」）だったが，それは実際にはそれまでのフランス植民地政策の延長でしかなかった。

　戦後フランス植民地体制は「フランス連合」を成立させることによって再編された。それは，フランス本国，旧植民地の海外県（DOM）と海外領土（TOM），フランス連合参加領土（旧国際連盟委任統治領）ないしフランス連合参加国（旧保護国）などによって構成さていた。DOM としてはギアナ，グアドループ，マルティニック，レユニオン島，TOM としてはサン・ピエール・エ・ミクロン（ニューファンドランド島の南），仏領大西洋植民地，ニューカレドニア・ニューヘブリデス仏領，仏領インド植民地，コモロ群島，マダガスカル，ソマリア仏領海岸，セネガル，モーリタニア，ギニア，スーダン，ニジェール，オート・ボルタ，象牙海岸，ダホメー，中コンゴ，ガボン，ウバンギ・シャリ，チャドなどであった。連合領土は，トーゴー，カメルーン，連合参加国としてはベトナム，カンボジア，チュニジア，モロッコなどであった。

2-2　1950年代のフランス外交

　東西冷戦の中の欧州統合へ　　安全保障面での最重要課題は第一次世界大戦と同様に西ドイツの再軍備問題だった。アメリカはソ連の脅威に対抗するために西ドイツの再軍備は不可欠と考えていたのである。その点では西欧諸国も同

総　論　フランス外交の歴史　　◆015

意見だったが，問題はその方法であった。ドイツの再軍備は戦後間もない当時の西欧諸国にとって大きな脅威である。そこでプレバン防衛相は欧州軍（欧州防衛共同体（EDC））を創設し，その中の軍隊の一員として西ドイツの再軍備を実現させようと提案した（1950年10月プレバン計画）。西ドイツが単独で再軍備することを阻む意味があった。

　欧州防衛共同体条約はフランスと加盟国によって1952年5月調印された。そして54年までにはフランス以外のECSC加盟5か国は批准を終えていたが，問題は提案国フランスだった。ロベール・シューマンに率いられた欧州統合派MRP（人民共和運動，キリスト教穏健派）はEDC構想を強く支持したが，共産党とRPF（フランス人民連合，ドゴール派）はEDC構想に激しく反対した。共産党はこのEDC構想に反ソ的な意図を見出し，RPFはEDC構想が国家主権を脅かす試みであると考えたからである。EDC構想をめぐってフランス議会は混乱した。

　1954年に就任したマンデス・フランス首相も西ドイツ再軍備は不可避と確信しながらも，「超国家的な」EDCが最善の策だとは考えなかった。結局同年8月末国民議会では，EDCに関する討議の根拠はないという先決議案（批准延期・実質的に拒否）が提出され，採択された。先決議案を支持したのは共産党，社会共和派，社会党および急進党の半分の議員だった。EDCはこうして数年間にわたる激しい議論の末頓挫したのである。

　そこでマンデス・フランスは代替的な解決が必要であると考え，その後の交渉を経て，ロンドン協定とパリ協定が同年10月に締結された。その結果西ドイツの全面的な主権の回復承認，そして西ドイツを1948年のブリュッセル条約によって創設された西欧連合（WEU）の加盟国として迎え，さらにNATOに加盟させることによって，西ドイツはNATO軍の一部として再軍備を果たすことになった。そうした一連の展開に尽力したのはアンソニー・イーデン英外相だった。

　フランスの対欧州政策の一歩は，シューマン外相が提案し（シューマン・プラン），1951年4月に調印された欧州石炭鉄鋼共同体（ECSC）であったが，その後57年3月のローマ条約によって欧州経済共同体（EEC），欧州原子力共同体（EUROTAM）に結実していった。

植民地帝国の凋落と分水嶺：ベトナム南北分断，スエズ紛争，アルジェリア独立運動の高揚　　北アフリカ諸国，特にマグレブ諸国では民族独立運動が激しくなっていたが，フランスはいずれに対しても弾圧的な対応で応じ，かえって独立運動をあおる結果になった。そうした中で1955年6月フランス＝チュニジア協定が結ばれ，ギー・モレ内閣はチュニジアの独立権を認めた。他方で，モロッコでも解放政策が進められ，1956年3月にチュニジとモロッコが独立を獲得した。

　「フランス連合」にとって命とりとなったのは，インドシナ植民地の紛争だった。ホー・チ・ミン率いる共産主義者を中心としたベトミンは独立を主張，1946年3月フィリップ・ルクレール将軍とホー・チ・ミンはベトナム共和国承認の協定に調印した。しかし，同年夏の仏・ベトナム会談は決裂し，11月にはベトナムとフランス間の小競り合いが頻発，同月フランス空軍によるハイフォン港爆撃が敢行され，戦争は泥沼化していった。1954年3月のディエンビエンフーの戦いでフランスが大敗北を喫した後，マンデス・フランス首相はジュネーブで交渉に臨み，その直前の国民議会選挙のときの公約どおり1954年7月に停戦の調印に成功した。その結果ベトナムは17度線を境に2つに分断された。

　他方で，スエズ紛争はフランスの植民地政策と米仏関係の大きな分水嶺となった。エジプトナセルのスエズ運河国有化に対して同運河に利権を有する英仏に加えてイスラエルがエジプトと対立し，国際的な緊張が高まった事件だったが，最終的に米ソの圧力のもとに英仏が孤立し，両国は軍を撤退させた。

　その結果，以後イギリスは親米政策を強め，米英「アングロサクソン同盟」を主軸にした外交に転換していった。これに対して，フランスはこの経験を経て，独自の核抑止力開発を強化し，後の第五共和制ドゴール体制での「対米自主外交」へと舵を切っていくことになる。スエズ紛争はフランス外交の大きな分岐点となった事件だった（詳しくⅡ部2・7章参照）。

　アルジェリア独立闘争とその対応で第四共和制は動揺し，倒壊した（詳しくは第Ⅰ部3・4章，第Ⅱ部9章参照）。1947年の「アルジェリアの地位」の樹立によって自由主義の発展が期待されたが，実際には，独立を求めた政治勢力は厳しい弾圧にさらされた。そして1954年11月の初めに一連のテロがアルジェリア

で勃発した。それはオーレス山地（アルジェリア北東部の山地）で最も激しかったが，1955年はFLN（民族解放戦線）のもとでアルジェリア民族解放を求めた反仏闘争が拡大していった年となった。

1956年に誕生したギー・モレ政府の時代に，フランスは軍事姿勢を強め，現地の権力は次第に軍の手に渡った。他方で第四共和政府は決め手に欠いた。政府の無力は明らかだったが，世論も分裂していた。そうした中で1958年2月にフランス空軍がFLNのキャンプがあるサキート・シディー・ユセフ（Sakhiet-Sidi-Youssef）というチュニジアの村を空爆した事件は国際化した。その結果4月に政府は倒壊し，その後継内閣も事態の収拾ができないままだった。アルジェリア現地政府と本国との間での角逐が続いたが，現地の植民地派を代表するサランが5月半ばにドゴール支持を明らかにすると，事態は一転した。事態の流れに乗じてドゴールも政権復帰の意思を表明した。翌月ドゴール政府が発足した。

そしてドゴール自身が最終的に選んだ解決はアルジェリアの独立だった。時代はもはやフランスが植民地大国であることを認めなかった。1962年7月エビアン協定でアルジェリアの独立をドゴールは認めたのである。

3 ◆── フランスの「偉大さ」を求めたドゴール外交
（1958～69年）：演出された自立

NATOの米英仏共同管理体制の要望　アルジェリア危機の中でドゴールが創設した第五共和制はそれまでの第三・第四共和制とは異なって，大統領に強大な権限を与えた。外交面でドゴール大統領のリーダーシップは絶大だった（第Ⅱ部1章参照）。そしてドゴールの目指した外交は「フランスの偉大さ」の復権だった。それは大戦前のフランスの宥和政策の失敗や米英への従属を強いられた戦中と戦後第四共和制の外交に対するみずからの苦い経験からきたものだった。

1958年9月政権発足直後に，ドゴールはドワイト・アイゼンハワー米大統領とハロルド・マクミラン英首相に書簡を送った。この書簡こそドゴール外交の真骨頂だった。その中でドゴールはNATOの運営は米英の独占ではなく，フ

018◆

ランスを加えた米英仏三頭管理体制によって行われるべきこと，またNATO
の防衛範囲をフランスの影響圏であるアフリカを含む地中海地域にまで拡大す
ることを訴えた。しかしドゴール書簡に対する米大統領の返事は，否定的なも
のであった。

東西関係の中のフランス外交：パリ四国会議と米ソ等距離外交　　ドゴールは
フランスによる東西和解外交の演出を企図していた。その背景には，東西の核
戦争の脅威は次第に遠ざかりつつあるというドゴール一流の判断があった。

1960年5月ドゴールは米英仏ソ四か国首脳会議をパリで主催しようとした
が，それは直前に勃発したソ連領空を飛行中のアメリカU2スパイ機撃墜事件
によってあえなく挫折した。ドゴールは，フランスが東西大国の橋渡しの役割
を果たそうとしたが，実現しなかった。

その後もドゴールは翌年3月にニキータ・フルシチョフ　ソ連首相を家族と
ともにフランスに招待し，両国の緊密な関係を内外に強調した。他方で，米仏
関係は61年5月ジョン・F.ケネディ米国大統領夫妻が訪仏したときに頂点を
迎えたが，その後急速に冷めていった。

核戦略をめぐる米仏摩擦　　ドゴールが政権に返り咲く前，核兵器開発をめ
ぐる米仏関係はいくつかの分野でこじれたままであった。アメリカはフランス
の核兵器使用をNATOの枠内に限定しようとしたが，フランスは自立した核
兵器の使用を望んだ。しかも，アメリカはフランスと原子力開発協力のための
合意を結ぶ意思がないことを通告していた。

こうした中で1960年2月にフランスは核実験に成功した。フランスの自立核
（抑止）の「神話」が生まれたのである。そして同年3月にはフランスは中距
離ミサイルの自前の開発を決定するに至った。

多角的戦略構想（MLF）・核不拡散条約の拒否　　1963年1月14日のドゴー
ルの記者会見は「2つの拒絶」として有名となった。ここでドゴールはケネ
ディ時代の1962年に提唱された多角的戦力構想（MLF　戦術空軍戦力，ポラリ
ス・ミサイル搭載可能の原子力潜水艦，複数国混合部隊と多国籍海上兵力の3つのレベ
ルの戦力，特に英仏核兵器の統合）への参加を拒否した（もうひとつの拒絶は英国の
EEC加盟拒否，後述）。同じくNATO戦略としてアメリカが提案した柔軟反応
戦略（紛争の規模・敵の戦力レベルに応じた段階的な対応戦略）もフランスは拒絶し

総　論　フランス外交の歴史　　◆019

た。柔軟反応戦略はフランスがNATOの軍事機構を離脱した後の1967年になってNATO戦略への導入が決定した。

MLF構想と柔軟反応戦略はアメリカの戦力・戦略管理統合という意味では，セットになった提案だったが，実際にはアメリカにとって西欧同盟諸国がそのジュニア・パートナーであることが前提だった。したがって対等な関係を望むフランスがそうしたアメリカの提案を受け入れる可能性は小さかった。

米ソ間だけでの核軍縮交渉には，ドゴールは一貫して否定的な態度をとった。ドゴールは米ソの核独占に強い懸念をもっていたからである。1963年部分的核実験停止条約（モスクワ条約）と1968年3月国連総会で決定した核不拡散防止条約にドゴールは反対した。ドゴールがアメリカのベトナムとサンドミンゴ介入をアメリカの過剰反応であると激しく痛罵し，この米仏対立は一層激しさを増した。1965年7月には米軍機がフランスの上空を無許可飛行し，同位体分離工場施設などの航空撮影を行った事件が暴露された。アメリカはフランスの核兵器開発への警戒を強めていたのである。

NATO軍事機構からの離脱　　ドゴールの面目躍如はNATO軍事機構からの脱退であろう。

ドゴール政府は1966年2月21日，フランスのNATO軍事機構からの離脱を発表した。正確には，①北大西洋条約機構（NATO）の多国間協定とアメリカとの二国間協定の破棄，②その代替措置としての二国間協定の締結，③ロカンクールの連合国最高総司令部（SHAPE）とフォンテンブローの連合軍中央司令部（AFCENT）に配備した軍隊の完全撤退，④軍事委員会と常設クループへの不参加，⑤統合参謀のフランス国内からの撤退であった。このドゴールの決断は指揮権をめぐる独立の回復が目的だった。

しかしそれはフランスがNATOと完全に縁が切れたことを意味するわけではなかった。その代替措置として，ドゴールはNATOという多国間の枠ではなく，米・西独・伊各国との二国間条約の集積による防衛体制を考えていたからである。

その一方で米英やオランダはドゴールの決定に反感をもった。リンドン・ジョンソン米大統領は，「フランス領土に連合軍が駐留することがフランスの主権侵害になるとは驚きだ」と語り，ラスクやアチソンら米首脳もは反仏的立

場をあらわにした。

「演出された自立」の論理と行動の自由：米仏核兵器開発・NATO軍事作戦協力協定の存在　　しかし結果的にフランスのNATO軍事機構からの脱退は、ドゴールが企図したようなフランスの自立を実現したわけではなかった。1967年8月にはアイユレ・フランス陸軍参謀総長とライマン・レームニッツア欧州最高司令官との間で協定が締結され（アイユレ＝レームニッツア協定）、戦時におけるフランス軍の参加は自動的ではなく、フランス政府自身の決定によるという点が確認された。フランスがアメリカとNATOの決定を安易に拒否することはない、という解釈が前提となっていた。

ドゴールの自立外交の背景には、当時ヨーロッパにおいて「緊張緩和」の条件が整っているという認識があった。同時に戦時中の経験からドゴールは、いざというときに、アメリカがどれだけ西欧諸国の防衛に尽力してくれるのかという保証はなく、自前の抑止力による自己防衛は不可欠であると考えていたからであった。

しかし、ドゴールが「自立した核」をいくら主張したとしても、アメリカの抑止力には遠く及ばなかった。先制攻撃を仕掛けることはできても第2撃力、報復力は脆弱であった。「独自の核による自立」は現実には「虚構」の論理だった。紛争の際にアメリカを無視してフランスにそれほど自由な選択があるとは思えなかった。したがってドゴールは独自の核抑止力に支えられた「自立」を「演出」したのであり、「自立核」は政治的意思を示す手段にすぎなかった。またそのことで外交上の「行動の自由」が獲得できるという利点もあった。

実際には米仏核協力関係は存在した。1961年に、米仏は核兵器テクノロジーに関する情報交換のための秘密協定を締結した。さらに、1977年ヴァランタン＝ファバー（Valentin = Ferber）協定によるNATOとの協力、それ以外にも空軍の協力に関する諸協定などがあり、NATO軍事機構脱退後も、多数のNATO機関においてフランス人が活動していた。加えて、フランスは上級政策決定機関にも参加していた（北大西洋理事会、経済委員会、政治委員会、防空警戒官制システム（NADGE）、広域通信システム、科学委員会など）。NATO機構とは別に、西ドイツやアメリカとの二国間での軍事演習も継続されていた。

総論　フランス外交の歴史　◆ 021

ドルへの挑戦　　ドゴールはアメリカの世界経済支配体制にも挑戦した。ア
メリカの対外収支は赤字を示し，米国連邦銀行の金準備高は1955年から66年に
かけて39％も減少した。これに対してフランスは1957年から67年にかけて大幅
に金の保有高を増やしていた。

　ドゴールはドル優位体制にも挑戦した。1960年代アメリカの国際収支の赤字
は次第に増大したので，ドゴールはドルを「偽金」と批判し，その経済顧問の
ジャック・リュエフの進言を受け入れて金本位制度への復帰を主張した。1965
年1月フランス銀行はドルの金への兌換措置を決定した。そして，フランスは
上半期だけで6億ドルを金に兌換した。

　フランスはIMFの枠の範囲を超えた先進国による通貨システム改革や債務
国救済のための新しい決済手段「特別引き出し権」の導入も提案した。こうし
た米仏の摩擦は大きくなっていたが，1968年春には自然終息した。当のフラン
スの通貨が「5月危機」によって窮地にさらされたからである。フランスの通
貨政策の主張は頓挫した。

米仏対話の再開　　ケネディ時代に悪化した米仏関係は，その後のリンド
ン・ジョンソン米大統領時代になってさらに悪化したが，その後の政権では，
米仏関係は修復に向かった。そこには3つの大きな要件があった。第1に1968
年5月危機の結果，フランス自体が動揺し，弱体化していたことであった。第
2に同年8月「プラハの春」の際のソ連軍の介入，第3にリチャード・ニクソ
ン政権の誕生であった。米仏関係は再開され，対話モードに入ったのである。
1969年2月ニクソン大統領はパリを訪問し，翌年ドゴールがドワイト・D.ア
イゼンハワー大統領の葬儀のために訪米した。

ヨーロッパ統合とドゴール外交　　ドゴールの対米自立外交はヨーロッパ統
合の推進と表裏の関係にあった。東側陣営に対抗するうえで，自立した「統合
ヨーロッパ」は西側同盟の強化の助けになる。そしてフランスがその強いヨー
ロッパの指導的役割を務めるという発想だった。またドゴールはアメリカの
ジュニアパートナーとしてのヨーロッパの立場を望まなかった。ドゴールが考
えていたのはより純粋な「ヨーロッパのための統合」であり，フランスのため
の欧州統合であった。

　またドゴールの考える統合は，各国の主権を保持する「国家連合」であっ

た。各国の主権をひとつに統一する「連邦主義」ではなかった。ドゴールは超国家的統合の組織には批判的立場だった。それは「諸国家からなるヨーロッパ」というドゴールの有名な表現に示されていた。

それはフーシェ・プラン（1961年10月と1962年1月）の例に顕著だった。それは，フランスを中心とした政治統合（共通外交・防衛政策）を目指しながら，ヨーロッパ連邦主義ではなく主権国家による統合プランとして知られている。しかしこの計画はNATOとの協力関係をもたず，独仏中心の欧州防衛共同体構想であると見られたため，ベルギーやオランダが強く反対し，実現には至らなかった。

もうひとつの例は，いわゆる「空位政策」に見られた。1965年に欧州委員会は，共通農業政策のための加盟国の分担金によらないEEC独自の財源（欧州指標保証基金）を提案した。それは実質的には財源の超国家的管理を意味したのでフランスはこれには反対した。また欧州議会への一定の予算監督権付与（欧州議会の権限強化），閣僚理事会での特定多数決の適用範囲の大幅拡大を提案したハルシュタイン・プランに対しても，それが超国家機関の強化につながることを理由にフランスは拒否した。その間フランスは委員会から代表を半年も引き揚げたのである（空位政策）。結局，この「ブリュッセルの危機」は，財源に関する決定の全会一致原則が維持されることによって，ようやく終息した。つまりドゴールが主張した国家主権（重要事項の「拒否権」）は堅持されたのであった。

イギリスEEC加盟拒否と独仏条約（エリゼ条約）　　フーシェ・プラン失敗以後，ドゴールはヨーロッパにおける独仏共同統治の体制を構想するようになった。しかし西ドイツへの接近は対英関係と反比例の関係にあった。

イギリスのEEC加盟問題をめぐって有名なのは，ドゴールの「トロイの木馬（アメリカの手先）」発言であったが，ドゴールは先の1963年1月14日の記者会見で，イギリスの欧州経済共同体（EEC）への加盟申請を拒絶する意思を明らかにした。EECが設立されたときにイギリスはその趣旨の異なるEFTA（ヨーロッパ自由貿易圏）をあえて創設して，原加盟国とならなかった。ドゴールは，イギリスが今になって翻意し，EECへの加盟を要望することに大いなる疑問をもったのである。またイギリスはEECの枠の外であるアメリカや旧

総　論　フランス外交の歴史　　◆023

植民地からの廉価な食糧を輸入し、農産物の自給自足を目的とする EEC の目的に従わない可能性がある。そしてアメリカと特殊な関係にあるイギリスの EEC 加盟は、ヨーロッパをアメリカの傘下に引き込む役割を果たすことになる（トロイの木馬）と警告したのであった。

　そしてドゴールは独仏条約の締結に向かっていった。しかしほかの大陸諸国はこの独仏の接近を警戒した。オランダ・ベルギーはフーシェ・プランに反対したときと同様に、ドゴールがイギリスの EEC 加盟を拒否したことに反発していた。独仏中心の欧州統合に対してイギリスによるバランスが必要と考えていたからだ。

　1963年 1 月に締結された独仏条約では国家元首・外相など各レベルでの独仏間の定期会談が定められていた。そして経済・安全保障・文化交流の 3 分野での両国の協力の緊密化が謳われ、この条約のもとで、その後史上最初の独仏軍事協力を象徴するものとして独仏合同戦車演習がムルムロン平原（Mourmelon Plains）で行われた。この条約に基づいて、国防相会議（3 か月ごと）や参謀会議（2 か月ごと）の定例化が決定した。

　しかし1963年10月に、コンラート・アデナウアー退陣以後ルートヴィヒ・エアハルト首相の時代になると、独仏間ではドゴール＝アデナウアー時代のような協力の意欲は失われた。ドゴールは自立・ナショナリズムの道を模索していった。他方でエアハルトは外交防衛よりも経済に力をそそいで、東方外交（オストポリティーク）への道に足を踏み出していくと同時に、対米関係を重視していくようになった。

　緊張緩和政策：ソ連・東欧諸国との接近　欧州統合が進展し、キューバ危機以後米ソ間の緊張緩和がすすむ中で、フランスの「自立」と「偉大さ」を求めるドゴールは東西両陣営のいずれにも従属しない外交（米ソ等距離外交）を展開しようとした。それは独自の核兵器保有のもとでの自立外交の延長であった。1964年頃からフランスは東側諸国との接近に力を入れるようになったのである。

　まずドゴールは、対ソ連接近によって対米外交とのバランスをねらった。1960年 3 月から 4 月にかけてフルシチョフ首相はフランスを訪問した。ソ連のカラーテレビに採用される走査線システムをめぐる米独仏三国間の競争で、ソ

連はフランス方式を採用した。第2に，仏ソ両国は多角的戦略構想（MLF）と西ドイツの核武装に反対し，ベトナム戦争終結のためにジュネーブ協定に立ち戻ることで一致した。第3に，仏ソ文化科学交流協定（科学技術・宇宙開発協力を含む）と核エネルギー平和利用のための協力協定が調印された。ドゴールの対ソ政策は，1966年6月下旬から7月初めにかけてドゴール自身がソ連を訪問したときにその頂点を迎えた。

しかしこのときの仏ソ会談はドイツ問題をめぐって折り合うことができなかった。東西ドイツの現状を承認することを望むソ連の要請にドゴールは合意できなかったのである。

他方でこのドゴールのソ連訪問の最大の成果はやはり経済協力の発展であった。両国の大規模なハイレベル委員会と高官級の委員会の定期開催が決まった。1967年から68年の初めにかけて，閣僚や閣僚級の会談は頻繁に開かれ，17件もの合意を両国間で成立させた。

ソ連の衛星諸国，東欧諸国との関係もフランスは積極的にすすめた。ドゴールは東側陣営の切り崩しをねらったのであった。1967年9月のポーランド訪問や1968年5月のルーマニア訪問はそうした目的によるものだった。同時に1964年以降東欧諸国との通商関係の樹立が次々に実現した。1967年にはフランスは東欧諸国から17件の代表団派遣を受け入れた。他方でフランス自身も東欧諸国に12の代表団を派遣した。しかし残念なことに，こうしたソ連および東欧諸国との関係改善の動きはソ連軍のプラハの侵攻によって潰えてしまった。

そのほかに仏ソが一致した大きな問題は，ベトナム戦争へのアメリカの介入，第三次中東戦争でのイスラエルの侵略に対する非難の姿勢であった。

1964年1月にフランスが中華人民共和国を承認したのも同じ米ソ等距離外交の意図からであったが，これはアメリカの反発をかった。フランスは中華人民共和国承認の一方で，アメリカの東南アジア政策を激しく批判し始めた。1966年9月1日ドゴールがカンボジアの首都を訪れた際に，行ったアメリカのベトナム介入を痛罵した「プノンペンの演説」はアメリカを刺激せずにはおかなかった。

第三世界への援助外交　　ドゴールにとって世界の中でのフランスのしかるべき地位の回復は「アメリカ帝国」への挑戦と同時に，第三世界への援助外交

総　論　フランス外交の歴史　　◆025

と結びついていた。事実，当時国民所得比で世界で最も多くの部分を援助協力に当てていたのはフランスであった。その援助先は，まず北アフリカ，そしてブラック・アフリカ，ラテン・アメリカの順であったが，ラテン・アメリカへの支援は1964年3月のメキシコ訪問と異例の長い南米歴訪（1964年9月20日〜10月16日）を通して準備された。そこには，単に苦境にある国々を支援するという目的だけではなく，それらの諸国を対米自立外交に向ける戦略的期待があった。

　1967年7月カナダを訪問したときのドゴールの発言はそうした気持ちをよく表現していた。アメリカの影響力優位を，「奇妙なこと」であると批判し，ケベック独立運動との連帯を強調して「自由ケベック万歳」とドゴールは叫んだのである。この発言は当然カナダ政府の不興をかった。

　イスラエルに対しても同様のことがいえた。イスラエルは1948年の建国以来フランスとの友好関係を維持していた。しかし，豊富な軍事力でイスラエルが周辺パレスチナ諸国に対する電撃作戦に勝利した1967年6月の六日戦争の勃発によって，ドゴールはイスラエルに対する態度を硬化させた。フランスは中東向け，特にイスラエルに対する武器の輸出を禁じ，国連におけるイスラエル非難を支持した。ドゴール大統領はイスラエルを「自尊心の強い，支配エリートの民」と皮肉った。こうした政治的態度の急変は，次第にイスラエルと結びついてきたアメリカに対抗して，アラブ世界でのフランスの影響力を維持しようというドゴールの意図を物語っていた。

　ドゴール時代，フランスは米ソ両超大国支配の体制を揺るがし，世界の中での序列を上げるために間断なく闘い続けた。そして，ドゴールは米ソ超大国による世界支配の原因として終生嫌悪し続けたヤルタ会談を敵視し，国連という和平会議の場を激しく攻撃したのであった。しかし，現実にはこの政策はそれほどの成果を上げたわけではなく，アメリカ，そして間接的にはソ連の反感をかっただけだった。

4 ◆── ポンピドゥー時代（1969〜74年）
：緊張緩和時代のフランス外交政策の転換と連続性

　ドゴール外交の継承　　ジョルジュ・ポンピドゥー大統領在任中の国際情勢は冷戦が大きく変容し，緊張緩和に至る時期だった。1971年10月中国の国連加盟，1973年1月ベトナム和平のためのパリ協定，ニクソンショック，第一次オイルショックなどであった。いわば冷戦の分水嶺となった時期だった。

　外交経験がなかったポンピドゥー時代の外交はミシェル・ジョベール（1973年3月外相）が主導した。ポンピドゥー大統領は，大統領に就任した後外遊を多く重ねたが，その外交は欧州政策以外の点では基本的にはドゴール外交を継承していた。

　ポンピドゥーも核兵器開発に力を入れ，太平洋での核実験をめぐって，ニュージーランドとオーストラリアはフランスを国際司法裁判所に訴えた。そして1973年12月，国連総会は中国とともにフランスを非難した。他方でNATOにおいては共同作戦・参謀演習を行い，軍事機構離脱後もNATOとは実質的な軍事協力関係を維持していた。

　そのほかに両超大国に対する等距離・自立外交（1970年10月ポンピドゥー大統領は訪ソし，1971年11月レオニード・ブレジネフが訪仏した），第三世界支持政策（1971年2月ポンピドゥー大統領はアフリカ諸国歴訪），対中東・対米政策なども前任者と大きな変化はなかった。

　英国のEEC加盟　　しかし欧州政策はドゴールとは違っていた。ポンピドゥーは自らロスチャイルド銀行勤務の経験があるため経済分野には敏感だった。連邦主義者ではなかったが，英国のEEC加盟を認め，通貨統合の推進に積極的だった。この点が前任者ドゴールと大きく異なった点だった。

　ポンピドゥーが英国の加盟を認めた背景には，第1に次第にその存在感を強くしてきた西ドイツ経済に対する警戒感があった。ポンピドゥーはEECが西ドイツに独占されることを懸念した。それには英国の加盟による均衡が不可欠と考えたのであった。1970年6月に欧州統合主義者ヒース保守派政府の誕生がそれを容易にした。

総　論　フランス外交の歴史　　◆ 027

しかし英国加盟に対するフランス国民の反応はよくなかった。1972年4月の英国加盟批准のための国民投票では，棄権が40％，白票・無効票が7％だった。過半数の支持を得たとはいえ，有権者全体の35％が英国の加盟の賛意を示したにすぎなかった。

　他方でウィリー・ブラント西独首相の東方外交にポンピドゥーは警戒感を強めた。ベルリン合意（1971年）・東西両ドイツ基本条約（1972年12月），そして西ドイツのソ連をはじめとする東欧諸国への接近は，西ドイツが欧州統合よりも東西ドイツ統合を優先しているかの印象を与えたからであった。

　親米政策の模索とドゴール外交の継続　　ポンピドゥー大統領と，リチャード・ニクソン米国大統領およびヘンリー・キッシンジャー国務長官の関係は良好であった。1970年2月〜3月のポンピドゥーの訪米は両大統領の個人的な友好関係を示していた。アメリカの核開発協力が実現したのもこの頃からであった。しかし1970年1月にフランスがリビアに戦闘機を100機売却したことはユダヤ系米国人の強い反発をかい，ポンピドゥー夫妻は訪問したシカゴで激しい抗議行動の的となった。それ以後ポンピドゥーの対米姿勢は後退した。

　特にアメリカの経済政策に対する反発はポンピドゥー外交の特徴だった。ポンピドゥーは米国大統領に対して，海外投資を制限することによってドルの交換性回復と収支均衡の回復を要請したが，ニクソン大統領はこれを拒んだ。そして逆に農・工業部門での欧州市場の開放を迫った。しかし実際には1965年から1972年にかけて米国産農産物の欧州市場への輸出額は40％以上も増大しており，ポンピドゥーにはアメリカの方が保護主義政策をとっているように見えた。

　1970年代前半戦略兵器制限交渉（SALTI），弾道弾迎撃ミサイル（ABM）制限条約，米ソ偶発核戦争防止条約という形で米ソによる核の支配体制がすすんでいく中で，キッシンジャーが提唱した「新しい大西洋関係（憲章）」に込められたアメリカの真意は「地域パートナー」としてのヨーロッパの協力への期待であり，西欧諸国とフランスの反発を生んだ。

　1974年2月ワシントンでのエネルギー先進国会議（米加日EEC）による石油産油国と消費国間の調整グループ設立提案をフランスは拒否した。アメリカ主導の国際エネルギー政策に対する反発からだった。

ポンピドゥーのソ連への接近は対米外交とのバランスをとるためだった。同時に西ドイツの東方外交による対ソ接近を抑制する意味も併せ持っていた。ポンピドゥー大統領はブレジネフ書記長と都合5回も会談した。両国はたくさんの経済・技術協力協定を結び，両国関係の発展が期待された。しかし仏ソ友好条約やMBFR（中部欧州兵力削減交渉）に対するフランスの否定的態度は両国関係の発展を阻むことになった。

　アフリカ積極政策　　ポンピドゥーは旧植民地を中心とするアフリカ諸国との協力関係に力を入れ，アフリカをたびたび訪問した。ドゴール時代からの「アフリカ問題事務総局長」ジャック・フォカールは依然として健在であった。ポンピドゥー大統領はセネガルやコートジボワールの国家元首と親しい関係にあった。この時期とりわけフランス語圏最大の国ザイールとの関係を強化したが，ギニアとの関係は改善されなかった。他方でアフリカ統一機構はアファル・イッサ（仏領ソマリア，仏海外県から1977年独立，ジブチ共和国）とコモロ諸島（インド洋）に対するフランスの強硬政策を非難した。

　ポンピドゥー時代，フランスとアルジェリアの関係は悪化の一途をたどった。フランス系企業の国有化，アルジェリアワインの輸入停止，移民労働者の管理をめぐって両国関係は険悪となった。その一方でモロッコ，チュニジアとの関係は良好であった。

　パレスチナ問題では当初ポンピドゥー政権はイスラエル寄りにシフトすると見られたが，結局は伝統的な親アラブ寄りの政策となった。フランスは占領地域からのイスラエルの撤退とアラブ諸国によるイスラエル承認を定めた国連決議242を支持した。そうした中で1969年12月に起こった「シェルブール哨戒艇」事件（イスラエルへの哨戒艇5隻売却）はアラブ諸国でのフランス外交に対する不信を招く結果となった。

　フランスはアフリカに対する武器供与国であったが，それはアフリカ諸国が冷戦構造の中で米ソの勢力圏になることを防ぐ意味をもっていた。1970年1月には，リビアとの大型兵器売却契約（「ミラージュ5」50機，「ミラージュ3」30機，「ミラージュ3B」と「ミラージュ3R」20機売却）が成立した。一度の売却では最大規模の航空部門での契約だった。

　第四次中東紛争ではフランスは，ミシェル・ジョベール外相自らの率先で親

総　論　フランス外交の歴史　　◆029

アラブ外交を展開した。この地域の原油に頼っていたからだった。その見返りにフランスは原発施設を輸出し，サウジアラビア，シリア，イラクなどの国に武器を売却した。

5 ◆ ジスカール・デスタン時代の外交 （1974～81年）
：継続性の中の変化

新しい外交スタイル　　ヴァレリー・ジスカール・デスタン大統領は外交を大統領の専管事項と考え，大統領官邸主導の外交を展開した。したがって大統領府と外務当局の間の摩擦が生まれた。また秘密外交と評されたようにスタンドプレーが目立った。

ジスカール・デスタン大統領在任中の1970年代半ば以後の国際社会はまさに緊張緩和とベトナム戦争後のアメリカの衰退の時期に当たった。1975年ヘルシンキ最終議定書の調印はヨーロッパでの冷戦の分水嶺だった。ヨーロッパでは冷戦は終焉した。人々はそう思った。しかしそうした雰囲気は束の間の夢でしかなかった。ブラックアフリカ，アフガニスタン，ポーランドなどへのソ連の介入は「新しい冷戦」とも呼ばれた。

そうした中でジスカール・デスタンは，ドゴール流の派手な外交を否定し，「調和と交渉」による「世界の友人」としてのフランスという柔軟な外交を実践しようとした。

時代に立ち向かう進取の姿勢　　他方で，1970年代初頭のオイルショックに端を発した資源問題と先進社会の行き詰まり，そして経済格差＝南北問題は新しい世界秩序のあり方の模索を急務とした。いわゆる新国際経済秩序（NIEO）をめぐる論争だが，この問題にジスカール・デスタンは強い関心を寄せた。その理由の第1は，ヨーロッパと第三世界は資源・必需産品をめぐって相互補完的関係にあること，第2に南北間の交易は相互利益につながること，第3に対話の機構を通して先進国間の野蛮な競争を回避しうるというのがその理由だった。

そのための具体的政策として，ユーロ・アラブ対話，国際経済協力をめぐるパリ会議（南北会議，1975年12月～1977年6月），グローバル交渉のためのメキシ

コ首脳会議構想，欧州10か国・アラブ連盟・アフリカ統一機構による 3 極会議（1979年）などでジスカール・デスタンはイニシアティブをとったが，それは米国との間にしばしば摩擦を起こした。

　ジスカール・デスタン大統領は，原子力発電・エアバス・アリアンヌロケット打ち上げ・テレコム情報企業などの先端産業部門の成功を強調することによって，フランス国民の不安を和らげ，国威発揚を期待したが，最終的にその人気低落を止めることはできなかった（1979年 9 月 IFOP 調査，満足27％，不満57％）。

　核抑止防衛戦力強化　　ジスカール・デスタンは防衛力強化を強調し，核抑止力の保持による自立外交を踏襲した。フランスの核兵器破壊力は1975年30メガトンから80年には77メガトンにまで増大し，ジスカール・デスタンは78年 9 月に 6 隻目の原子力潜水艦の建造を発表したが，他方で陸軍の通常戦力の増強にも力点を置いた。防衛予算は対 GDP3％増を達成した。

　1974年 7 月「防衛白書」を作成し，同年12月ジェラルド・フォード米大統領とのマルティニック会談ではフランスの NATO との協力関係を謳った声明を発表した。その真意は自国の防衛ばかりでなく，自国領土外の地域での共同防衛のための協力の推進にあった。ギー・メリー陸軍参謀長は「前方戦闘」への仏軍の参加（特に西独防衛）を主張，1 年後にはレイモン・バール首相が「抑止概念は隣国の領土と同盟諸国の防衛にも適応される」と語り，NATO 同盟の重視を主張した。

　大西洋関係の発展と限界　　ジスカール・デスタン大統領が当初標榜したのは新たなアメリカ・NATO との関係だった。ジスカール・デスタンはドゴール主義の対米自立路線から対米協調路線，つまり「大西洋主義」の側面を明確にしようとした。

　1974年 6 月に調印された「大西洋宣言」の中で，英仏核兵器は自由世界の防衛のために用いられることが明記されていた。フランスの新政権はこの宣言を期待をもって受け入れた。しかしアメリカは本当の意味でヨーロッパの立場を理解していたわけではなかった。その後も中東地域や農産物価格をめぐって米仏間には大きな摩擦が生じた。

　対ソ政策ではフランスはソ連が主張していた欧州政治会議の延長である全欧

安全保障会議（CSCE）を支持した。フランスにとって1975年7月～8月のヘルシンキ会議は東西関係の転換点に思われたからだった。この時期の仏ソ貿易関係は大きく成長した。

　しかしその後1970年代半ば以後になると，1975年のレバノン内戦勃発，1979年1月のイラン革命，同年11月米国大使館人質事件，同年9月イラン・イラク戦争，同年12月ソ連軍のアフガニスタン侵略，80年ポーランド労働運動「連帯」活動などによって「新しい冷戦」と呼ばれた時代を迎えた。こうした中で，ジスカール・デスタンはソ連に対する経済制裁への不参加を決め，同年5月メーデーのモスクワ赤の広場の行進には各国の大使が欠席する中で仏大使だけが列席した。そして同年夏米国初め多くの国々が参加をボイコットしたモスクワオリンピックにフランスは参加した。同年5月にジスカール・デスタンはワルシャワでブレジネフ書記長と会談，革命前のイランのルーホッラー・ホメイニ師をフランスで歓迎した。

　ソ連のアフガニスタン軍事進攻を非難する一方で，1980年6月ヴェニス欧州首脳会議でフランスはアフガニスタンの抵抗勢力への軍事支援を拒否した。1981年12月に頂点を迎えたポーランド連帯の反政府抵抗運動による混乱は頂点に達したが，ジスカール・デスタンは地政学・戦略的観点からソ連の姿勢に一定の理解を示した。

　新大西洋主義者として就任当時は対米外交の新機軸が期待されたジスカール・デスタン大統領であったが，ドゴール以来の自立外交の片鱗は諸所に見られ，この時代の対米外交に大きな変化はなかった。

ジスカール・デスタン時代の欧州政策　　ジスカール・デスタンは，ヘルムート・シュミット西独首相と個人的な親交を通して独仏関係は極めて良好なものとなった。大統領就任直後のジスカール・デスタンから要望したパリ会談に始まり，シュミットとの公式会談は14回を数えた（ほぼ同数の非公式会談）。「独仏協商（緊密関係）」は欧州建設の試金石だと考えられたからである。

　確かに独仏関係には農産物価格引き上げ（1974年），独仏合同戦車開発の失敗の経験はあったが，ジスカール・デスタン時代には安定を保っていた。その欧州政策の成果は，①欧州理事会（首脳会議）の定例化，②欧州議会直接投票の実施，③欧州通貨制度（EMS）の発足などだった。

第1に欧州理事会の定例化（年3回）は1974年12月ジスカール・デスタンのイニシアティブによるものだった。今日のEU欧州理事会（加盟国首脳会議）の発端となった。第2に1976年7月欧州首脳会議では欧州議会の直接投票による欧州議会議員選出を決定し，1979年6月に実現させた。第3の欧州通貨制度はポンピドゥー大統領時代に発足し，途中でドル危機以後の世界的な通貨危機によって挫折した欧州通貨同盟（EMU）の政策を再現するための足がかりとなる決定であった。1970年代から1985年域内市場統合に乗り出すまでの欧州統合の「暗黒時代」といわれた当時，EMS導入（1979年3月）は今日のユーロ導入（通貨統合）のための制度的布石となった歴史的な功績であった。

　統合加盟国の拡大についてもジスカール・デスタンは積極的であった。1979年5月にギリシャの加盟が決定された（1981年1月加盟）。1978年にはスペインとポルトガルをジスカール・デスタンは訪問し，両国のEC加盟を約束した（実際には1986年まで持ち越された）。

　もともと欧州統合に批判的な共産党に加えて，自動車事故で入院中のコシャン病院で公表されたジャック・シラク共和国連合（RPR，ドゴール派）代表による「コシャンの呼びかけ」と称された声明は，激しい調子でジスカール・デスタン大統領の欧州統合を批判していた。シラクはヨーロッパ政策は「外国の政党」の構想であり，「超国家性，ノン」「経済的従属，ノン」「フランスの国際社会からの消失，ノン」と強い調子で訴えたのだった。

中東・マグレブ・アフリカ外交　　中東政策では伝統的なフランスの親アラブ寄り外交が健在だった。フランスのこの地域に対する外交の柱は，主にサウジアラビアからの原油輸入と武器売却であった。特にマグレブと中東への兵器輸出額は，1980年にはこの地域との交易総額230億フランのうち130億フランに達していた。また1976年まではフランスは核拡散防止条約の規制を受けなかったため，原発施設の輸出にもフランスは積極的だった。イラクのオシラスやパキスタンへの核開発設備の輸出だった。

　パレスチナ問題ではフランスはパレスチナ解放機構（PLO）を支持し，PLOのパリ事務所開設を認めた。1976年1月国連安保理事会決議ではパレスチナ国家について言及することをフランスは支持した。1975年4月に始まったレバノン内戦にジスカール・デスタンは停戦監視（FINUL）のために，フランス軍の

派兵準備がある意思を表明した。

　北アフリカ，マグレブ三国に関してはとくにアルジェリアとの関係が依然としてぎくしゃくしたままであったが，スペイン領サハラをめぐってフランスはモロッコを支持した。リビアとの関係はチャドをめぐって微妙な関係にあった。フランスはチャド歴代指導者を支持してきたが，その敵対国であるリビアとは民生・軍事協力関係にあるとともに，フランスにとってリビアは良質の石油輸入国だった。

　ジスカール・デスタンは特にブラック・アフリカとの関係強化に力を入れた。セネガルやコートジボワールはもとより，ガボン大統領のオマール・ボンゴとザイール大統領のモブツ・セセ・セコはこの時期フランスとの関係を緊密化させた。ザイールには1977年軍事顧問と落下傘兵を派遣，二度も介入した。ジブチとコモロ諸島の独立がこの当時の大きな話題となった。特に後者はクーデタが繰り返され，議会の反対の中で1975年にはカオスの様相を呈した。

　そしてジャン゠ベデル・ボカサ大統領の中央アフリカとの関係は文字通り「ジスカール・デスタンのアフリカ」のイメージを象徴し，大統領自身の足元を揺るがせた。有名な「ダイヤモンド事件」である。ゴシップ誌『カナールアンシェネ』が中央アフリカ共和国のボカサ大統領からダイヤモンドを賄賂としてジスカール・デスタン大統領が受け取ったことが暴露された。この事件は，1981年大統領選挙にも響いたといわれる。

6 ◆── ミッテラン時代の外交 （1981〜88年，1988〜95年）

6-1　親米主義から米ソ等距離外交へ：ユーロミサイル危機とそれ以後の外交

　1981年5月に誕生したフランソワ・ミッテラン政権の外交は予想外に親米的でアメリカを安心させた。大統領選挙戦の段階では，ミッテランの反米姿勢は顕著であり，NATOの存在自体をも否定していた。大西洋主義に傾斜したジスカール・デスタンの政策とは一線を画そうと努めたからだった。

　しかし，大統領に就任するや，ミッテランは現実主義外交に豹変した。実際にはそれまでのフランス第五共和制の4人の大統領の中で誰よりも親米的（大西洋主義）路線を示したのであった。1983年6月パリで大西洋評議会（NATO

閣僚理事会）が開催されたが，それは1966年にフランスがNATOの軍事機構を離脱して以来のことであった。

それはINF（中距離核戦力）交渉をめぐる展開（ユーロ・ミサイル危機）に明らかだった。当時ソ連が東欧諸国にソ連製中距離戦略核戦力SS-20を配備し，その射程距離は西ヨーロッパ全体を射程距離の範囲とした。ミッテランは，大統領選挙期間中，NATOの「二重決定（1979年のNATO理事会で，東欧諸国に配備されたソ連製中距離戦略核戦力の撤去のための交渉開始と交渉不調の場合のヨーロッパにおける米国製核戦力の配備）」を前提とした米ソ二国間による交渉に反発し，多国間交渉を行うべきことを主張，特に米国製ミサイル配備には強く反対していた。

しかし，大統領就任後，ミッテランはこの立場を翻し，ソ連に対抗するため西ドイツ，オランダなどでの米国製ミサイルINF（パーシングⅡ）の配備を全面的に支持すると表明したのである。ミッテランのこの政策転換は，米国製ミサイル・パーシングⅡ配備に慎重であったジスカール・デスタン前大統領よりもはるかに大胆な大西洋主義への旋回を印象づけるものだった。

アメリカとの角逐：ソ連・東側陣営の接近，南北対立，スターウォーズ計画

しかし1983年以後西ドイツ・オランダなどで米国製ミサイルINFが配備され始めると，ミッテランの親米路線は大きく変化し，ドゴール以来の対米ソ等距離外交に戻っていった。ミッテランは「東西対立のレールを再構築するため」として1984年6月訪ソし（その後1986年7月，88年11月にも訪ソ），翌年10月にはミハイル・ゴルバチョフ書記長が訪仏した。対ソ緊密外交の背景にはシベリアから西欧諸国へのガスパイプライン建設計画があった。アメリカはこの計画に反対し，この計画に積極的なミッテランと対立した。

第2に，第三世界・南北問題でも米仏関係には摩擦があった。1981年10月カンクン首脳会議では，自由貿易を主張するアメリカに対して，フランスは「不平等・不正」の是正を掲げた。また，ミッテランは米国の中南米政策を「内政干渉」と非難した。

第3に西側防衛をめぐる摩擦があった。ミッテランは米国が1983年3月に提唱したSDI（戦略防衛構想＝ソ連のミサイルに対する迎撃戦略）に対しては強い反対の意を示し，それに対抗して先端技術分野での協力を呼びかけたEUREKA

総論　フランス外交の歴史　◆035

（欧州先端技術共同体構想）の提案を西欧諸国に行った。

冷戦の終結とフランス外交の動揺　　1989年12月冷戦終結の結果，米欧間の同盟関係の再調整が必要となった。1990年7月6日NATO首脳会議は，新しい欧州安全保障秩序とドイツ統一を議題として共同宣言（ロンドン宣言）を発表した。冷戦後の欧州安全保障体制が模索される中で，独仏は1990年12月にヨーロッパ共通外交安全保障政策を提案，1991年10月には西欧同盟（WEU）をその一部とみなす立場を明らかにした。

　1991年11月のNATO首脳会議（ローマ）は，「新戦略概念」（地域紛争に対応するための危機管理型の即時・緊急展開軍の重視）を採択したが，ミッテランはこの新戦略とNATOの拡大には反対した。それがアメリカの影響力の拡大でしかないと考えたのである。ミッテランはNATOよりも全欧安全保障協力会議（CSCE）の実質化を主張した。1970年代欧州デタントを象徴するこの会議の活動は停滞したままであった。1990年11月に15年ぶりにパリで開催されたCSCE首脳会議で調印されたパリ憲章ではヨーロッパの東西対立と分断の終焉，民主主義の強化，武力行使・威嚇の自制，不戦条約と通常兵器削減（CFE）条約の調印とドイツ統一の歓迎，CSCEの常設機関（OSCE）化，首脳会議の定期的開催などが採択され，ヨーロッパ中心の安全保障機構の設立をミッテランは構想したのであった。

6-2　欧州統合に開く
：ユーロペシミズムからの脱出のための「国境を超えたリストラ」

ヨーロッパ統合への積極化と独仏協力　　米国製INFの欧州配備がすすめられ，ヨーロッパが一応，力の均衡＝現状維持と安定を達成した時期になるとミッテランの外交は改めてヨーロッパとの関係に力点を置いたものとなっていった。

　1983年3月，緊縮政策に転換する一方で，第三次フラン切り下げを行い，EMS（欧州通貨制度）からの離脱をミッテランが思いとどまったことは，一国社会主義経済に見切りをつけ，ヨーロッパ統合経済を選択したことを意味した。

　それは，経済的に欧州統合を引っ張るドイツとの協調路線の選択でもあっ

た。1984年6月フォンテンブロー（パリ）欧州理事会を契機として，ミッテランはヨーロッパ統合と独仏協力を大きく前進させた。

当時最大の課題は，農業補助金が3分の2を占めるECの予算配分に不満をもつイギリスの分担金還付問題であった。サッチャー英首相の「私（英国）のお金を返せ」という一言は大きな話題を提出した。フランスは西ドイツとの協力に成功し，イギリスの提案よりも低い還付率を示した独仏の提案が合意された。

当時のフランスのヨーロッパ統合政策の目的としては，①域内貿易自由化によるフランスの産業構造の近代化（ただし，これには合理化，産業構造再編の痛みを伴う），②EC財政負担などで不満を表明するイギリスの統合に向けた態度をはっきりさせる，③日米との経済・技術競争に備えたヨーロッパの団結，④西ドイツをECに引きつけて，東方に勢力拡大するのを抑制するとともに，西ドイツ国内のナショナリズム復興を阻むことにあった。

1992年末の域内市場統合は，非関税障壁の除去を推進することによってマクロ経済効果を期待したものであった。それは「ユーロペシミズム」と呼ばれた1980年代前半までのヨーロッパ各国の危機からの経済再建を意図していた。ヨーロッパ統合とは高度に発展した西欧産業社会の構造的行き詰まりを国家を超えて解決していこうという，いわばポスト産業社会に向かう「国境を越えたリストラ」の試みだった。フランスは「欧州統合」という誰しも否定し難い普遍的な善なる概念を掲げつつ，その国益の実現と外交のリーダーシップを模索したのである。独仏の緊密化はそのために不可欠だった。

1988年1月独仏エリゼ条約25周年を祝った独仏会談はこうした国際情勢の変化の中で大きな転換点となった。この時，安全保障・経済協力・文化協力の3つの分野での緊密化と制度化（独仏合同旅団・各分野の評議会創設）を約束した議定書が結ばれた。独仏旅団は1990年10月に創設された。そこには西欧での政治的軍事的イニシアティブを握りたいというフランスの思惑が見られた。

冷戦終結によるヨーロッパ政治の変化と独仏関係の動揺　しかし冷戦終結は統合のプロセスを複雑なものにしていった。第1に，ドイツ統一によってヨーロッパ諸国間の力関係が変化した。フランス外交のイニシアティブは後退し始めた。第2に，旧ソ連および中・東欧の政治・経済・社会情勢が不安定化

したのでこの地域の民主化・市場経済化のための支援が急務となった。

　ミッテランは当初ヨーロッパの新たな変化に戸惑ったが，やがてＥＣ統合の
さらなる推進＝「深化」，CSCE 全加盟国による政治・経済・安全保障面での
統合の発展を望んだ。しかしそれはあくまでも国家主権の維持を前提とした
「ヨーロッパ国家連合構想」だった。これに対して1990年１月ジャック・ド
ロール欧州委員会委員長は「ヨーロッパ連邦」の構想を打ち出した。東欧支
援・共通外交政策，政治同盟などを提唱した。1992年に調印された欧州連合条
約（マーストリヒト条約）は連邦主義を確認したものだった。

　冷戦終結後の激変の中で独仏関係にも軋みが生じた。89年11月末，ヘルムー
ト・コール西独首相がドイツ統一に関する10項目の提案を行ったが，西ドイツ
からあらかじめ打診のなかったことがフランスを刺激した。

　ミッテランのドイツ統一に対する懸念は，統一を容認する条件として「ＥＣ
統合の枠組みの中で」という文言を付与することにこだわったことに明らか
だった。それはあくまでもＥＣ統合の優先を尊重することを前提条件としてい
た。ドイツ統一を優先し，EC 経済・通貨同盟に消極的な西ドイツの姿勢がフ
ランスの反発を招いたが，両国は独仏の不和が双方を利するものでないことは
十分に承知していた。したがって政治統合（外交安全保障政策）は1990年４月の
独仏提案，翌年２月の独仏声明を経て本格化していった。

　しかし実際にはドイツの突出は次第に大きくなっていった。それは，旧ユー
ゴスラビアからの独立を宣言していたクロアチア・スロベニア両共和国の承認
問題に見られた。ドイツはECが両共和国の承認を1992年１月15日に決定する
旨を表明していたにもかかわらず，91年12月に早めたのであった。

　東欧の改革とヨーロッパ国際環境　　ミッテランは中東欧諸国への支援の積
極的支持者だった。すでに，1989年７月に開催されたアルシュ・サミット（パ
リ），さらに11月のEC 臨時首脳会談，1990年３月のEC 蔵相理事会でハンガ
リー・ポーランドへの援助が相次いで決定された。1989年10月にミッテランは
旧ソ連・東欧の経済改革を支援するために日米を含む欧州復興開発銀行
（EBRD ＝欧州開銀）設立を提唱した。

　その後東欧への統合拡大は前進し，ハンガリー・チェコスロバキア・ポーラ
ンドとの間で1991年12月に連合協定（通称「欧州協定」）が調印された。冷戦終

結直後のミッテランの旧東欧諸国の EC 加盟を時期尚早だとする主張は，経済面での東西欧州の格差を考えればもっともなことだったが，冷戦終結という時の勢いは止められなかった。

マーストリヒト条約批准のための国民投票　しかし，欧州統合ではミッテランは苦杯を舐めることになった。1991年12月にマーストリヒト欧州理事会で欧州連合（EU）条約が合意（92年2月調印）されたのである。

1992年9月20日にフランスで行われた国民投票は，マーストリヒト条約（欧州連合条約）の批准を承認した。しかし，この承認は当初の予想を覆してわずか51％の僅差の支持による辛勝であった。翌日の新聞は「小さなウイ」，「ちっぽけな勝利」と表現した。

この国民投票の意図は，6月にデンマーク国民が EU 条約の批准を拒否したことで後退しかけた統合の気運を，欧州の大国フランス国民の圧倒的多数で批准することを通して再活性化させ，フランスの存在感を示そうというところにあった。結果的に「僅少差の勝利」はこうした大統領の意図を皮算用に終わらせた。

WEU の活性化と西欧の「主体的安全保障体制」の構築　1983年頃から，INF 交渉の難航を背景にして安全保障面での西欧の自主性が意識され始め，1987年10月の外相・国防相会議（ハーグ）は，両超大国に対抗した西欧の団結や独仏協力の重要性，政治と軍事の結合などを主張した「安全保障をめぐるヨーロッパの利益に関する綱領」を採択していた。

ベルリンの壁崩壊以後，先に述べたように独仏はいち早く EC の政治統合を共同提案し，1992年5月には先の独仏合同旅団の規模を拡大して，将来の「欧州統合軍」を設置する協定に調印した。欧州の主体的防衛の核となる将来の欧州統合軍は独仏主導のもとにベルギー・スペイン・ルクセンブルグも加えて1995年10月に配備についた。EU の政治統合の一環として行われる共通安全保障政策の軸となっていった

6-3　ミッテランのアフリカ・中東政策

アフリカ外交の不変：ガボン・チャド介入・ルワンダ虐殺・コートジボワール　政権発足当初ミッテランは，真の意味でのアフリカの脱植民地化と人権尊重・民

主的発展を目指したが，その対応は最終的には歴代政権と大きな変化はなかった。たとえばミッテラン大統領の在任中のODA（政府開発援助）は期待されたほどは伸びなかった。それには当時のアフリカの不安定な事情もあった。独立の父であるセク・セクトゥーレの死後（1984年）ギニアは混乱に陥ったし，オート・ボルタは1980年以後混乱の末，1984年にはブルキナファソとなった。ボカサの失墜以後の中央アフリカ共和国，コンゴーブラザビルも国内は混乱していた。親仏的なマダガスカルも1972年フィリベール・ツイラナナ失脚後フランスとの関係を緊張させた。サブ＝サハラアフリカ地域では，ガボンはアメリカとの特権的な関係を構築し，現地のフランス企業を不安にさせた。

　こうしたアフリカ情勢の変化のために，ミッテランは人道主義的アプローチを薄めていき，フランス語圏の勢力範囲の確保を最優先する政策へと変わった。しかし開発途上国の負債削減（1989年5月ダカールでのフランス語圏首脳会議では債務棒引きを提案）や人権擁護政策は維持しようとした。南アフリカアパルトヘイトには厳しい姿勢を示したが，他方でアエロスパシアル社は軍用ヘリコプターなどを売却した。

　ミッテラン時代の前半のアフリカでの大きな事件は，チャドへの軍事介入であった。海外軍事展開のために1984年には5万人で構成される即応軍（FAR）が創設され，1986年2月には「ハイタカ作戦」が開始され，仏軍は再度介入したが，事態の収束には至らなかった。

　したがって第二期ミッテラン政権は軍事的介入には慎重となった。1990年6月フランス・アフリカ首脳会議ではミッテラン大統領は自由開放路線を支持しつつも，内政不干渉の姿勢をとった。そしてミッテランの関心はサブ＝サハラ諸国から「ブラックアフリカ」へと移っていた。

　その象徴がルワンダ紛争への介入であった。1994年には80万人に近い人数の大量虐殺（ルワンダ虐殺）が行われたが，その首謀者となった政府側フツ族をフランスは支援しており，フランスは国際社会の批判の的となった。

　パレスチナ問題と中東でのフランスのプレゼンスの後退　　ミッテランは大統領当選前の野党時代から，親イスラエル，キャンプデービッド合意支持の姿勢を示していたが，実際には歴代政権の親アラブ政策を踏襲した。特に，1981年6月フランスがイラクと共同開発したオシラクの原子炉をイスラエル軍が空

襲し，12月にはゴラン高原併合をイスラエル議会が承認したことから，フランスは再び親アラブ政策に逆戻りした。

　しかし，1982年3月にはミッテランは第五共和制大統領としてイスラエルを初めて訪問し，友好関係を再構築した。「フランス人民はイスラエル人民の友人」と大統領は宣言した。他方で，ミッテランはパレスチナの人々に祖国の領土が与えられる権利を擁護した。

　したがってイスラエル・レバノン紛争への関与でもフランスは微妙な立場に置かれた。レバノン情勢が混乱する中1982年6月6日イスラエル軍はレバノンに侵攻したが，フランスはこれを非難した。8月から翌月にかけて，また1983年12月にも，ヤーセル・アラファト議長とパレスチナ・リビア兵士の救出に協力した。1989年5月にはフランスはアラファト議長を受け入れた。

　しかしシリアとはフランス軍のレバノン駐留をめぐって，イランとはフランスの親イラク政策をめぐって，さらにリビアとはチャド紛争をめぐる対立からフランスは中東各国との間で摩擦を強めていた。1980年代後半この地域でのフランスの影響力はさらに大きく低下してしまった。

　レバノン内戦とPLOの内部分裂によってアラファト議長の求心力が衰えていく中で，1991年10月アメリカによって開催されたパレスチナ和平のための「マドリード会議」，さらに1993年9月のオスロ合意では，冷戦終結と湾岸戦争後のアメリカのヘゲモニーを前にフランスは蚊帳の外に置かれた。加えて湾岸戦争にフランスが参戦し，フセイン・イラク政権と対立したことはマグレブ諸国での反フランス感情を刺激した。北アフリカ諸国との保護国としての威信は失墜したのである。

　ミッテランは，前政権以来のアルジェリアとの剣呑な関係を改善しようとして，1981年11月末にアルジェリアを訪問，1982年2月の両国の協定では国際価格よりも高いアルジェリア産ガスの購入で両国は同意した。

　アルジェリアでは民族解放戦線（FLN）による一党独裁政権が続いていたが，80年代末にイスラム原理主義が台頭し，1988年10月には内戦に突入した。フランスは独裁政権を支持する立場を崩さなかった。

　1991年の選挙で「イスラム救国戦線（FIS）」が圧勝し，軍とFISから派生したイスラム原理主義過激派の武装イスラム集団（GIA）との内戦（アルジェリア

総　論　フランス外交の歴史　◆041

内戦，1991年12月26日～2002年2月8日）に発展した（10万人以上の犠牲者）。

　モロッコとの関係は，政治犯解放・言論の自由などの人権をめぐって，1992年11月ピエール・ベレゴブォワ首相の訪問時まで緊張し続け，最大の貿易相手国のひとつチュニジアでは1984年ハビブ・ブルギバ大統領が失脚し，ベン・アリ政権が発足した。ミッテランは1989年6月にチュニジアを訪問した。

　イラク政策と湾岸戦争　　1980年9月に始まったイラン・イラク戦争ではフランスはさらに複雑な立場に追い込まれた。その背景にはフランスがイラクを支持してきたことがあった。エグゾセミサイル搭載の戦闘爆撃機ミラージュF1を含む兵器をイラクは大量に発注した。その一方で，イランとの関係は緊張，イランはフランスに対する報復措置としてテロや人質誘拐などの手段で対抗していた。1986年から88年にかけて，相次ぐ連続テロ事件で一時期パリの日常生活は騒然とし，1987年7月にはフランス・イラン外交関係は断絶した（1988年6月復活）。

　冷戦終結直後の1990年8月2日にイラクがクウェートを侵略した事件では，フランスは当初危機の回避とアラブ世界の中での平和的な問題解決，「国際法による解決」を強調したが，国際社会がアメリカを中心としてイラク攻撃に傾斜していく中で次第に参戦の方向を強めていった。ミッテラン大統領は，「フランスが参戦しなければ，倫理的・軍事的・外交的に欧州・大西洋地域でフランスは信用を喪失してしまうだろう」と主張し，湾岸戦争でフランス軍はアメリカを中心とする多国籍軍に陸・海軍を送った。しかし戦後のイラク復興にフランスはほとんどかかわることができなかった。フランスは中東における存在感を回復することができなかった。

7 ◆——— シラク時代（1995～2002年，2002～2007年）の外交

7-1　ポスト冷戦時代のフランスの多極主義

　多極化の世界観　　冷戦終結後の国際秩序がまだ不分明の時代の試行錯誤を繰り返したミッテラン外交を引き継いだジャック・シラク大統領は，アメリカの「一極化」とグローバリゼーション（アメリカ的標準化）が加速化されていく国際社会の新たな局面において，フランスのプレゼンスをいかに示していくの

か，に腐心した。

シラク大統領はポスト冷戦時代を二極から多極世界への変化と捉えた。1995
年8月末恒例の大使会議で，シラクが第1に触れたのが「多極的世界秩序」
だった。中国，インドに加えて，メルコスール，ASEAN，湾岸アラブ諸国協
力会議などの地域グループとの外交だった。

とりわけアメリカが最も警戒する中国との接近は，親日外交とともにシラク
外交のひとつの特徴であった。1997年5月16日に調印された『グローバルな
パートナーのための中仏共同宣言』には，暗に米国の支配体制を批判し，新し
い国際秩序は，「多極構造（多極性）」と呼ばれることを明記していた。この対
中接近の背景には対中武器禁輸措置を解除し，兵器輸出を再開する目的もあっ
た。そしてEUが真のパワーとなり，影響力をもつためにはEU共通防衛政策
の確立が急務であることを訴えたのである。世界は米国の「単極支配」であっ
てはならず，「多極」間の均衡と合意によって統治されねばならない，という
のがシラクの主張だった。

そしてフランス外交の第1の目的は「EUの成功」であり，第2が大西洋同
盟の近代化とヨーロッパ防衛の柱の創設，第3に地中海圏・アフリカ圏とヨー
ロッパの間での連帯の強化だった。

核実験再開とその波紋　　冷戦終結後，EUという「極」の中心国としての
生き残りのために「核大国」としてのフランスの地位を再確認する必要があっ
た。それが1995年6月シラク大統領が核実験を再開した真意だった。

シラク大統領は，1992年4月のミッテラン大統領による核実験停止は時期尚
早であり，現段階ではシミュレーションによる開発への移行が困難であるこ
と，今回の核実験再開はそのためのデータ収集を目的としたものであることを
強調した。したがって，データ収集後は実験を中止し，96年秋には包括的核実
験禁止条約（CTBT）に無条件で調印すると約束した。フランスのこの決定は
いうまでもなく国際的に大きな波紋を呼んだ。直接核実験の影響を受ける環南
太平洋諸国は即座にこれに抗議し，米国も遺憾の意を表明した。オーストラリ
アはフランスとの防衛協力を凍結，ニュージーランドもフランスとの軍事関係
の停止を発表した。

1996年1月の6回目の実験後シラク大統領は核実験終結を言言し，以後フラ

ンスはCTBTの早期締結・年内調印に努めること（1998年に締結），また南太平洋非核地帯条約（ラロトンガ条約）への加盟（1996年加盟）の意志を明らかにした。

NATO軍事機構への復帰の可能性と安全保障の「ヨーロッパの柱」　　フランスの核抑止と大西洋同盟関係には大きな転換が認められた。

フランスは1995年12月には30年ぶりにNATO軍事機構へ部分的に（国防相会議・軍参謀長のNATO政策決定機構への出席）復帰した。1994年2月，22年ぶりに発表された国防白書で，平和維持活動に関するNATO会議に国防相・参謀長を参加させる方針が示され，1996年2月にはフランスのNATO軍事機構への復帰を示唆した。

しかしシラクのNATO復帰構想は単純ではなかった。そこにはNATO内でのヨーロッパとフランスの存在感を強めることが意図されていた。1996年1月フランスは自国の核の使用をNATO理事会と共有すること，つまり「協調的核抑止」を提案した。それはNATOをアメリカ中心のものからヨーロッパがより大きな影響力をもつことを意味した。フランスがNATO内で「ヨーロッパの柱」の中心になることを意図したものだった。シラクはNATO南欧司令長官のポストを従来のアメリカ人ではなく，仏・伊・西の欧州将校に譲ることをNATO復帰の条件とした。しかしこの件でアメリカが譲歩する可能性はなかった。

結局1997年に成立した社会党リオネル・ジョスパン政府はNATOの復帰を望まず，結局シラク大統領時代にフランスのNATO軍事機構への復帰は実現しなかった。

他方で，1994年の国防白書で述べられていた防衛力の再編とフランスのイニシアティブによる欧州防衛協力の推進は，シラク時代の防衛政策のもうひとつの大きな課題となった。1996年の戦略改革は，緊急即応部隊の機能強化のための紛争地域への有効な派兵能力の向上とコスト削減のための職業軍隊化にあった。そして同年5月には兵役制度を廃止した。また核実験停止後，南仏アルビオンに配備されていた地上発射中距離戦略核ミサイル13基を廃棄した。

欧州共通防衛政策の発展　　シラク時代に欧州共通防衛政策は一気に発展していった。それまでNATO中心主義（親米関係重視）であった英国との接近が

その特徴だった。フランスは EU 条約に従って，米国を含まない西欧諸国によって構成される西欧同盟（WEU）を将来の共通防衛政策のための核とすることを推進していった。すでにミッテラン時代の1994年に英仏防衛協力の方針が明らかにされ，空軍合同計画本部設置，核兵器分野の協力，PKO・人道援助での輸送協力のための「欧州空軍グループ」の発足について合意していた。

　欧州の核保有国英仏の共通防衛政策実現の直接的スタートとなったのは，1998年12月のサンマロでの第21回英仏首脳会議だった。そこでは CFSP（共通外交安全保障政策）の早急な実現，共通防衛政策の枠組みの発展，国際的危機対応のための EU の自律的行動能力の準備などで合意が見られた（「サンマロ合意」）。この合意内容は1999年 5 月の独仏会談，6 月のケルン欧州理事会を経て，12月のヘルシンキ欧州理事会において具体化された。EU 加盟諸国は60日以内に展開可能で，少なくとも 1 年間の軍事行動が継続可能な 5 〜 6 万人規模の部隊を2003年までに創設する（ヘッドラインゴール）ことが決定された。

　こうした欧州の共通防衛政策に向けた急速な進展の背景には，アメリカの国際紛争解決のイニシアティブに対する欧州側の焦りがあった。ボスニア紛争は1995年 8 月のアメリカの空爆によってセルビアとの間に合意（デイトン合意）が成立，アメリカのイニシアティブで和平調停が進み，1995年12月パリ協定で NATO 指揮下の治安部隊（IFOR）が駐留することが決定した。コソボ紛争においても1999年 3 月，アメリカの空爆によって事態は収拾の方向に向かった。

　いずれの和平プロセスにおいてもフランスと欧州諸国は蚊帳の外に置かれ，アメリカ主導の和平工作となった。これらの紛争に対して欧州諸国が無力であった。この反省からトニー・ブレア英首相が従来の NATO 中心の姿勢を修正し，欧州の主体的防衛へと歩み寄ったことが一連の動きの背景にあった。

7-2　アメリカの覇権に抵抗するシラク：イラク戦争

中東外交　　シラク大統領といえば，2002〜03年にイラク攻撃をめぐってジョージ・W.ブッシュ大統領（冷戦終結時期のブッシュ大統領の息子）と激しく反目したことはよく知られている。シラク時代の中東政策はどのようなものであったであろうか。

　シラク大統領の中東・アフリカ政策として有名なのは，1996年 4 月 8 日カイ

総　論　フランス外交の歴史　　◆045

ロ大学での演説である。ミッテラン時代に無力化したフランスの中東外交を再活性化させようとしたものであった。シラク大統領は,「東側との壁の崩壊後,ヨーロッパは南側との橋を構築しなければならない」と語り,中東諸国との架け橋の役割を担う意思を表明した。

パレスチナ和平に関しては,イツハク・ラビン イスラエル首相暗殺以後(1995年11月),シラク大統領はオスロ合意(1993年)を支持し,平和交渉のための役割を果たそうとした。アラファト議長のフランス訪問を歓迎(1995年7月),シャーム・エルシェニクでの反テロ首脳会議に参加,レバノン・エジプト訪問(1996年4月),シリア・イスラエル・パレスチナ訪問(1996年10月,1997年6月),東エルサレム訪問(1996年10月)など多数の国を訪問したことにその意図は明らかであった。そして1996年5月以来中断していたパレスチナ和平交渉に関して,ホスニー・ムバラク エジプト大統領と共同で,和平プロセスを呼びかけた。

シラクの親アラブ姿勢に対して,アリエル・シャロン イスラエル首相は2004年夏,在仏ユダヤ人に対して「人種差別の国から避難し」,イスラエルに移住することを呼びかけたほどであった。これに対してフランス世論の対イスラエル感情は悪化した。2005年8月～9月ガザ地区とヨルダン川西岸地区からのイスラエル軍撤退をフランスは支持した。

しかしレバノン問題では最終的にフランスはシリアと決別した。2005年2月にシラクの友人であるラフィーク・ハリリ・レバノン前首相が暗殺されるや,シラク大統領はレバノン独立支持を決断,バシャール・エル・アサド大統領率いるシリア政府との決別の道を選んだ。

「私たちはみんなアメリカ人」──同時多発テロ シラク政権第二期の外交上のハイライトはイラク戦争であった。中東でのアメリカの力による安定を望むネオコンと称されたグループに説得されたブッシュ大統領が挑んだイラク戦争に,フランスは断固として反対の意を表明した。

1991年の湾岸戦争以後もフセイン大統領の国際社会を無視した態度に対してアメリカではフセイン政権打倒の意見が根強く残っていた。そうした中で1998年12月米英が行ったイラクに対する「砂漠の狐」と称した空爆攻撃は後のイラク戦争を予期させるものであった。

046 ◆

その後2001年9月11日のニューヨーク同時多発テロが勃発，翌日仏『ルモンド』紙は一面で「われわれは皆アメリカ人」という見出しを打った。フランスはそれほど強くアメリカに同情したのであった。同時テロ直後ホワイトハウスを最初に訪ねた国家元首はほかならぬシラク大統領だった。この米仏首脳会談でシラク大統領は，アメリカの報復攻撃はアフガニスタンに限定されるべきこと，シリア・イラクのような「テロ支援国家」にまで及ばないこと，攻撃はアメリカの単独行動であるべきことと攻撃を急がないことをシラク大統領らはブッシュ大統領に力説していた。その警告をその後もシラクは再三繰り返した。

イラク戦争と米仏対立　　フランスではシラク大統領再選後の2002年夏頃からアメリカの対イラク外交に呼応する形でイラク戦争の議論が盛んとなった。イラク・フセイン政権が大量破壊兵器を保有していることをイラク攻撃正当化の理由としてブッシュ大統領は力説した。しかしすでにこの頃フランスは，軍事力行使には国連安保理決議が不可欠という方針を明らかにしていた。①国連査察期間の延長，②戦争は最後の手段であること，そして③国連安保理の承認のない戦争は合法的ではないという立場だった。

　こうして安保理決議1441に基づくイラクへの査察が11月末から開始されたことは，フランスを安堵させるものだった。しかし翌2003年1月下旬に行われた査察の最終報告は，査察にはまだ時間を要するという内容であった。つまりイラクに対する制裁のための攻撃は時期尚早であるという解釈だった。ヨーロッパ諸国の中でフランスと外交歩調を共にしたのは，イラク戦争反対を主張して総選挙に勝ったドイツのシュレーダー社民党政権であった。イラク戦争反対派の独仏の姿勢に対して，アメリカを積極的に支持し続けたのは，トニー・ブレア首相率いるイギリスであった。

　1月末にスペインのホセ・マリア・アスナール首相の音頭とりでイギリス，スペイン，イタリア，ポルトガル，旧東欧諸国を含む8か国によるイラク攻撃支持の宣言が出された。これに対して2月10日には，独仏はロシアを取りこんで，さらなる査察強化を求める3か国共同宣言を発表した。

　2月中旬国連安保理でのハンス・ブリックス委員長とモハメド・エルバラダイ事務局長が行った追加報告は，1月の報告に引き続いて大量破壊兵器保有の

総　論　フランス外交の歴史　　◆ 047

確証がないことを指摘した。このブリックスの姿勢を基本的に支持するフランスを筆頭とするロシア・中国などの常任理事国やシリアなどの複数の非常任理事国と武力行使の容認を主張する米英との間で激しい論争が行われた。2月14日安保理では，ドミニク・ドヴィルパン仏外相は，武力行使には，査察の結果を受け，改めて国連決議が必要であるとする「二段階決議」を強調した。性急に戦争に訴えることを否定する同氏の演説は万雷の拍手で迎えられた。

独仏は最後まで米国の攻撃に反対し，戦争支持派と反対派の間での激しい攻防が続いたが，3月10日フランスはロシアとともに安保理での拒否権を行使する可能性を明らかにした。

こうしてイラクに対する武力行使容認決議案の国連での採択の見込みがないことが明らかとなったので，米英は国連の枠外での武力行使に踏み切る方針を固めた。そしてブッシュ米大統領は米東部時間17日午後8時，イラクへの先制攻撃に向けた最後通告を行った。

アメリカを牽制する仏独露，国連主導の復興へ　　2003年3月19日に始まった米英軍のイラク侵攻作戦は，約3週間で米軍がバクダッドを制圧，4月9日フセイン政権は崩壊した。アメリカ主導の急速な戦後処理に歯止めをかけるため，4月11日には，サンクトペテルスブルグで独仏露緊急首脳会談が開かれた。3か国は，今後は国連決議を伴う国連主導のイラク復興統治を主張した。シラク大統領は人道援助は治安回復が前提となること，それは侵攻した米英軍の責任であることを強調した。復興の主導権を独占したいアメリカと国連を中心にした戦後復興支援を考えていたフランスを含む3か国との間には意見の違いがあった。

5月1日主要な戦闘は終わったとブッシュ大統領は宣言したが，その後もアメリカ兵の犠牲者は増え続け，治安は安定しなかった。イラクの戦後復興をめぐる過程でひとつの大きな節目となったのは，8月19日バクダッドの国連施設が標的となった自爆テロ事件で，将来の事務局長候補だったデメロ国連代表を含む22人もの死者が出た事件だった。事態はもはや米英軍だけでは収拾する見込みはなかった。この事件はそれまで米英主導ですすめられていたイラク復興活動への国際社会の介入を促す契機となった。この戦争に反対した独仏などの攻勢が再び勢いを得た格好となった。

9月初めにブッシュ大統領は新たな国連主導の多国籍軍派遣を容認するための国連安保理決議を行う期待を表明したが，それはアメリカの政策転換だった。仏独は米英軍主導の復興を否定し，国連主導の戦後統治と速やかなイラク国民への主権委譲を提案した。

　こうして2004年6月にはフランスのエビアンで主要国首脳会議（G8）が開催され，ブッシュ大統領も訪仏した。米仏関係の修復がその目的だった。

7-3　欧州統合に尽力し，疲弊したシラク政権

　ユーロ導入・ニース条約：通貨統合と東欧への拡大　　シラク時代のもうひとつの大きなテーマは欧州統合であった。この時代に欧州統合は具体的な形で大きな発展をしていた。通貨統合，東欧への拡大，共通防衛政策はこの時代に具体的な形で発足したのである。

　1998年12月の「サンマロ合意」はすでに述べたように欧州共通防衛政策の出発の画期点となった。1999年と2002年に発足した通貨統合，そして2000年のニース条約はいずれも欧州統合の画期点のひとつとなった。通貨統合の条件である，財政赤字を国内総生産比率3％以内にとどめるのは大変な苦労を要する話だった。そのための社会保障財政立て直しの改革をすすめるために長期政権を目指して，国民議会の早期解散を実行したジュペ内閣は逆に国民の反発をかって足元をすくわれ（総選挙で予想外の敗北），辞任に追い込まれた。

　ニース条約は，旧東側へのEUの拡大を決定した会議であったが，その負担を旧加盟国は覚悟しなければならなかった。委員の数や決定方式で首脳会議は難航し，時間を繰り下げてようやく同意にこぎつけた。統合の2つの節目に直面したのが，このシラク政権であった。

　欧州憲法条約の批准拒否：欧州統合をめぐる論争とその国内政治化　　しかし2005年5月の欧州憲法条約の批准をめぐる国民投票でフランス国民が批准を拒否したことはシラク政権の大きな汚点となった。翌日の『ルモンド』紙の見出しは「否決されたシラク，揺らぐヨーロッパ」だった。批准拒否の投票率は，55％に達した。憲法条約の発効には25か国全加盟国の批准が必要であったので，EU統合は足踏み状態に陥った。

　フランスにおける欧州統合をめぐる論争にはいくつかの流れがある。第1

総　論　フランス外交の歴史　　◆049

に，フランスの伝統的な論争である「国家主権（フランスでは主権主義者（sou-verainistes）とよくいわれる）」対「欧州統合」（連邦主義）という対立軸である。

　第2の対立軸は統合欧州そのものには賛成であるが，そのあるべき姿をめぐる論争であった。そのひとつは，社会党左派や共産党，極左政党のLO（労働者の闘争）やLCR（革命的共産主義者同盟），PT（労働者党）などで，英米流のリベラリズム偏重を批判し，「社会的な欧州」，社会福祉重視の立場である。これに対する現実主義的な反対論者は社会党のローラン・ファビウスで，安定した財政基盤に支えられた欧州が必要であるという立場だった。

　こうした統合そのものをめぐる論争に加えて，トルコのEU加盟問題が大きな話題となった。イスラムの問題が内外で大きくなったからだった。実際には当時フランス国民の56％がトルコのEU加盟に反対していた。

　加えて，フランス国民には欧州統合に対する飽和感とそれ以上の発展への危惧があった。すなわち，①欧州憲法条約は時期尚早，②社会経済問題の深刻化，③EU拡大の「脅威」と国内政争化という3つの理由である。ヨーロッパ統合をめぐる議論の「国内政治化」であった。重要な点でよく誤解されるが，フランス国民が欧州統合そのものに反対だったわけではなかった。この国民投票で統合が終焉に向かったわけではない。

　第1に欧州憲法条約そのものが時期尚早であるという見方だった。EU加盟国国民の間では，統合の精神が条文化された憲法という形で受け入れられるほど，意思統一ができているわけではなかった。第2の理由は，国民投票が憲法条約そのものの賛否を問うものとはならず，当時のラファラン政府に対する「信任投票」となってしまったことであった。投票の論点は，日を追って現政権の社会経済政策の成否を問うものへと変容していった。論点は次第に10％を超える高い失業率，最低所得保障受給者の増加，退職年金など社会保障全般に対する不満をめぐるものとなった。第3に，投票が迫るにつれて中・東欧諸国からの安い労働力の移入や生産要素・産業拠点の移転などの脅威が声高に議論されたことである。拡大によってフランスが恩恵をこうむる立場にはないという認識が強くなったという指摘である。当時話題となったのは，サービスの自由化が「フランスへのポーランド労働者（安い労働力）の『津波』（フランス国内に大量移住）」を促進するという懸念だった。

いずれにせよ，こうした拡大に伴う不安が，高い失業率や社会保障をめぐる論争に拍車をかけた。ヨーロッパ統合による恩恵を享受できないものにとって拡大は脅威でしかなかった。しばしばいわれるように「エリート」による理想と一般庶民の現実生活との間には常に大きな乖離がある。

7-4　シラク大統領時代のアフリカ政策

民主化と多国間支援への傾斜　　シラク大統領は親アフリカ政策をとった。12年間の在任中，アフリカ39か国を訪問したこと，大統領府でのアフリカ室を維持したことにそれは明瞭であった。

シラク時代の第1の特徴は，民主化の促進を積極化させたことであった。人権擁護や民主的政府樹立を支援したが，1997年に成立したジョスパン社会党政府は「介入でもなく，無関心でもない政策」をとり，直接軍事介入の数を減らし，非軍事的なコストを軽減する政策に転換した。中央アフリカのバンギとブアール基地は閉鎖され，フランスの軍事基地はダカール・ジブチ（この2つは主要基地）・チャド・ガボン・コートジボワールなどに限定されていった。軍事協力予算は減額されていき，1990年の1億3700万ユーロ（ユーロ換算）は2004年には6500万ユーロになった。非軍事的支援へのシフトであった。

第2の特徴として，フランスは軍事・経済面でマルチラテラルな対応にシフトしていったことであった。その好例は，1998年国防相によって提案された「フランス平和維持能力強化計画」であった。広域の国際組織を通したマルチの協力は，2000年2月にEUがACP（アフリカ・カリブ）諸国と調印した新ロメ協定だった。この協定では，政治対話・ODAを貧困との闘いに結びつけ，世界貿易機構（WTO）の規定に従うことを提唱した。2000年4月「ユーロ・アフリカ首脳会議（第1回カイロ）」，新アフリカ開発経済パートナーシップ（NEPAD，2002年2月，パリで第1回首脳会議）などを通してフランスのアフリカ政策はすすめられていった。

「フランス・アフリック」の生き残りをかけて　　シラク大統領は援助面でもアフリカへの影響力の拡大を意図したが，実際には経済援助はフランスの経済状況に左右される中で減額されていった。

2005年のフランスODAは米国・日本・英国・ドイツに続いて第5位であっ

総　論　フランス外交の歴史　　◆051

た。その中で，アフリカの占める割合は64％で最も大きな割合を占め，その半分以上がサブ・サハラ諸国であった。援助をめぐる行政面でのこの頃の大きな改革として，1998年の海外協力省を実質的に外務省に吸収する形での省庁統廃合の試みがあった。その結果，外務省に国際協力・開発総局（DGCID）が新設され，援助・文化外交も組織的にはこの部局に統合される形となった。

　それまでODAが国内総生産に占める比率は1993年以後下降し続けていたが，第二次シラク政権になってから微増し始めた。最も大きな支援を受けたのが，コンゴ民主共和国，セネガル，マダガスカル，カメルーンなどであった。

　その一方でフランスの対アフリカ経済支援は変化し始めていた。それは1990年代以後，フランスは非フランス語圏アフリカ諸国への支援を拡大していこうとしたことであった。実際には主な貿易相手国となっていたのは，ナイジェリア・南アフリカ・ケニア・ウガンダなどの英語圏諸国であった。アフリカとの貿易はフランスの貿易全体額の中では小さな部分しか占めておらず，また投資額ではフランスの対外投資のうち1.50％（2004年）にとどまっていた。国際協力支援要員の数も1992年の6464人から2002年には1325人にまで減らされた。

　こうした一連の展開は，冷戦終結以後のフランスのアフリカでの影響力の後退を印象づけるものであった。「フランス・アフリック（フランス影響下のアフリカ）」は生き残っていけるのであろうか。

　特に今日，アフリカ情勢は諸大国間の複雑なパワーバランスの変化や列強の思惑によってフランスの影響力には翳りが射している。クリントン大統領，ブッシュ大統領がアフリカ諸国を歴訪している。2004年にはフラン圏（フランス通貨圏）におけるフランスの交易高は16％（1980年代には29％），中国7.2％，アメリカ6.2％，イギリス6.1％となっていた。

8 ◆─── フランスの存在感を求めたサルコジ外交
：過去との決別

8-1　新たな同盟関係と防衛政策
　2007年5月ニコラ・サルコジは大統領選挙開票当夜の演説で，①親米外交，②欧州統合の推進，独仏関係の重要性，そして③アフリカ・地中海諸国との関

係の緊密化を説いた。サルコジの政策全般にシラク前大統領との違いを意識した発言が見られた。イラク戦争をめぐって激しく対立したアメリカとの関係の修復，EU憲法条約の批准を拒否し，フランスがみずからその後の統合の停滞を招いたことによる信用失墜からの回復であった。

　他方で，サルコジがフランスの存在感を世界に示すことに積極的となったことは従来のフランス外交と変わりはなかった。グルジアとロシアの紛争への仲介，仏軍のNATO軍事機構への復帰，リスボン条約締結，アデン海賊取締りへの積極姿勢，ブラジルへの武器売却，中国への接近，ブルガリア人質解放，債務危機に陥ったギリシャ支援，独仏緊密化などサルコジ大統領が多角的な外交を展開しようとしたことは確かであった。，しかしその多角的な外交活動が長期的展望に基づいていたかというとそれぞれの論拠に必ずしも一貫性がなかったのもまたサルコジ外交の特徴であった。

　サルコジ大統領の外交が前任者たちと異なっていた点は，第1にプラグマティックで即興的であったことである。第2に，外交分野での権限は大統領に集中した。アフガニスタンへの兵力増強，レバノン情勢の回復，コートジボワール・チャド・リビアへの介入などでサルコジ大統領は独断専行的なイニシアティブを発揮した。外交政策は，一部の大統領側近，クロード・ゲアン大統領府事務総長，ジャン・デヴィド・レヴィット大統領顧問，アンリ・ゲーノ特別顧問などの数少ない人物の間で決定された。

　第3に，サルコジ大統領は防衛政策においても新機軸を出そうとした。2008年7月には4年ぶりに防衛白書を作成，10年には大規模な外務省改革を行った。防衛白書はグローバリゼーションによる多様な脅威，特に国際テロ・サイバー攻撃・海外からの侵略，衛生・病気・天然災害などを含む民間安全保障・国内治安などの対応についても論及されており，包括的方針・政策を提示したものとなった。

　また文化外交はフランスの伝統であるが，文化省と外務省の組織再編成を行って新たに文化外交に特化した「フランス院」を新設した（第Ⅱ部5章参照）。

　対米関係の修復とNATO軍事機構への復帰　親米政策について，サルコジは「アメリカとの友情」を強調した。そのことを象徴的に示したのが，就任の年の夏休みをサルコジ大統領一家がアメリカで過ごしたことであった。サル

総　論　フランス外交の歴史　　◆053

コジ外交は「新たなアトランティスト（大西洋主義・親米派）」とも呼ばれた。イラク問題をめぐってアメリカと激しく対立した前任のシラク大統領とは一線を画した格好となった。

　サルコジは，イラク問題でアメリカとの協力姿勢を鮮明にした後，2008年4月のNATO首脳会議ではアフガニスタンへの仏軍の増派を約束して，アメリカを喜ばせた。サルコジ大統領は政権就任後，NATOへのフランス軍の復帰を再三表明し，NATO創設60周年記念に当たる2009年4月にフランスのNATO軍事機構復帰は実現した。実に43年ぶりの復帰となった。2010年11月には英仏防衛協定も締結し，アングロ・サクソン諸国との接近を印象づけた。

　しかしサルコジ大統領の外交はアメリカに従属するということではなかった。NATOの役割を世界全体に拡大させたいというアメリカの思惑には反対した。サルコジ大統領はもともと地球温暖化防止のための京都議定書に調印しないアメリカに対して批判的であると伝えられていた。サルコジ大統領は2008年6月の主要国首脳会議では，温暖化ガス規制をめぐってEU諸国の立場を代表してアメリカに対して厳しい姿勢を示した。サルコジ大統領は個人的には歴代のどの大統領よりもアメリカに対する親近感が強かったといえるが，結果的にはその親米政策には限度があった。

8-2　EU統合の盟主を目指したサルコジ大統領

　リスボン条約成立に貢献　　最優先しなければならなかったのは，欧州統合だった。2005年のフランスの憲法条約批准拒否によって統合は停滞していた。したがってフランスはヨーロッパ統合気運の復活の使命を担っていた。サルコジ大統領は選挙キャンペーンの最中から，欧州憲法条約案を簡素化（2007年12月欧州憲法条約の放棄決定）し，承認が得にくい国民投票ではなく，議会によって批准することを主張していた。目的合理主義者サルコジ大統領らしい主張であった。

　その要となったのは緊密な独仏関係の確認であった。サルコジは大統領就任式が終わった数時間後にはドイツを訪問し，欧州憲法条約についてメルケルと大筋で合意した。その後，ドゥラン・バローゾ欧州委員会委員長，ロマーノ・プローディ伊首相，さらにロドリゲス・サパテロ西首相とも会見し，合意を確

認した。とりわけ，2007年6月の欧州理事会ではサルコジの外交手腕が発揮された。この欧州理事会で，欧州憲法条約についてサルコジは，今後は「改革条約」として内容は変わらないままで，簡素化した実利的な条約を起草する方向で合意を得ることに成功した。さらに新しい条約に反対するポーランドに対して長時間にわたる説得工作を成功させた。サルコジの機敏なパフォーマンスは，フランスが欧州統合のリーダーに再び返り咲いた所作であると国内では高く評価された。こうして同年12月13日にはすべての加盟国がこの改革条約，つまりリスボン条約に調印した（翌年2月14日にこの条約を批准）。

また，サルコジ大統領は2008年6月の国民投票で条約の批准を拒否したアイルランドに対して機敏に対応し，妥協を引き出した。10月2日にアイルランドでは再国民投票が実施され，67％の支持率で条約は批准された。

リーマン・ショックの影響は2009年以後ヨーロッパでは顕著となり，もともと財政体質の脆弱な南欧諸国に波及した。特にギリシャの財政危機問題解決をめぐって独仏間に摩擦があったが，両国首脳は20回以上も会談して解決策を議論した。両国のEU統合の牽引車ぶりを内外に明示すると同時に，その後両者の関係は「メルコジ（メルケル＋サルコジ）」と呼ばれたが，独仏関係はそれまでの歴代大統領時代と遜色ないほどの緊密ぶりであった。

グローバリゼーションと統合に呑み込まれていくフランス　この時期サルコジ大統領はしきりに「ドイツモデル」を強調した。つまり緊縮財政政策を基礎としたドイツの「競争的ディスインフレーション」政策による競争力強化の成功をサルコジ大統領は高く評価した。しかしこうしたドイツびいきのサルコジ大統領の姿勢には批判も強かった。

サルコジ大統領時代のEU政策はグローバリゼーションの波を受け入れた積極的統合推進政策であったが，すべてにおいて超国家的な連邦主義を貫くというものではなかった。フランスの国益を優先した国家連合主義の側面も大いに見せていた。両者が交互に現れたというのが現実であった。

2011年12月になっても，「超国家主義ではない。政府間協力である」といわねばならなかった。その後サルコジ大統領は，「フランスの主意主義」を掲げ，新たに「フランスモデル」を標榜したが，実際にはドイツの政策に引っ張られていったというのが実態であった。

総　論　フランス外交の歴史　◆055

8-3　地中海・アラブの春・アフリカ政策

地中海同盟：EU・地中海南岸諸国関係強化の試み　　サルコジ大統領が外交の新機軸として提唱したのは，EU27か国にエジプト，トルコ，モロッコ，イスラエル，シリア，レバノンなど地中海南岸諸国・地域を含む「地中海同盟（UPM）構想」だった。EUによる中東地域へのイニシアティブとしては，1995年バルセロナ・プロセスがある。これは冷戦終結後の中東和平の機運を受けたものであったが（1991年マドリッド会議，1993年オスロ合意），その後の和平プロセスが停滞する中で，影が薄くなっていた。

　そこでサルコジは自身が内相の時代に手がけて成功したインフォーマルな10か国会議＝「5＋5（仏・西・伊・葡・マルタ＋リビア・チュニジア・アルジェリア・モロッコ・モーリタニア）」を正式な地中海連合に格上げする構想をもつようになった。もともとEUの「近隣政策」の延長で地中海隣接諸国との特別なパートナーシップを確立し，そのイニシアティブをとりたいフランスの意思のあらわれでもあった。

　UMPは2008年7月パリでサルコジ大統領とホスニー・ムバラク・エジプト大統領の共同議長のもとに第1回首脳会議を開催し，最終宣言を満場一致で可決して成功裏に閉幕した。33条に及ぶ共同宣言は，地中海の汚染防止，海運・陸運の高速化，自然破壊への対応，エネルギー産出（地中海太陽エネルギー開発），欧州・地中海大学構想（教育協力），ビジネス振興地中海イニシアティブの6分野でのEUと地中海南岸諸国との協力増進を謳った。

　このパリでの会議の間にシリアのベッシャール・アサド大統領とレバノンのオスル・マフム・スレイマン大統領が会談して，両国は国交の正常化を約束した。シラク大統領はレバノン・ハリリ首相が暗殺されてシリア批判を強化させたが，サルコジは中東和平のための仲介外交を積極化させた。2008年5月スレイマン新大統領のもとでの安定政権樹立に関する合意（ドーハ合意）が成立，米国，フランス，国連など世界はこれを評価した。

　その後同年9月にサルコジはレバノンを訪れ，同時期にシリアも訪問し，両国の国境問題，パレスチナ和平交渉，イランの核開発問題など中東各国の対立の解決のための仲介外交を行った。

　しかしパレスチナ・イスラエル問題，シリア・イランと周辺国との関係に代

表されるように地中海南岸諸国間の関係は複雑である。結局，地中海連合の第
2回首脳会議はその後開催されないまま，「アラブの春」を迎えることになっ
た。

　　リビア人質解放事件　　2007年夏のリビアの人質解放事件はサルコジ外交を
内外に大きくアピールした。7月22日，アティヤス・セシリア大統領夫人はク
ロード・ゲアン大統領府事務総長を伴ってリビアを訪問，1999年にエイズ血液
を子どもたちに輸血した罪（426人の子どもたちにエイズ菌を感染させ，そのうち56
人を死亡させた疑い）で現地で人質となり，死刑判決を受けていた5人のブルガ
リア人の看護士と1人の医師をリビアから救出した。この事件はサルコジ外交
の大得点となった。

　その直後に今度は大統領がリビアを訪問，リビアとの間に大学・文化・科学
面での協力および防衛・軍事産業面での協力取り決めを成立させた。その後サ
ルコジはセネガル・ガボンなどフランス語圏の国々を歴訪し，地中海・アフリ
カ重視の政策をアピールした。

　　「アラブの春」へのフランスの対応とリビア戦争の開始　　しかし，事態は
そう簡単にはすすまなかった。2011年3月19日夕方，フランス空軍ラファール
機によるリビア攻撃が開始された。翌日には米英軍，それにイタリア，カナダ
が加わり，5か国によるリビア攻撃が行われた。

　サルコジ大統領が敢然としてリビア攻撃に踏み切った背景には，チュニジア
から始まった「アラブの春」と呼ばれた一連の民主化運動に対してフランスの
対応が遅れたことにあった。2010年12月中旬，23年間に及ぶチュニジアのベ
ン・アリ独裁政権に対する批判デモが全土に拡大，1月中旬同政権は崩壊し
た。1月下旬に始まったエジプトでの反政府デモも急速に勢いを増し，五期30
年続いたムバラク大統領を退陣に追い込んだ。

　2つの国での事態の急展開に，EUの近隣政策や地中海連合は十分に対応す
ることができなかった。こうした中でリビアにおけるカダフィ政府の市民弾圧
をそれ以上見過ごすことはできないとサルコジは考えたからであった。サルコ
ジはそれまでに開発協力と武器売却を含む多様な商談を締結していたカダフィ
政権に見切りをつけたのである。

　　ヨーロッパの「ご都合主義」の論理　　西欧諸国は地中海南岸諸国の発展を

総　論　フランス外交の歴史　　◆057

どれだけ真剣に考えてきたのか。それが試されたのが「アラブの春」への一連の対応であった。結果的には地中海南岸諸国における真の意味での民主化・自由化に対する西欧諸国の関心が低かったことが露呈しただけだった。西欧諸国がこの地域での近代化に真剣に取り組んできたとは必ずしもいえなかった。

　まさしくフランスはその好例であった。リビア空爆の表向きの人道主義の論理の裏に隠された現実があった。リビアのムアンマル・アル・カダフィとフランスの関係は，1969年に政権に就いたカダフィをフランスが西側諸国同様に歓迎したところまでさかのぼる。リビアはいうまでもなく，豊かな石油産出国であり，カダフィは反ソ・反共主義者であったので歴代仏大統領との関係は緊密で，チャド紛争の時期を別にすると（フランスはチャドを支持）仏製ミラージュ戦闘機，戦車・ミサイル・ヘリコプターなどの買い付けなどが継続的に行われた。2月末になって豹変したかのようにリビア情勢への関与の姿勢を積極化させたサルコジ大統領だが，それは西欧旧植民地国の「罪滅ぼし」のようにも見えた。支持率低下に苦しむサルコジ大統領にとって，内外のイメージを上げる機会でもあった。

　2011年9月1日にはパリで新生リビア支援国際会議が開催されたが，これは英仏のイニシアティブで行われた。リビアには相当の額の在外資産と石油がある。当然復興のための事業をめぐる受注競争や石油利権をめぐる対立があった。

フランス・アフリックの終焉か　　フランスとアフリカの関係は，縁故・利害関係，汚職・共謀，ネオコロニアリズムにまみれていた。ミッテラン時代にその改革が望まれたが，実現しなかった。シラク時代まではフランスとアフリカ諸国の関係はこうした古い体質を維持し続けた。

　サルコジはもはや「アフリカは我々（フランス人）のための縄張りではない」と語り，対アフリカ外交の刷新を図った。2009年3月ドゴール時代以来君臨してきたジャック・フォカールが辞めてブージが就任し，大統領府のアフリカ室が再編された。

9 ◆── オランド外交：大西洋均衡・ユーロペシミズム・アフリカ介入

　フランソワ・オランド大統領の外交は当初全くの未知数であった。オランド

には閣僚経験そのものもなかったからである。確かに，オランド大統領は中東・アフリカ政策では，人道主義的立場から積極的なコミットの意欲を示したが，全体的にはオランド外交はサルコジ時代と大きく変化したわけではなかった。

独仏連帯と EU の行方　　オランド大統領当選の理由の大きなひとつは，アンゲラ・メルケル独首相と一緒に緊縮財政政策を重視するサルコジに対抗して，経済成長路線重視の政策を主張したことであった。オランドは選挙公約で，EU の「緊縮財政協定」の見直しを掲げていた。この姿勢はフランス国民と財政不安定な南欧諸国の人々の心理状態を代弁していた。つまり，EU にはドイツをはじめとする富める北・西欧諸国と失業・不況に苦しむ東・南欧諸国との間での格差（EU 南北問題）が広がっていた。オランド大統領は緊縮政策から経済成長へと舵を切ることによって，南北のはざまで EU の盟主としてのフランスのプレゼンスを示そうとしたのである。それは欧州の牽引車として欧州の景気回復を導いていく決意を示すためでもあった。

実際に EU 諸国間の「南北格差」は深刻であった。2012年のユーロ圏全体のGDP 成長率は0.1%減，ドイツとフランスの成長率はそれぞれプラス1.2%と0.6%に対して，イタリアとギリシャはマイナス1.7%と5.3%であった。

しかしその財源をどこからもってくるのか。オランドは大統領選挙期間中から，ユーロ共同債発行，欧州投資銀行の貸出枠の拡大，EU 構造調整基金の拠出枠の拡大，国際金融取引税導入をその財源として語っていた。EU の財政支出に頼るしかないという論法であった。

そしてヨーロッパ統合の推進には独仏連帯が最重要である。フランスが影響力を行使するためにも独仏と協力したヨーロッパ統合の枠組みは必要不可欠である。5 月15日大統領就任式を終えた直後，オランドはメルケル首相との会談のためにドイツに向かった。この最初の独仏会談で，成長路線重視で財政融資を説くオランドに対して，緊縮財政を強く支持するメルケル首相は，財政協定にはすでに経済成長について言及があることを指摘し，なぜことさらにそのことを強調して波風を立てるのか疑問を呈したほどだった。これに対して，オランドは，「緊縮財政政策の再交渉」にまで言及し，ドイツの嫌気をかった。しかし結果的には率直なオランドの物言いはドイツ側首脳に好感をもたれた。両

総 論　フランス外交の歴史　◆ 059

首脳の名前を合わせた「メルコランド」という表現も聞かれるようになった。

　その背景には，独仏関係は個別の利害関係を超えて，根本的な価値観を共有する高い次元での連帯によって結ばれているという認識があった。政策面での相違はあっても，ヨーロッパ統合に関してはまず「独仏連帯ありき」といいたかったのである。

　ユーロ圏財政危機の脱出　ギリシャの財政危機をはじめとするユーロ圏諸国の危機はオランド政権の発足を潮目に回復に向かった。ドイツが財政緊縮姿勢を軟化させてきたからであった。このドイツの協力姿勢への転換は，フランス，イタリア，スペインなど「南欧諸国」の圧力による産物であった。特に2012年6月末のEU首脳会議がユーロ危機・財政危機の大きな曲がり角となった。この会議でドイツは譲歩し，スペイン国債の市場での買い支えについて合意が成立した。

　9月の欧州中央銀行理事会（ECB）はさらなる転機となった。この理事会の直後マリオ・ドラギECB総裁は財政危機にある加盟国の償還期限3年までの短期国債購入を無制限に実施することを明らかにした。これは「ドラギマジック」と後に呼ばれるようになり，10年もの国債利回りの急速な低下につながった。ドイツ連邦憲法裁判所が欧州安定メカニズム（EMS）を合憲とする審査結果を発表し，EMSが晴れて発足することになった。EMSは，欧州財政安定基金（EFSF）に代わる，各国への融資・資金援助を行う機関である。こうした中で9月末には10年もの国債利回りは5％台半ばにまで下がり，ユーロ危機はいったん危機を乗り切った。そして統合派の次のステップであるユーロ圏の銀行同盟，財政統合のための銀行監督制度枠組みにまで発展した。

　米仏関係の安定　オランドは選挙期間中から「大国」という言葉を折に触れ使った。親米色の濃かったサルコジ政策とは一線を画すスタンスを当初から匂わせていた。アメリカのミサイル包囲網計画に対しては，それがフランスの抑止力を無意味化すると反対した。その姿勢はかつてオランドが「師」と仰ぐフランソワ・ミッテランがロナルド・レーガンの戦略防衛構想に反対したことを彷彿させた。

　その意味から，大統領就任直後の米仏首脳会談とG8は注目を集めたが，結果的にはオランドは主張すべきは主張しつつ，友好関係を維持し，一応のプレ

ゼンスを示すことには成功した。5月にホワイトハウスを訪ねたバラク・オバマ大統領との会談は米仏関係の良好さを物語ったものとなった。

　他方でその後引き続いてアメリカで開催されたG8でのオランドの滑り出しも上々であった。G8で成長戦略を最重要課題として執拗に提案したのはフランスであった。オバマ大統領はヨーロッパでの消費刺激策として成長路線を支持したのである。

　岐路に立つ軍事介入：フランスのマリ・シリア介入　2013年1月11日にオランドはマリへの軍事介入を決断した。

　フランス軍介入の直接的原因は，同国北部を実効支配してきたトゥグレグ族イスラム武装勢力MUJAO（西アフリカ諸国統一・聖戦運動）とアンサール・ディーン（Ansar Eddine）が，1月に同国を南北に分断する事実上の国境となっているブルー・ラインを超えて要衝の都市コンナに侵攻し，首都バマコへの脅威が高まったからである。2つの武装勢力はアルジェリアやニジェールなどに勢力をもつ国際テロ組織「イスラム・マグレブ諸国のアルカイダ（AQIM）」と結びついていた。

　こうした中で，ディァンコウンダ・トラオレ・マリ大統領はオランド仏大統領に対して，仏軍の介入と国連安保理での決議を要請した親書を送った。フランスはこの要請に応えるとともに，6000人のマリ在住フランス人の保護を理由に軍事介入を決定した。そしてこの介入は「サーバル作戦」（サーバルはサハラ以南に分布するヤマネコ）と呼ばれた。仏・マリ政府軍はイスラム武装勢力が占領してきたマリ北部に進行し，1月30日にはキダルの空港を制圧，マリ北部の武装勢力の拠点となっていた要衝都市をほぼ掌中にした。

　フランスのマリ介入はやや意外性をもって国際的には受け止められた。オランドは大統領選挙のときにはシリア問題には言及してもアフリカにはほとんど言及していなかったからだ。オランドのアフリカ支援政策は多国間協力の枠組みを基調としており，中央アフリカ諸国経済共同体・西アフリカ諸国経済共同体（ECOWAS）などに対する支援の形をとることが多かった。

　アフリカ諸国の独立以後のフランスの対アフリカ政策は，依然としてフランス語では「フランス・アフリック（旧植民地時代と同様の支配関係を意味する）」と呼ばれる関係は維持されている。1958年モーリタニアへの派兵以後それまで

50回近くのアフリカへの軍事介入を実施してきたといわれる。

10 ◆── 中道派「ドゴール主義」のマクロン外交

2017年5月に大統領に就任したエマニュエル・マクロン大統領の外交は「フランスの自立」を強調した。反ユーロで欧州統合に否定的だった極右「国民戦線」のマリーヌ・ルペンとの対抗関係で，EU（欧州連合）統合推進派の側面が強調されるが，実際のマクロン外交は，国益主義のリアリズム外交だ。「ヨーロッパ全体のために」という名のもとにフランスの利益追求のための外交を推進していくというやり方だ。これは歴代フランス政権に共通のことでマクロン政権もそれを踏襲している。

マクロンは，すでに死語と思われてきた「フランスの偉大さ」を称揚し，「フランスとヨーロッパの保護」を強調した。大統領決選投票日の夜の勝利の集会がルーヴル宮殿（美術館）ピラミッド前の「ナポレオン広場」で行われたのは，偶然ではなかった。マクロンは以前からナポレオンや「百年戦争」の救国の英雄ジャンヌ・ダルクにしばしば言及していた。

自立外交の継承者：「核実験」と「徴兵制復活」も　　その象徴が，核抑止政策の強化である。防衛政策として3つの柱を掲げ，その第1が核抑止力近代化で，核実験によるシミュレーションの推進を主張する。第2に国土保護防衛強化，サイバーセキュリティー強化，そして戦略的自立維持が防衛の骨子だ。第3に，反テロリズム対策強化だ。ヨーロッパでは，ウクライナ危機の時にロシアが講じた「ハイブリッド戦略（情報操作攪乱・テロなどの複雑な組み合わせによる間接侵略）」に脅威を強めた。加えて，大統領選挙期間中ロシア発信のフェイク・ニュースや情報漏洩がひどく，マクロン陣営は神経質になっていた。

フランスは2015年以来，対テロ政策として「Sentinelle作戦」を実施しているが，特にサイバー防衛に力点を置いている。トランプ米大統領が欧州各国に要求する「GDP2％の防衛予算」を，2025年までに実現したいと公約で謳った。

さらに，マクロンは徴兵制の復活（1年）を提唱した。すでに述べたように冷戦後フランスも徴兵制を廃止し，職業軍隊1本化に切り替えた。脅威の低下

とコストの点から，この方向は欧州各国の共通のものだった。しかし国防意識の希薄化した実情を憂慮してマクロンは徴兵制導入を公約に掲げていた。実際には物理的，財政的にはその当初の提案の実現は難しく，国防道徳教育課程の設置にとどまっている。

マクロンの防衛自立政策のひとつが，2018年6月に発足した「欧州介入イニシアティブ（EII）」だ。ドイツ・ベルギー・スペイン・ポルトガル・オランダ・デンマーク・エストニア，8か国と協力する部隊だ。

「中道派のドゴール主義」　米露との関係も，紆余曲折が予想される。NATO首脳会議での思わせぶりなマクロンとドナルド・トランプの6秒間の長い力の引き合いのような握手は，大統領選挙でルペンを支持したトランプとの摩擦を匂わせた。5月末にヴェルサイユ宮殿で開催されたピョートル大帝訪仏350周年記念のロシア展へのウラジミール・プーチン大統領招待の際の記者会見も，マクロンの対露政策の行く末を案じさせるものだった。大統領選挙期間中，ロシアによるマクロン候補に対する誹謗に近い情報の露出，またウクライナ制裁をめぐるロシアとの角逐，さらにシリアでの化学兵器使用に対する警告など歯に衣着せぬマクロンの発言は，プーチンの表情をたびたび曇らせた。

今後，米欧関係は，トランプ大統領の政策が今のままであれば，米欧摩擦が拡大する可能性は大きい。他方で対露関係の悪化も当初懸念されたが，2019年になると，マクロンはロシアへの接近にシフトし始めた。そこには，中露接近に対する警戒感があった。「中道派のドゴール主義的均衡外交」がどこまで成功するのか，新しい実験である。

欧州統合推進のイニシアティブ　マクロン大統領が欧州統合の積極的推進派であることは確かだが，そのための最も重要なパートナーはドイツである。これも歴代政権と同じだ。サルコジ大統領以来慣例化した大統領就任直後の訪独は成功した。さらにマクロンは，同年6月中旬にラホイ・スペイン首相，リュッテ・オランダ首相，ラタス・エストニア首相と相次いでパリで会談した。

また6月末の欧州理事会では，マクロンは「バイ・ヨーロピアン・アクト（欧州製品優先購入法）」の導入と，中国からの投資管理，域内派遣雇用の制限，欧州社会ダンピング（賃金低下）の阻止などを主張した。各首脳はマクロンに

正面から反対はしなかったが，慎重姿勢を示した。特に域内派遣雇用については，外国人労働力受け入れの立場にある西欧諸国と労働力派遣国である東欧諸国との間では，意見が大きく食い違う。

マクロン大統領の欧州統合のためのイニシアティブを大きく印象づけたのは同年9月下旬のパリ・ソルボンヌ大学での演説だった。それはドイツ総選挙直前のことで，アンゲラ・メルケル政権の勝利によって再活性化が見込まれる統合の先行きについて，フランスが機先を制しようというマクロンの意図を示したものだった。

マクロンの演説はユーロ圏共通予算，対テロ共通政策，そして環境保護という3つの柱で構成されていた。マクロン大統領は，大統領選挙の公約で，欧州統合政策としてユーロ圏共通予算，ユーロ債，ユーロ圏財政経済大臣，ユーロ基金，デジタル課税，さらに防衛面での共通政策（欧州防衛投資基金・共通軍隊設立，欧州ドローン機製造，テロ・サイバーテロ防止を含む対テロ政策の強化，欧州統一司令部の設置）を強調していた。

ジャン＝クロード・ユンケル欧州委員長は，フランスなど一部諸国が要求する先行統合（条件が整った国だけで統合を先にすすめていくやり方）には反対。むしろユーロをEU全体の単一通貨にするため，EU内でのユーロ導入国拡大の加速を提案していた。また「ユーロ圏財政経済大臣」創設については，ユーログループの議長を兼務することを提案したが，一方でユーロ圏議会の設置とユーロ圏共通予算の設置には反対した。財政経済大臣については，ドイツはこれを安定成長協定の「スーパー番人」的管理人と考えるが，フランスはユーロ圏の経済予算政策の調整責任者と考えている。

共通予算については，ドイツも歩み寄りを見せているが，限界がある。ドイツはもともと，財政黒字の国から財政赤字の国への財政移転が，欧州全体の予算で行われることには反対だ。ドイツのような財政黒字国の負担が多くなるだけだったからである。

欧州共通防衛政策の常設機構化　マクロンは大統領就任以来たびたびメルケル首相と欧州共通防衛政策の重要性を確認してきた。メルケル首相はこの間，NATO（北大西洋条約機構）でのアメリカの負担軽減を主張したトランプ政権誕生とロシアの脅威の高まりを背景にして欧州の自律的防衛の緊急性を強調

している。イギリスのEU離脱（BREXIT）を意識した英仏首脳会談でも共通防衛についての両国協力姿勢を確認した。

2017年12月中旬に行われたEU（欧州連合）外相理事会は，「欧州防衛常設機構（常設の軍事協力枠組み（PESCO））」の創設を決定した。ドナルド・トゥスク欧州理事会常任議長（EU大統領）は「歴史的な瞬間」と誇らしげに語った。

PESCOには，EU加盟国28か国中（イギリス・デンマーク・マルタの3か国を除く）25か国が正式に調印した。既述のように1950年代前半，欧州政治共同体（EPC）と欧州防衛共同体（EDC）設立構想，60年代初めのフーシェ・プランの挫折以来の画期的な一歩だ。さらに1970年にEECが提案した「欧州政治協力（EPC，上記の「欧州政治共同体」とは別の協力）」，冷戦終結後の1992年に調印されたマーストリヒト条約以後の共通外交安全保障・共通防衛政策，より具体的な防衛組織として1993年に稼動した「欧州（軍）部隊」，1998年の英仏合意（サンマロ合意）のもとでの欧州安全保障共通防衛政策（ESDP），2009年リスボン条約による共通防衛政策（CSDP）などの長い試行錯誤の結果だ。

欧州常設軍設立の背景には，一言でいって欧州を取り巻く不安な国際環境がある。まず，ヨーロッパの軍事的非力である。冷戦後，ボスニア・コソボ紛争の長期化，英仏のリビア空爆，マリへの侵攻，ロシアのウクライナへの軍事的関与やクリミア半島占領，加えてBREXITや，仏大統領選挙へのロシアからの直接・間接的介入は，ロシアの脅威を印象づけた。

第2に，トランプ米政権の誕生である。選挙キャンペーン中からNATOの防衛費負担の不均衡を指摘，ヨーロッパ同盟国の負担強化（国内総生産の3％以上の予算貢献）を提唱し，それが実現しなければアメリカはヨーロッパ防衛から後退する，と主張していたからである。

フランスは欧州諸国にも，リビアやマリのケースのような海外軍事介入を期待するが，ドイツは逆に「控えめな」協力を望んでいるようにも見られている。加えて，BREXITに向かうイギリスとの関係は微妙であるが，安全保障面での協力には2010年11月に公表された英仏ランカスター条約に基づく英仏防衛協定がある。共同統合派遣部隊（CJEF），英仏統合空母攻撃グループ，共同軍事ドクトリン・兵器テクノロジー開発などを目的とする。いずれにせよ，常設防衛機構の最大の懸念は予算だ。フランスの報道は欧州防衛基金設立が決定

した点を強調するが，その運営の中心は独仏であり，安保・防衛面での欧州統合が独仏協力に大きく左右されることは想像に難くない。

◆参考文献資料

ヴィノック，ミシェル／大嶋厚訳『フランス政治危機の100年——パリ・コミューンから1968年5月まで』吉田書店，2018年

大井孝『欧州の国際関係1919-1946——フランス外交の視角から』たちばな出版，2008年

川嶋周一『独仏関係と戦後ヨーロッパ国際秩序——ドゴール外交とヨーロッパの構築 1958-1969』創文社，2007年

黒田友哉『ヨーロッパ統合と脱植民地化，冷戦——第四共和制後期フランスを中心に』吉田書店，2018年

ティント，ハーバート／藤木登訳『現代フランス外交史』御茶の水書房，1977年

平瀬徹也『フランス人民戦線』（世界史研究双書）近藤出版社，1974年

安江則子編著『EU とフランス——欧州統合のなかで揺れる三色旗』法律文化社，2011年

横山信『近代フランス外交史序説』（東大社会科学研究叢書）東京大学出版会，1963年

横山信『フランス政治史（1870～1958）』福村出版，1968年

吉田徹編『ヨーロッパ統合とフランス——偉大さを求めた1世紀』法律文化社，2012年

渡辺和行『ドゴールと自由フランス——主権回復のレジスタンス』昭和堂，2017年

渡辺和行『ナチ占領下のフランス——沈黙・抵抗・協力』（講談社選書メチエ）講談社，1994年

渡辺和行『フランス人とスペイン内戦——不干渉と宥和』（MINERVA 西洋史ライブラリー）ミネルヴァ書房，2003年

渡邊啓貴『フランス現代史——英雄の時代から保革共存へ』（中公新書）中央公論社，1998年

渡邊啓貴『シャルル・ドゴール——民主主義の中のリーダーシップへの苦闘』慶應義塾大学出版会，2013年

渡邊啓貴『現代フランス——「栄光の時代」の終焉，欧州への活路』（岩波現代全書）岩波書店，2015年

第 I 部

地 域 編

1

第Ⅰ部 地域編

フランスとドイツ

川嶋　周一

はじめに：フランスにとってのドイツとは何か

　フランスにとってドイツは常に特別な隣人である。近世以降，ヨーロッパの国際政治が大国によって支配されたときから，フランスとドイツ語圏地域の第一国（その地位は当初ハプスブルク帝国が占めていたが，やがてプロイセンに移り，そして統一後はドイツ帝国となった）は常にライバル関係にあった。フランスとドイツとの関係が決定的に敵対的になったのは，1870年の普仏戦争であった。周知のように，この時，第二帝政のフランスに勝利したプロイセンはヴェルサイユ宮殿でドイツ皇帝の戴冠式を行いドイツ帝国の設立を宣言したばかりか，アルザス・ロレーヌ地方を併合しドイツ帝国の一領邦とした。ここにおいてようやく姿を現した統一国家ドイツは，その出発点からフランスと敵対関係にあった。ドイツとフランスの外交的な敵対関係は，当初からこの二国間の関係に埋め込まれていた。

　その後，第一次世界大戦，第二次世界大戦を，ドイツとフランスは敵として戦い合う。不倶戴天の敵という関係は，こうして出来上がった。しかし，第二次世界大戦後の冷戦下においてドイツは東西に分断され，フランスとドイツの関係は，大きな曲がり角にさしかかる。というのも，この時代に，フランスと西ドイツは根本的な関係の修復を行うことに成功するからである。では，現在のフランスにとって，ドイツとの関係はどのような意味があるのだろうか。以下本章では，第二次世界大戦以前の「宿敵」関係を概観した後，主として第二次世界大戦以降の仏独関係の進展を検討することで，フランス外交におけるドイツの位置づけを明らかにしたい。

◆ 069

1 ◆─── 「先祖代々の宿敵」

　フランス外交にとってドイツが占める位置について，最初に歴史的な概観に触れておきたい。19世紀後半，普仏戦争に敗れアルザス・ロレーヌ地方を奪われたフランスは対独復讐に燃えた。当時ドイツを率いていた宰相オットー・フォン・ビスマルクはフランスを孤立させるために，複雑な同盟の網の目を敷いた。このいわゆるビスマルク外交は，ドイツの対仏政策のあらわれのひとつである。両国の敵対関係は，19世紀末のヨーロッパ国際政治における基軸のひとつだった。ただし第一次世界大戦の勃発以前，フランス外交にはもうひとつ基軸があり，それは帝国主義国家としての植民政策だった。植民政策において，当初のライバルはイギリスにあっただけでなく，19世紀末の帝国主義国家間のつばせり合いの中で，対独強硬政策はそれほど自明の政策とはいえない面があった。しかし，第一次世界大戦前夜になると，独仏間の対立は動かしがたいものとなっていった。

　その第一次世界大戦の勃発によってドイツはフランスに攻め込み，フランス領土内で塹壕が掘られ仏独は4年にわたって多大な犠牲を払いながら全面的に戦った。大戦勃発まではフランスでは激しい国内政治対立があったものの，突然の戦争によって神聖同盟（ユニオンサクレ：それまでの国内政治上の対立が和解すること）が叫ばれ，それゆえ対独敵視の言説が作り出されることで対独戦争への人々の動員と正統性を獲得しようとした。これが，フランスにおけるドイツとの「先祖代々の宿敵」というイメージを作り出すこととなる。第一次世界大戦後も，フランスにとってドイツは自国の安全保障上の脅威であることに変化はなく，多大な犠牲に対する復讐心に燃えるフランスによってドイツを押さえ込んだ国際秩序としてのヴェルサイユ体制がつくられた。そして，そのヴェルサイユ体制を打破するナチス政権の登場によって戦間期秩序は破られ，1940年に再びドイツはフランスの国土に侵攻した。今度の戦線は膠着せず，パリはあっけなく陥落した。フランスの敗北によって第三共和制は終わりを迎えたのである。

　このように，普仏戦争から第二次世界大戦に至るまで，ドイツとフランスは

070 ◆　第Ⅰ部 地 域 編

敵対関係に彩られており，両国の対立が欧州での全面的戦争を生み出した。もちろん，個別の事例で見れば，二国間において何ら友好的な関係が存在しなかったわけではない。しかし，フランスにとってドイツはライバルにして相容れない敵であり，その関係を変えられないまま，半世紀の間に3回の全面戦争を戦ったのである。

2◆─── 第二次世界大戦後の変化

このような敵対色に染まったドイツとフランスとの関係は，第二次世界大戦後180度転換することとなる。第二次世界大戦後における仏独関係のあり方こそ，今日のそれを形作っている。

では，なぜ敵対的関係は全面的に変わったのか。まずその変化と戦後独仏関係の特徴を概観しておこう。関係性転換の最大の理由は冷戦の勃発だった。冷戦とは，世界がアメリカを盟主とする西側とソ連を盟主とする東側に分かれ，お互いが争う国際構造である。冷戦勃発の詳しい要因と過程についてここで触れる余裕はないが，冷戦によって生まれた2つの点が，フランスとドイツとの関係を決定的に変化させることとなった。

第1点目は，冷戦によって，フランスにとっての安全保障上の最大の脅威がドイツからソ連となったことである。確かに，ドイツの脅威認識は尾を引く問題であり続けるものの，1948年のチェコスロバキアでのクーデタ，ベルリン封鎖，そして何よりも1950年の朝鮮戦争の勃発は，ソ連の軍事的脅威と対外的膨張の野心を明らかにした。フランスにとって，ドイツの軍隊よりもソ連の軍隊に国土を蹂躙されることの方が，より現実味ある脅威となったのである。

第2点目は，ドイツが分断国となったことである。第二次世界大戦の敗北によってドイツは英米仏ソの4か国による直接分割占領されることとなった。冷戦の勃発は，このドイツの将来をどうするかという見解の不一致の結果生まれたといってもよい。ドイツが東西に分割されたことで，世界も東西に分割された。その結果，英米仏3か国の占領地区が合併して成立したのが西ドイツ（以下，西独）だった。西独はその意味でフランスにとっては戦前のドイツを引き継いでいる存在であり，以降冷戦期において基本的にフランスとドイツとの関

1 フランスとドイツ　◆071

係とは正確にはフランスと西独との関係になる。

　この２つの要因によって，冷戦構造の中で，西独とフランスは同じ西側陣営として共に力を合わせてソ連と対抗する必要に迫られることとなった。この構図は，特に1950年にソ連に対抗するためにアメリカと西欧諸国が設立した集団防衛機構である北大西洋条約機構（NATO）の誕生と，1955年に西独がこのNATOに加盟したことで，フランスと西独は同じ安全保障の枠組みを共有することで，一層確固たるものとなった。第一次世界大戦とは異なり，第二次世界大戦以降，フランスのドイツに対する政策は，正反対なものとなったのである。

3 ◆───── 戦後枠組みの成立

　とはいえ，冷戦期において西独とフランスの関係はいくつかの段階を経て正常化していったことも確認しておきたい。この段階は，1940年代後半の戦後秩序の確立そのものに織り込まれ，またヨーロッパ統合の成立とも深くかかわっていた。

ドイツ分断と西独の成立

　まず戦後ドイツが分断される過程に対するフランスの関わりに，フランスにとってドイツがどのような存在なのか，その一端が現れている。周知のように第二次世界大戦後ドイツは英米仏ソの４か国によって分断され，直接占領されることとなった。フランスは自国の国境に接する地方を占領地とした（現在のバーデン＝ヴュルテンベルク州の南側，ラインラント＝プファルツ州，ザールラント州）。さらに，首都ベルリンも別個に４か国で分割占領されることとなった。とはいえ，フランスの占領国への参加は当初から決まっていたことではなく，イギリスの後押しを受けてようやく実現できたもので，ドイツ占領の主導権は英米にあった。

　当初フランスはドイツの弱体化を基本方針としていたが，冷戦の進行の中で西側３か国の占領地域を合併して西独として建国することで西側の強化を目指す英米の方針と対立をきたすようになり，フランスはこの方針に従って西独建

072 ◆　第 I 部　地 域 編

国を認めざるをえなくなる。西独成立は1949年のことであるが，この時点では
西独はまだ主権を回復しておらず，その回復は後述する再軍備問題の展開の中
で実現することとなる。

シューマン宣言

　対独政策として当初の弱体化方針を継続できなくなったフランスがとったの
は，ドイツのヨーロッパへの埋め込みだった。これは，たとえば建国後に西独
が英米仏3か国と結んだ部分的主権回復協定であるペータースベルク協定にお
いて，前年に発足した欧州審議会への参加を許可することが盛り込まれていた
ことや，フランスが西独建国の代わりにルール地方の石炭をヨーロッパ化する
ためのルール管理庁の発足を要求したことに見て取ることができるだろう。

　ドイツをヨーロッパに埋め込みつつ，フランスのパートナーとする方針が決
定的となったのが，有名なシューマン宣言だった。1950年5月にフランス外相
シューマンによって発表されたこの宣言は，独仏の石炭鉄鋼資源を共同管理
し，その管理を行う超国家的機関の設立を呼びかけるものだった。これは，戦
略的資源を共有することで独仏対立に終止符を打つのと同時に，ヨーロッパ統
合を推進することに加え，西独の資源へのフランスのアクセスが保証される，
という（フランスにとっての）3つの目標を同時に達成するウルトラCだった。

　重要なのは，このシューマン宣言はフランスにとっては非常に有利だった
が，西独から見ればそうでないにもかかわらず，西独が積極的にこれを受け入
れたことである。つまり，フランスにとってドイツは封じ込めつつ協調する相
手であるのと同時に，西独側もそれを受け入れているという点で，協調路線の
実現には大きな成果が見込まれたのだった。

ザール問題の解決

　ただし，独仏間の関係がすんなりと友好に進展したわけではない。独仏間に
は，50年代には領土問題という大きな紛争の種が存在したからである。それ
は，いわゆるザール問題であった。フランスの占領地だったザールラント州
を，フランスは1947年に占領地から分離させザールという保護領として独立さ
せた。このザールが西ドイツに復帰するのを，フランスは最大限抵抗した。

1　フランスとドイツ　　◆073

1950年以降両国はヨーロッパ統合のもとである種の協調路線を見出していたが，ザールをめぐる問題は別だった。しかし実際の住民の多数が復帰を望んでいることが判明していた以上，復帰は時間の問題だった。最終的にザールの帰結が住民による直接投票で決するザール協定が1953年に結ばれ，そして同協定に従ってザールがザールラント州として西独に編入される1957年まで，ザール問題は独仏関係の喉元に刺さった棘だった。

西独再軍備問題と EDC

　1950年代中盤に起こった西独の再軍備問題と欧州防衛共同体（EDC）問題は，まだ確固たる構造を固められずにいた戦後独仏関係を固めるものとなった。再軍備問題とは，1950年6月の朝鮮戦争の勃発を受けて，ヨーロッパにおけるソ連軍の軍事的脅威への対処が喫緊の課題となったために，西欧の安全保障を確保するために西独の再軍備をいかに実現するかという問題だった。なぜなら，東欧圏に駐留しているソ連軍は西側の兵力をはるかに上回るばかりか，その大半を占める陸軍部隊は，ドイツを通って西欧に進軍することが予想されたからである。ドイツ領域で食い止めることが，西欧防衛の条件となったが，そのためには当時非軍事化が進められていた西独を再軍備することが必要となったのである。

　このドイツ再軍備問題に対し，フランス国内は紛糾に紛糾を重ねた。フランスの政界はドイツ再軍備容認派と絶対否認派に分かれ，また容認派においてもどのような形態で認めるかについても激しい意見の対立が起こった。特に議論を複雑にしたのが，1950年10月に当時のフランス首相ルネ・プレヴァンが表明した欧州防衛軍構想だった。この構想では，統合された欧州軍を設立し，その中にドイツ軍を組み込むことで再軍備問題を解決しつつ，シューマン宣言で議事日程に乗った欧州統合の流れも加速できる。議論はすぐに欧州軍という前代未聞の軍隊を管理する欧州大の国際組織の設立とセットで語られるようになる。この組織が欧州防衛共同体（EDC）であった。

　EDC は一見すると理想の解決策のようにも見えた。実際，EDC 設立条約は翌々年の1952年5月には調印され，他の西欧諸国も批准していった。しかし，肝心のフランスで批准に向けた議会内合意の目途が立たず，最終的に1954年8

月30日，国民議会で条約の批准は否決された。その結果，再軍備問題も成立した西独主権回復の体系もいったん白紙になったが，イギリス外相アンソニー・イーデンによる仲介外交によって，西独が大西洋条約機構（NATO）に加盟することで再軍備問題と主権回復問題は解決に至った。

　この再軍備問題は，フランスの対独脅威認識が完全には払しょくされていないこと，ドイツをヨーロッパと大西洋の二重の枠組みに埋め込んでようやくフランスが安心する体系が構築されたこと，しかしながらその枠組みで西独は重要な役割を担っていることを明らかにした。このような戦後ヨーロッパの国際的な枠組みは，この事件を通して形成されることとなったのである。

4 ◆──── 「独仏カップル」の成立

　1940年代末から1950年代にかけて戦後秩序が形成され，フランスにとってドイツ（西独）は不可欠なパートナーへと転換することとなった。これがさらに推し進められたのが，1960年代における独仏和解といわゆる「独仏カップル le couple franco-allemand」の成立である。これは，特に1958年からフランスの政権の座に復帰したシャルル・ドゴールとコンラート・アデナウアーとの協調関係と1963年に成立した独仏協力条約の存在が大きい。これ以降，フランスと西独はヨーロッパ統合の枠組みの中で緊密な二国間関係を作り上げ，統合をリードする存在となっていく。フランスにとって西独は，ヨーロッパ統合におけるパートナーとして明白に位置づけられていくのである。さらに，1960年代から1980年代にかけてこのような安定的な仏独関係を可能にしたのは，指導者同士の息の合った関係も大きかった。

ドゴール／アデナウアーとエリゼ条約

　1958年から1963年まで仏独の指導者の地位にあったドゴールとアデナウアーは，「理性の結婚」とも称される，計算に裏打ちされた協調関係を築いた。その根底にあったのは，二国間で自国の安全が確保されなかったがゆえに何度も全面戦争に陥り，地獄を見た経験に裏打ちされた現実的感覚だった。両者は直接会談を重ねて信頼関係を醸成していく。

1　フランスとドイツ　　◆ 075

ドゴールはこの時期，ヨーロッパ統合においては政府首脳の定期会談を制度
化する政治同盟構想（フーシェ・プラン）を実現しようとしたが，1961年には
EEC加盟国からの反対を受けて頓挫する。と同時に独仏二国間の和解を推進
する姿勢と併せて，1962年秋から両国は提携関係の制度化させる交渉を進め
た。多くの問題と絡み合いながら，この交渉は1963年1月23日に，仏独協力条
約（いわゆるエリゼ条約）として成立した。ただし，このエリゼ条約の成立は，
西独から見ればアメリカとの協調を問題視する側面もあり，西独連邦議会は批
准の際エリゼ条約がNATOの枠組みを阻害しないことを確認する前文を付し
て採択した。

　これらの点は，仏独関係の提携関係が，二国間の文化的側面とヨーロッパ統
合の政治的な側面に原則限られ，独仏独自の軍事提携は認めないことを意味し
ていた。しかしエリゼ条約は両国首脳の定期会談実施を規定しており，以後両
国は定期会談を重ねていく。このことは，協調関係がうまくいっていることが
正常であるという認識を醸成し，かつヨーロッパ統合における二国間の共同歩
調を後押しすることとなった。また，特にエリゼ条約で制度化された青少年交
流はその後着実に成果を蓄積していき，百万人単位の独仏間の人的交流を実現
させることとなる。

ジスカール／シュミット

　ヴァレリー・ジスカール＝デスタンとヘルムート・シュミットは1974年の同
じ年にそれぞれ仏独の政権の座についた。どちらも若く理論肌の政治家と知ら
れるふたりは，ジスカールが中道右派，シュミットが左派という政治的立場を
超えて，深い信頼関係を築いてヨーロッパ統合を牽引した。両者は1974年に
ECの政府首脳が集う欧州理事会の設立を唱道し，欧州統合のモーターとなっ
た。オイルショックや変動相場制への移行など経済通貨危機のもとにあった70
年代において通貨統合の実現は難しく，1979年に欧州通貨制度（EMS）の制度
的枠組みの合意に成功し，後のユーロ導入の準備をした。また，ジスカールが
1975年に折からの経済問題を協議すべく先進国首脳会議（サミット）の開催を
呼びかけたのも，両者の提携関係に裏打ちされたものだった。

　しかしこの頃には，フランスにとってドイツは不可欠のパートナーであるだ

けでなく，経済的には西独はフランスよりも優位に立っていた。国際関係の問題において軍事的なパワーだけでなく経済的なパワーも不可欠な時代に入り，両者の力関係には変化が起こってきていたのである。

ミッテラン／コール

　1981年に仏大統領に就任したフランソワ・ミッテランと翌年に西独首相となったヘルムート・コールもまた，仏独の二国間関係の深化に大きな役割を果たした。ひとつは，1984年9月にヴェルダンで行われた第一次世界大戦70周年の記念式典での両者の握手である。事前には予定されていなかったこの握手はミッテランが咄嗟に手を差し出したという点でも偶発的でありかつ象徴的なものであったが，両者が互いの手を取り合った写真は独仏間の連帯を強く印象づけることに成功した。また1987年には，エリゼ条約25周年記念の独仏協力関係の再出発として，独仏共同の部隊を編成するという独仏旅団の創設に合意した。独仏旅団は1989年に公式に運用が開始となった。独仏旅団は二国間の軍事的提携を促進するというよりも，二国間和解の象徴的な存在であるのと同時に，1992年にこれを核としてEUの即応部隊である欧州合同軍（ユーロコール）が設立されたことからも見て取れるように，あくまでヨーロッパ大の国際的な軍事力運用の実験であることがわかる。

　しかしこのミッテラン／コール関係は，1989年のベルリンの壁崩壊とそれに伴うドイツの再統一において大いに揺らいだ。再統一によって復活する強大なドイツという幻影が，突然西欧全体を悩ませることとなったからである。急速すぎる再統一の進行に対してミッテランは待ったをかけようとし，東独への訪問やオーデル＝ナイセ線の見直し放棄をめぐってコールと激しく対立した。

　最終的にミッテランとコールは，ヨーロッパ統合における市場統合と通貨統合に加え，独仏が協調して政治統合をすすめることで，ドイツの再統一が統一ヨーロッパに埋め込まれることに合意した。つまり，独仏間の協調とヨーロッパ統合の深化を有機的につなげながら，その双方を推進しようとしたのである。この枠組みの創出によって，冷戦構造の中で非対照的ながらも協調関係を制度化させることに成功した独仏両国は，協調関係とそれを基礎づける枠組みを存続させることで，安定性を維持させようとした。

1　フランスとドイツ　　◆077

以上見てきたように，ヨーロッパが東西に分断される中，西側ヨーロッパが手を携えるための有力な手段となっていった枠組みが，ヨーロッパ統合であった。冷戦と不可分に生まれたヨーロッパ統合はしかし，冷戦の展開とは独立したダイナミズムを有するようになり，フランスにとって西独はその中核的提携国の重みをもつようになっていく。冷戦と統合という2つの国際的な位置づけの中で，フランスにとってのドイツの意味は作り上げられていた。そのどちらの枠組みも，フランスにとってドイツを友好国とすることを構造づけるものだった。それゆえに，冷戦期においてフランスと西独の関係は安定し，極めて緊密な二国間関係を作り上げることに成功したのである。

5 ◆───── 冷戦後ドイツの役割変化とフランス

　冷戦の終了は，フランスと西独との関係に根本的な変革をもたらすこととなった。ベルリンの壁崩壊によってドイツは再統一され，冷戦期のようなフランスがドイツに対して保持していた権利は消滅した。このことは，フランスが冷戦期にドイツに対して保っていた優位性を消し去ることを意味し，フランスにとってドイツがもつ外交的意味を再定義する必要が登場した。さらに重要なことは，冷戦の終焉後，再統一されたドイツは，従来の西独の外交政策の基本方針を徐々にではあるが大きく転換させたことであった。このようなドイツ外交政策の方向転換は，当然にフランスにとっても重要な問題を突き付けることとなった。

　ドイツ再統一を牽引し，ミッテランとともに1980年代に独仏カップルを形成したコールは，1998年の総選挙での敗北を受けて退陣し，政権は赤緑連合と呼ばれた社民と緑の党との連立政権に移った。新しく首相となったゲアハルト・シュレーダーは，コール政権の末期から始まっていたドイツ外交の新しい傾向をより鮮明にした。それは，欧州統合と大西洋間の協調を同時実現する姿勢から脱却し，よりマルチラテラリズム（多国間主義）を標榜することで，従来ではそれほどではなかった国連やロシアとの協力関係を重視することだった。

　冷戦後，再統一したドイツは新しい外交路線に乗り出し，冷戦期に培った仏独関係のあり方は再考を余儀なくされる。さらに，冷戦後ヨーロッパをいくつ

もの難題が襲う。その代表が旧ユーゴスラビア内戦であり，この問題をめぐってフランスはドイツとの協調に苦心する。また，EUの共通外交・安全保障政策の推進やEUの制度改革をめぐって，仏独関係は協調よりもむしろ軋みを生み出した。

このような仏独関係の漂流に終止符を打ったのが，2001年の9.11発生から始まり2003年に勃発するイラク戦争に至る一連の国際政治上の転換だった。9.11の時には歴史的な紐帯を見せた米欧諸国だったが，イラク戦争の開戦をめぐって，反対派の独仏は賛成派の英米と対立する。この米欧関係の亀裂はアメリカに対する独仏間の提携をクローズアップすることとなったが，1990年代を通じて流動化していた両国間の関係を今一度緊密化させることにつながった。

さらにこの2001年から03年にかけて，ヨーロッパ諸国は統合の一層の深化を進めるべく憲法条約の成立交渉をすすめていた。2005年に予定されていた東方拡大を含め，この時期ヨーロッパ統合の進展の期待は極めて大きかった。しかし，それは2005年の仏蘭における憲法条約批准拒否によって一気にしぼむこととなる。憲法条約制定会議議長はかつての大統領ジスカール・デスタンが勤め，フランスはヨーロッパ統合の主導者であったはずだった，この件は大きな躓きとなった。それに代わってヨーロッパ統合の主導役を果たしていくのはドイツだった。特に，その2005年からドイツ首相に就任したアンゲラ・メルケルは，好調なドイツ経済と安定的な政権運営によって域内における指導力を大きく高めることとなった。

憲法条約の批准失敗をメルケルとニコラ・サルコジはリスボン条約の成立によって立て直すことに成功するが，2008年よりギリシャで債務危機が勃発し，このギリシャ危機とユーロ危機の解決の模索の中で，ドイツはEUの主役に踊り出ることとなる。ギリシャ危機の解決のためにフランスはドイツと協調せざるをえなかったが，主導権はドイツにあり，そのためサルコジとメルケルのタッグは「メルコジ」と揶揄された。独仏が一体となって解決に当たっているが，主役はあくまでメルケルにある，という意味である。このようなドイツ優位の関係性は，フランソワ・オランドからエマニュエル・マクロンに至る今日であっても同様といえるだろう。

1 フランスとドイツ　◆079

おわりに

　フランスにとって長い間ドイツは隣人であると同時に，ライバルであり敵だった。しかし，冷戦期における国際環境の変化とヨーロッパ統合の進展という幸運を受けて，その敵対関係は劇的に転換し，ヨーロッパ統合を共同で主導するパートナー国家となった。そのようなパートナーシップは，二国間における協調関係が制度化し長きにわたって安定していることからも，フランスにとって重要な外交資源ともなっている。冷戦が終わったことで，ドイツはフランスよりもヨーロッパにおける主導権を握る国家となったが，ドイツとの関係の重要性については，ヨーロッパの枠組みが現状続く限り，また二国間における協調関係の安定化が損なわれない限り，大きく揺らぐ見込みは低いであろう。それは，第二次世界大戦以降の独仏関係が築き上げた重要な構築物なのである。

◆参考文献資料

川嶋周一『独仏関係と戦後ヨーロッパ国際秩序——ドゴール外交とヨーロッパの構築 1958 – 1969』創文社，2007年

横山信『近代フランス外交史序説』東京大学出版会，1963年

吉田徹編『ヨーロッパ統合とフランス——偉大さを求めた1世紀』法律文化社，2012年

渡邊啓貴『シャルル・ドゴール——民主主義の中のリーダーシップへの苦闘』慶應義塾大学出版会，2013年

Defrance, Corine et Pfeil, Ulrich *Entre guerre froide et intégration européenne. Reconstruction et rapprochement, 1945-1963, Histoire franco-allemande. Collection en 10 volumes* (Presses universitaires Septentrion, 2011)

Miard-Delacroix, Hélène *Le défi européen de 1963 à nos jours, Histoire franco-allemande Collection en 11 volumes* (Presses universitaires Septentrion, 2011)

Soutou, Georges-Henri *L'alliance incertaine : les rapports politico-stratégiques franco-allemands, 1954-1996* (Fayard, 1996)

2

第Ⅰ部 地 域 編

フランスとヨーロッパ

上原　良子

はじめに

　フランス外交にとってヨーロッパ統合とは多義的で矛盾に満ちた存在である。ある時はフランスの国益を実現する手段であり，またある時はフランスを拘束する存在であった。フランスはドイツとともにヨーロッパ統合を牽引し，とりわけ農業は共通農業政策を通じて多額の補助金を享受してきた。しかしその一方でフランス世論はたびたびヨーロッパに激しい反発の意を示すことも少なくない。フランスとヨーロッパ統合との関係を通じて，フランス外交の多様なアイデンティティと複雑な立ち位置を観察することができよう。

1◆―― 第二次世界大戦後の選択：ヨーロッパの建設

独仏対立からヨーロッパ統合へ

　過去にいく度も戦火を交えた国々は，その過去を克服し，和解に達することができるのであろうか。戦争と和解をめぐる論争は，今なお多くの国々の国際関係に緊張状態をもたらしている。その中で，第二次世界大戦後の仏独和解とヨーロッパ統合は，近隣諸国との協調と平和の実現し，繁栄をもたらすことができた貴重な事例であろう。

　とはいえ地域統合とは，ややもすれば自国の行動を制約する拘束具にもなりかねない。しかもフランスはもともとナショナリズムが強く，独自路線をとることが多い国でもある。そのフランスがあえてヨーロッパ建設を選択した背景には，フランスを取り巻く歴史的難題と，第二次世界大戦後の国際環境の変容

◆o81

が存在している。

　第二次世界大戦後のフランスが直面した第1の課題は独仏対立であった。19
世紀以来，フランスはヨーロッパの近隣諸国と度重なる戦争を繰り返してき
た。1870年代の普仏戦争（フランス－プロシア戦争）の敗北により，フランス
は，アルザス・ロレーヌ地方をドイツに「奪われ」，以後対独復讐が叫ばれ
た。そして第一次世界大戦ではドイツとの4年にわたる消耗戦を経験したフラ
ンスは，パリ講和会議において，敗戦国ドイツに対し天文学的数字の賠償金や
領土の割譲を要求し，苛酷ともいえる戦後処理を強いた。しかしこうしたドイ
ツ弱体化政策は，ドイツ世論の猛反発を招き，ナショナリズムをかきたて，ヒ
トラー台頭の遠因をつくることとなった。

　第二次世界大戦において，フランスは再度ドイツと戦い，国土の占領さえ経
験した。しかし解放後，フランスは復讐主義的外交では平和を実現できないこ
とを認識した。そこで1950年のシューマン・プランを提案し，独仏和解と欧州
石炭鉄鋼共同体（ECSC）を実現し，ヨーロッパ統合という新しい国際協調の
制度化を選択した。これ以後，仏独のリーダーシップによりヨーロッパ統合が
実現し，ヨーロッパに平和がもたらされたのである。

ヨーロッパ市場の形成：国民国家の限界

　第2の課題は，国境を越えた交流の活発化と，国民国家という枠組みとの間
の矛盾である。そこには，グローバル化につながる問題が存在した。米ソ等の
超大国と比較して中小国中心のヨーロッパには，国境線が網の目のように張り
巡らされており，しかも1930年代の大恐慌期の経済ブロックの残存は欧州の経
済成長を妨げる要因となっていた。また戦中より，資源に乏しいフランスが経
済成長を実現するためには，国外からの資源の安定供給（ドイツ炭）とヨー
ロッパ市場の獲得こそが不可欠の条件と考えられていた。さらに覇権国となっ
たアメリカも，戦後構想においてグローバルな自由貿易体制を提示すると同時
に，ヨーロッパにおいては大市場としての「ヨーロッパ合衆国」を形成するこ
とにより，経済成長を促すことがヨーロッパ復活のカギとみなしていた。そこ
で，ヨーロッパの復興計画（マーシャル・プラン）供与の条件として，ヨーロッ
パ側に経済統合の実現を強く要求したのである。

082◆　　第Ⅰ部　地　域　編

植民地帝国かヨーロッパのリーダーか

　第3に，フランスは国力の基盤をどこに求めるのか，という選択肢を突き付けられていた。

　20世紀前半までフランスは，イギリスに次ぐ植民地帝国として経済的基盤を植民地貿易に依存してきた。しかしながら第二次世界大戦後，植民地との関係は希薄化する傾向にあった。さらに国際関係においても，新たな超大国，アメリカとソ連の登場により，フランスの国際的地位の低下は不可避であった。確かに第二次世界大戦の英雄シャルル・ドゴールは「フランスの偉大さ」の回復を唱えたが，現実にはミドル・パワーとしての道を模索せざるをえなかった。

　第四共和制が目指したのは，まず軍事力ではなく経済力の近代化による復活であった（そのため，北大西洋条約を結び，アメリカの軍事力に依存した）。しかしその経済力の足がかりをどこに置くべきか，選択をせまられていた。第1の選択肢は従来通り植民地帝国として生き残りを図る路線であった。しかし植民地に対する国際的批判は高まる一方であり，植民地戦争のコストも1950年代初頭には国家予算を逼迫するまでに至っていた。第2の選択肢は，植民地の独立を認めると同時に，新たな基軸をヨーロッパにシフトする路線であった。フランスの経済成長のためには，経済の近代化および構造改革の一方で，新たな市場としてヨーロッパ市場に進出することが有効であると考えられた。そのために外交政策としてヨーロッパ統合の実現が好ましかったのである。

　結局フランスは，二度の植民地独立戦争を経て，統一ヨーロッパにおいてリーダーシップを発揮することにより，ヨーロッパにおける「ミドルパワー」として地域的なプレゼンスを維持することを選択した。近隣諸国との和解を実現し，地域統合という新たな枠組みを形成することで生き残りを図ったのである。

2◆───　EEC とドゴールのヨーロッパ

ドゴール外交によるヨーロッパの混乱

　1957年にローマ条約が調印され，1958年1月よりECSCに加え，欧州経済共同体（EEC）とユーラトム（欧州原子力共同体）が発足した。EECへの参加に

2　フランスとヨーロッパ　　◆083

ついては，すでに第四共和制期の決定事項であった。しかしドゴールが望んだ
ヨーロッパ像は，ヨーロッパ協調を重視する連邦主義者の理想とは大きくかけ
離れていた。

「空席危機」と仏独枢軸の模索

　イギリスは1961年にEECへ加盟を申請をしたものの，ドゴールはこれを拒
否した。そもそもイギリスはECSCにもEECにも加盟せず，植民地やアメリ
カとの関係を優先させていた。ドゴールはこれをアメリカの「トロイの木馬」
とみなし，嫌悪したのであった。またドゴールはフーシェ・プランにより防衛
を含む政治連合の立ち上げを提案したが，他の加盟国から受け入れられなかっ
た。そこで1963年のエリゼ条約により首脳会談と閣僚会談を定期化し，常設的
な対話ルートを確立し独仏パートナーシップを重視した。

　1965年には「空席危機」が起こり，EECは機能不全に陥った。欧州委員会
は超国家的改革案（EECの独自財源の確保，決定権を加盟国から委員会へ移行等）
により統合の前進を試みていた。これに対しドゴールは，あくまで加盟国の決
定権，ひいては国益を優先しようとし，フランス代表の会議欠席と大使の召還
により交渉そのものをボイコットしたのである。結局フランスは復帰条件とし
て，共同体の決定において改革が容易となる多数決案を拒否し，たとえ一国で
もその国の意見が尊重される全会一致形式を維持させた（「ルクセンブルグの妥
協」）。会議は再開したものの，以後，欧州統合の歩みは滞ることとなった。

ヨーロッパ市場への依存と共通農業政策CAP

　ドゴールの政策がEECに混乱と停滞をもたらした一方，1960年代のフラン
スは，EECを通じてヨーロッパ市場への依存度を強めることで経済成長を促
そうとした。しかしこうした経済統合は，自国の経済を開放し，ヨーロッパレ
ベルでの競争にさらされることを意味する。そのため共同市場の実現と同時
に，国際競争力を獲得するための経済構造の改革が必要であった。そこで，
「ナショナル・チャンピオン」政策がとられ，国内で航空・宇宙産業等の先端
産業や基幹産業の合併を促し，分野ごとに一大企業へと集約された。

　さらに財政・通貨・関税に及ぶリュエフ・プランにより，戦後復興期のディ

リジスム（国家主導主義）を封印し，財政規律の強化によるインフレ抑制とフランの切り下げ等，新自由主義的な政策を導入した。

その他，国内の農業改革とともに，共通農業政策 CAP が実現したことは，フランス農業に大きな恩恵を与えた。CAP はヨーロッパ農業を守るために，域内において世界市場から乖離した価格を設定した。この価格調整のために，共同体の莫大な予算が農業部門に支出され，農業国であるフランスは莫大な補助金を享受することができた。

ドゴールの掲げたヨーロッパは「フランスのためのヨーロッパ」とでもいうべき姿であった。しかし学生運動の嵐が吹き荒れた「68年」を経て，国内におけるドゴールの求心力は衰えようとしていた。高度経済成長も陰りを見せ，フラン危機に悩まされ，もはや一国で困難を乗り越えることは困難となっていた。

3 ◆───── オイルショックとヨーロッパへの転回

経済危機にもがくフランスとヨーロッパ

1970年代の国際通貨危機において，ヨーロッパの通貨為替相場は翻弄され続けた。域内通貨は試行錯誤を重ねてフロート体制に移行したものの，不安定な状態が続き，ヨーロッパレベルでの通貨協力構想が浮上するようになった。しかし問題は，通貨統合以前に欧州各国，とりわけ独仏の経済・財政政策が大きく乖離していたことであった。ドイツは1920年代のハイパーインフレの歴史的教訓から，反インフレ・物価安定・均衡財政・中央銀行の政治からの自立等が国是ともなっていた。そうしたドイツは，通貨統合にあたっても，まず通貨協力以前に，まず加盟各国の経済政策の収斂，特にドイツ的な政策の採用を求めた（「エコノミスト」派）。一方フランスは，政治的社会的混乱を避けるためには，財政赤字・インフレを容認しており，中央銀行も政治に従属する傾向が強いため，通貨統合の準備段階においても各国が自律的な経済政策を維持することを望んだ（EC による連邦的な介入を排除）（「マネタリスト」派）。

さらに石油危機後の混乱の中で，フランスは独自の介入主義的な産業政策を追求した。とりわけエネルギー政策では，石油メジャーの支配に抵抗し，国際

エネルギー機関（IEA）にも参加せず，原子力発電の推進，二国間関係による
供給源の多様化等を進めた。

政治統合への萌芽

　経済が混乱した1970年代の EC は「暗黒の時代」と呼ばれることもあるが，
その一方で，政治協調への胎動は始まっていた。ドゴール退陣後，1969年に大
統領に就任したジョルジュ・ポンピドゥーは，12月のハーグ首脳会議において
「完成・深化・拡大」の３目標を掲げ，ヨーロッパの再起動を目標とした。国
際通貨危機の中でも，経済通貨同盟 EMU 設置により危機の克服と同時に，自
由貿易圏を越えた域内の結束強化を提案した。

　イギリスの加盟に反対し続けたドゴールとは一転し，ポンピドゥーはその加
盟を支持した。そこで意図されていたのはドイツの牽制であった。ドイツは経
済力を強化させると同時に，東方政策によりソ連・東欧との関係強化といった
独自の路線をとり始めていた。これに対しフランスは，イギリスとの関係強化
によりバランスの回復を図ろうとした。1970年代は，農産物輸出の拡大に牽引
され，フランス経済がヨーロッパ市場への依存度を高め，またフランス企業の
多国籍化も進展した。こうしてフランス経済の国際化がすすんだ1970年代，イ
ギリス市場はフランスにとって農産物の販路として，また近代化と技術革新の
パートナーとして好ましい存在となっていたのである。

　1974年に就任したヴァレリー・ジスカール＝デスタン大統領は，ドイツのヘ
ルムート・シュミット首相との仏独カップルにより統合政策の再活性化を図っ
た。域内為替相場の安定のために欧州通貨制度（EMS）が設置され，欧州議会
における直接選挙の実施と引き換えに，欧州理事会を制度化し，首脳会談の定
期開催を実現した。フランスが目指した欧州理事会とは，各国の代表が国益に
基づいて議論する「諸国家から成る欧州」の制度化でもあった。共同体益を重
視する欧州委員会を牽制し，政府間主義の理事会が強力なリーダーシップを発
揮することが期待されたのである。またフランスは経済政策においても，ドイ
ツの政策に対し歩み寄りを見せ，レイモン・バール首相のもとで本格的に新自
由主義的路線へと舵を切り，のちの統一通貨の基盤をつくった。

086◆　第Ⅰ部　地域編

ヨーロッパと新自由主義への転回

　1980年代の欧州は，各国で新保守主義のリーダーが誕生したが，フランスが選んだのは左派の社会党であった。1981年の大統領選に勝利したフランソワ・ミッテラン大統領は「社会主義プロジェ」を掲げ，社会主義的政策を提示した。しかし欧州の多くの国では新古典派的なリベラリズムを採用し，「小さな政府」のもとでの緊縮策を採っていた。フランスのみが旧来型の財政拡張を伴うケインズ主義的なリフレ策をとったことにより，市場からの強い反発を招いた。そのためインフレ，フラン安，失業率の悪化が急速にすすみ，IMFの介入寸前まで追い詰められたのである。

　ここから社会党は政策を大きく「ターン」させた。蔵相ジャック・ドロールを中心に「競争的ディスインフレ（インフレ抑制）」と呼ばれる財政・金融の引き締め，内需の抑制，賃金引き下げ等の新自由主義的路線へと転じた。ヨーロッパの左派・社会主義政党の中では最も早く社会主義経済政策を放棄したのであった。

　また欧州統合の再起動に尽力し，ミッテランは精力的な外交を続け，従来手薄であった新しい政策分野を開拓した。たとえば情報関連産業への投資計画ESPRITや，加盟国に限定されない先端産業への多国間プロジェクトEUREKAを支持した。また「欧州社会空間」を提示し，経済統合だけでなく失業問題等社会政策にも及ぶ「ソーシャル・ヨーロッパ」を掲げ，左派の期待を集めた。

　1985年に欧州委員長に就任したドロールはこの欧州再起動を主導した。キリスト教民主主義左派の労組出身のドロールは，理論家であると同時にプラグマティストとして調整力にも秀で，各国首脳からの信任も厚かった。ドロールは新委員長として就任後「単一欧州議定書」の調印や，「域内市場白書」の発表等，新たなヨーロッパの建設を提示した。

4 ◆──── フランスを拘束するEU

冷戦崩壊とヨーロッパ秩序の再編

　1989年のベルリンの壁崩壊によりヨーロッパの国際秩序は大きく変容した。

2　フランスとヨーロッパ　◆087

東側の共産主義陣営の消失とともに，鉄のカーテンにより分断されていた東西ドイツの再統一が一挙に現実化した。ドイツは冷戦期に東西分裂を強いられてきたものの，統一となれば，強いドイツが復活することになる。そのため，フランスは再びドイツ問題に直面することになったが，その処方箋を再度ヨーロッパに求めた。フランスが今後もリーダーシップを発揮するためには，より強力なヨーロッパを構築し，ドイツを囲い込むことが不可欠と考えられたからである。

　冷戦崩壊の動揺の中で，1992年にマーストリヒト条約が締結され，翌年欧州連合 EU が誕生した。EU は，ヒト・モノ・サービス・カネとあらゆる経済分野に及ぶ一体化を目指した。また経済統合に加え，新たに政治・安全保障・司法統合も含まれ，加盟国のさらなる緊密化を促した。

　冷戦の崩壊後，中東欧諸国では西側民主主義と市場経済への移行による経済と社会の動揺の中で，マイノリティの迫害や共産主義の復活さえ危惧されていた。これらの地域の安定化のために，EU と NATO を東方に拡大することが現実的課題として浮上した。フランスにとって，東方拡大によりドイツの影響力がさらに強まることが危惧された。そこで東方拡大の条件としてアフリカ諸国や地中海諸国との関係強化を要求し，これがのちの「欧州地中海パートナーシップ」（1995年）の誕生につながった。

　また EU の活動領域は安全保障分野にも拡大した。ミッテランは当初，安全保障においてもアメリカから自立したヨーロッパの確立を模索した。しかし旧ユーゴスラビア紛争が激化する中で，NATO との関係強化はもはや不可避となった。さらにジャック・シラク大統領のもとで NATO 軍事機構への部分的復帰が進められ，国防に加えグローバルな安全保障への関与を強めた。さらに1990年代末にコソボ情勢の深刻化に伴い，従来批判的であったイギリスも政策を転換し（1998年サンマロ宣言），欧州独自の防衛能力の強化がすすめられるようになった。

グローバル化とヨーロッパ化の二重の圧力の中で

　一方，グローバル化と EU の二重の圧力のもとで，フランスは新自由主義への対応に苦しんでいる。イギリスではすでに80年代よりサッチャー改革により

強硬に規制緩和・民営化・自由化を推進した結果，90年代にロンドンは再び世界の金融センターとして返り咲き，アメリカとともにグローバルスタンダードの見本となっていた。確かにフランスも，ミッテランの「ターン」に引き続き，1986年以降に成立したジャック・シラク首相のもとで民営化と「プチバン」と呼ばれるフランス版金融ビックバン（金融市場の自由化）が開始していた。ミッテラン大統領の二期目も「国有化も民営化もせず（ni-ni 政策）」を掲げながら，実態としては，民営化を継続した。左派にせよ右派にせよ，元来ディリジスムにより自国の経済を保護するのを伝統としてきたが，自由主義等のグローバルスタンダードを拒否することも困難となっていた。1990年代に入ると，さらに右派のバラデュール政権のみならず左派のジョスパン政権も，グローバル競争の中で生き残るために，一層金融や公共サービスの自由化や民営化をすすめた。国家主導による産業再編政策や補助金等のディリジスムは有効性を失い，国家は民間アクターを支援する役割へと変質していたのである。

しかしこうした新自由主義モデルの導入に対し，フランス世論は強い反発を示してきた。フランス世論はグローバル化が進展する中でも，政府主導型のディリジスムや安定的な雇用・手厚い社会保障等といったフランス経済・社会モデルの維持にこだわり，グローバル化や新自由主義を嫌悪する傾向が強い。1995年には社会保障をめぐるジュペ改革に対し，公的部門の労働者は猛反発し，ストやデモは1か月に及び，改革は失敗に追いこまれた。

しかしブリュッセルのユーロクラット／官僚たちは，グローバリゼーションの勝ち組となるべく，域内市場の統合に加え，新自由主義的なヨーロッパを目指した。そのため，EU 主導で自由化・規制緩和・民営化が促された。1993年に成立したヨーロッパ連合／EU のもとでは，各国政府はブリュッセルの「指令」等を受け入れざるをえず，各国政府に選択・抵抗の余地はなかった（ヨーロッパ化）。さらにユーロの導入により，参加国は財政・金融政策の放棄ないし制約を受けるようになった。

そのため世論の批判の矛先は，次第に政府のみならず EU にも向けられるようになった。1992年のマーストリヒト条約は僅差で承認されたものの，2005年の欧州憲法条約に至っては国民投票において否決された。フランスは確かにヨーロッパ統合を主導してきたリーダー国であり，世論の間でもヨーロッパ統

2　フランスとヨーロッパ　◆o89

合への支持は高い。しかしながら，国家主権が侵害される時，また生活が損なわれる時には，ヨーロッパへの反発を示すことがある。また左派を中心とする「ソーシャル・ヨーロッパ」を信奉する人々にとっても，「リベラル・ヨーロッパ」は受け入れ難かった。そのためフランスの政治家は政策としては新自由主義的改革もすすめる一方で，レトリックとしては世論受けのよいグローバリゼーション批判を繰り返す，というねじれた対応をとってきた。

2007年の大統領選に勝利したニコラ・サルコジ大統領の新しさは，グローバル化に適応するために，新自由主義的改革の必要性を正面から肯定したところにある。自由主義の受け入れによるフランスモデルの刷新と，ヨーロッパにおけるリーダーシップの再獲得を目指し，改革に取り組んだのである。

リーマン・ショックによる動揺

しかしながら2009年のリーマン・ショックにより，サルコジ改革は日の目を見ることなくフランスは経済危機に陥った。EU 全体が金融・財政・経済という重層的な危機に見舞われ，ユーロの崩壊さえ噂された。ギリシャ等南欧諸国の放漫財政に加え，フランスの銀行もギリシャ国債を大量に保有しており，仮にこれらの国が離脱したとしても，フランスおよびその他の国々も無傷ではいられないことがあぶり出された。さらに財政赤字や長引く不況などフランス経済の惨状も注目を集め，国債の評価も引き下げられた。

サルコジは当初目指した新自由主義的改革を放棄せざるをえず，危機脱出のために財政出動を行った。しかし財政規律を重んじるドイツのアンゲラ・メルケル首相は加盟各国に緊縮財政の徹底を求めたため，南欧諸国だけでなくフランスの選挙民もこれに強く反発した。2012年の大統領選では，反サルコジ旋風が吹き荒れる中，社会党のフランソワ・オランドが緊縮策を批判し，拡張的財政政策による危機打開を説き，大統領に選出された。

しかし危機の中で浮き彫りとなったのは，独仏間の経済格差と「ドイツ一人勝ち」状態である。ドイツは1990年代のゲアハルト・シュレーダー政権以来，労働者の賃金や社会保障の抑制など自由主義的改革といった痛みを伴う改革により，国際競争力を高め，ヨーロッパだけでなく世界レベルで市場の獲得に邁進していた。一方，フランスでは自国の経済・社会モデルへの信頼が依然厚

く，痛みを伴う改革を社会は拒否し続けている。その結果，フランスの経済・財政状況の低迷は著しく，フランス発の危機さえ危惧された。こうした状況の中で，オランド大統領が就任後取り組んだのは，社会主義的政策への回帰ではなく，むしろ左派主導による新自由主義的改革であった。労働・税制・年金等，タブーとされてきた聖域の改革に取り組んだものの，世論からの反発は強く，その支持率は低迷した。

2017年大統領選挙では，左右の既成政党は大敗を喫し，中道のエマニュエル・マクロンが大統領に就任した。マクロンは前例のない社会保障や政治制度等，あらゆる分野の改革に挑み，フランスの刷新，そしてヨーロッパ政策の革新を目指している。しかし世論の支持は低く，マクロン政治に反発するジレ・ジョーヌ運動は，1968年にも匹敵する反乱となっている。グローバル化の時代においてフランス経済・社会モデルは維持されるのか，もしくは変容するのか，そしてフランスは再びヨーロッパ統合を牽引しうるのか。フランスの行方はヨーロッパの未来とも分かち難く結びついている。

おわりに

第二次世界大戦後のフランス外交にとって，ヨーロッパ統合とは国際的な地位の低下から脱し，国民国家の限界を克服するための有益な手段であった。旧植民地諸国との関係が希薄化する中で，ヨーロッパは新たな広域市場として，またヨーロッパ地域における政治的リーダーシップを発揮する場として，外交上の新しいリソースとなっていた。また独仏和解によりドイツはもはや安全保障上の脅威ではなくなった。さらにCAPはフランスの農業を支える重要な枠組みであった。

しかし同時にヨーロッパはフランスの行動を拘束する存在でもある。とりわけオイルショック後の長期不況，そしてグローバル化の展開に伴い，ヨーロッパ統合はむしろリベラルなグローバルスタンダードの受け入れをせまり，フランス経済社会モデルを破壊する存在となっている。その背後にはエリートと庶民との間の亀裂も影響している。

フランス外交にとってのヨーロッパ統合とは，外交問題であると同時に，フ

2　フランスとヨーロッパ　◆091

ランス自身を映し出し，問い直す鏡でもあろう。

◆参考文献資料

遠藤乾編『原典ヨーロッパ統合史（資料と解説）』名古屋大学出版会，2008年

遠藤乾編『ヨーロッパ統合史〔増補版〕』名古屋大学出版会，2014年

川嶋周一『独仏関係と戦後ヨーロッパ国際秩序——ドゴール外交とヨーロッパの構築 1958–1969』創文社，2007年

黒田友哉『ヨーロッパ統合と脱植民地化，冷戦——第四共和制後期フランスを中心に』吉田書店，2018年

権上康男『通貨統合の歴史的起源——資本主義世界の大転換とヨーロッパの選択』日本経済評論社，2013年

益田実・山本健編著『欧州統合史——二つの世界大戦からブレグジットまで』ミネルヴァ書房，2019年

宮下雄一郎『フランス再興と国際秩序の構想——第二次世界大戦期の政治と外交』勁草書房，2016年

山本健『同盟外交の力学——ヨーロッパ・デタントの国際政治史 1968–1973』勁草書房，2010年

吉田徹編『ヨーロッパ統合とフランス——偉大さを求めた1世紀』法律文化社，2012年

渡邊啓貴『現代フランス——「栄光の時代」の終焉，欧州への活路』（岩波現代全書）岩波書店，2015年

3

第 I 部 地 域 編

フランスとアフリカ

片岡　貞治

はじめに：フランスにおける「アフリカ」（"Afrique"）

　フランスにおいて，一般的に「アフリカ」（"Afrique"）という言葉が発せられる時，人々は，無意識のうちに，ケニアや南アフリカなどの「アフリカ」を排除し，自動的にコートジボワールやセネガルなどのかつての植民地であるフランス語圏アフリカ諸国を連想する。すなわち，一般的フランス人にとって，「アフリカ」とは，地理的な概念としてのアフリカ大陸全体を指すのではなく，かつての植民地であったフランス語圏アフリカ諸国（モーリタニア，セネガル，ギニア，マリ，コートジボワール，ニジェール，ベナン，ブルキナファソ，ガボン，チャド，中央アフリカ共和国，コンゴ共和国，マダガスカル，ジブチ，トーゴ，カメルーン）（もともとはドイツ領であったトーゴとカメルーンは，第一次世界大戦後に，フランス語圏アフリカ諸国に編入される）が構成する「アフリカ」のことなのである。また，それは時として，北アフリカ（アルジェリア，モロッコ，チュニジア）を包含することもある。しかし，マグレブ諸国とフランスとの関係とフランス語圏アフリカ諸国とフランスとの関係を一緒くたにすることは容易にはできない。

1◆────フランスとフランス語圏アフリカ諸国の関係の特殊性

　かつての植民地帝国（フランス，イギリス，ベルギー，イタリア，ポルトガル，スペイン，ドイツ）の中で，フランスは，アフリカ大陸における軍事的なプレゼンスを植民地時代から唯一維持し続けている国であり，またアフリカにおいて

◆ 093

政治的，経済的かつ文化的な重要な影響力を維持した国でもある。

　フランスの対アフリカ政策は，こうした植民地であったフランス語圏アフリカ諸国と宗主国であったフランスとの間に存在した緊密な友好関係を独立後も維持していくという意志に裏打ちされていた。そのため，フランスは経済協力および軍事協力を基軸とした伝統的な絆の維持に努めてきたのである。また，必要に応じて，あるいは現地の要請に応じて，さまざまな軍事介入も行ってきたのである。

　それゆえ，フランスの外交政策において，対アフリカ政策は常に特殊な地位を与えられていた。たとえば，大統領府には，アフリカを所掌とする事務局（アフリカ班）が，外交関連のポストとは別に設けられ，1960年から2007年まで続いた。アフリカに赴任する大使も，3〜4年で入れ替わる他の諸国とは異なり，長期間滞在するケースもあった。シャルル・ドゴール時代，パリに赴任するフランス語圏アフリカ諸国の大使は，他の諸国の大使とは別に，新年の挨拶を受けていた。それは，フランスの国益やさまざまな利権と結びついた多様なネットワークやロビーの介入と無関係ではなかった。また，フランスの対アフリカ政策は，常にフランスの覇権外交の重要な道具のひとつとして機能していた。「フランス・アフリカ関係（Relations franco-africaines）」と語られたり，記載されたりする時は，厳密にはフランスとフランス語圏アフリカ諸国との関係を常に指し示していた。

　2015年現在，成長著しいアフリカ大陸全体に世界中の耳目が集まっている今日，こうしたフランス語圏アフリカ諸国に限定した「アフリカ」に対するフランス特有の見方も変わりつつある。また，フランス語圏アフリカ諸国だけではなく，よりグローバルな視点でアフリカを捉えていくという考え方も出現してきている。たとえば，現在のフランスの経済界の認識である。かれらは，「アフリカ」（Afrique）とは，英語圏アフリカ諸国やポルトガル語圏アフリカ諸国を含むアフリカ大陸全体であり，また，英語圏アフリカ諸国の方が，フランス語圏アフリカ諸国より，経済的によりダイナミックであると考えている。それゆえ，フランスの経済界は，フランス外務省に対して，これまで伝統的に蔑にされていた南アフリカ，ナイジェリア，ケニア，タンザニアなどの英語圏アフリカ諸国の経済大国に対してこれまで以上に一層，関与するように促

しているのである。

　また，原油価格や天然資源価格の高騰の余波を受け，フランスとフランス語圏アフリカ諸国の関係も変貌を遂げつつある。

　本章では，フランスとアフリカの関係の過去と現在を検証し，今後のフランスの対アフリカ政策の展望をも概観することを目的とする。

2◆——— フランス・アフリカ関係の歴史的展開

直接統治と同化政策

　フランスとフランス語圏アフリカ諸国の紐帯は，今日でも依然として強い。フランスとフランス語圏アフリカ諸国は，とりわけ歴史と言語を共有しつつ，さまざまな浮き沈みを経験してきたからである。それは，フランスの統治機構をそのまま持ち込む直接統治とアフリカ人にフランス語やフランス文化を教えて，アフリカ人を同化させようとする同化政策（Assimilation coloniale）を柱とするフランスの植民地支配の基本原理と無関係ではない。この同化政策によって，フランス語を取得し，フランス文化を理解した土着民は，フランスの完全な市民権を獲得するというものであった。「4つのコミューン（Quatre Communes）」と呼ばれたサンルイ（Saint-Louis），ゴレ（Gorée），ルフィスク（Rufisque）とダカール（Dakar）は，19世紀末にフランス本国の地方自治体と同一の地位を有する「コミューン」として認められ，住民はフランスの市民権を獲得した。1879年には，「4つのコミューン」の住民はフランス本国の国民議会に議員を送る権利も認められた。こうして，この「4つのコミューン」は，フランスの植民地同化政策のシンボルとなった。しかし，フランスの植民地帝国が拡大するに従って，市民権の獲得の条件は，よりハードルが高くなり，「4つのコミューン」を除いては，実際に同化政策によって市民権を獲得したアフリカ人の数は2000人程度とごくわずかであった。

「フランス連合」から「フランス共同体」

　第二次世界大戦後第四共和制憲法下での「フランス連合（Union Française）」の導入により，植民地における強制労働および土着民規定の廃止，政党や労働

3　フランスとアフリカ　　◆095

組合の創設と出現は，フランスと植民地の関係の本質を変えた。セネガルだけに与えられていた本国議会への代表権は前植民地に拡大した。フランス連合は，フランス本国と植民地帝国を再編するもので，すべてのアフリカ人に完全な市民権を与え，強制労働などの差別的な規定を撤廃した。フランス本国，旧植民地帝国のうち，アフリカ諸国は海外領土（仏領西アフリカ，仏領赤道アフリカ，マダガスカル），委任提携領土（トーゴ，カメルーン）という形で再編された。

また，1956年にガストン・ドゥフェール植民地相とウフエ・ボワニ初代コートジボワール大統領のイニシアティブで採択された「枠組み法」により，植民地の地方議会の自治権限が強化され，フランス市民と同等の普通選挙権が導入され，フランス本土の監督権力は緩められた。

アルジェリア問題の解決のために政界に復帰したドゴールが1958年に第五共和制を成立させる。ドゴールは就任当初から脱植民地政策をとったわけではなかった。まずは，第四共和制の「フランス連合」より，フランス本国と植民地をより柔軟な形で一体化させることを目指した「フランス共同体（Communauté française）」構想を提示した。旧植民地地域は共同体内部で独立し，かつある程度の自治が認められるようになるが，外交，防衛，通貨政策，教育，公安などは本国政府の所掌であった。第五共和制憲法の第76条は，海外領土は，この共同体構想に関して，3つのオプションを選べると規定した。①現在のステータスの維持，②海外県になる，③共同体における加盟国になるという3つの選択肢であった。1958年9月に各海外領土に対して「共同体に参加するか，独立するか」の決定を国民投票にゆだねた。ギニアはこの憲法を拒否し，95％の得票率で共同体への加盟を拒否して独立を決定した。ギニアを除くすべてのフランス領アフリカ諸国は加盟国としての共同体への参加を選んだ。しかし，他の加盟国も1960年の6月～11月の間に，共同体にとどまりながら，あるいは離脱しながら独立を果たし，フランス共同体は，1961年には事実上その機能を停止した。

フランス語圏アフリカ諸国の独立

フランス共同体構想は失敗に終わったが，フランス語圏アフリカ諸国の脱植民地化プロセスは，大きな政治危機も惹起することもなく比較的スムーズに実

施された。なぜなら，独立に反対するフランス人入植者のコミュニティも存在せず，独立したアフリカ諸国の指導者や政治エリートも，フランスとの特権的な関係の維持を望んでいたからであった。

　1950年代のフランス語圏アフリカ諸国における大規模な動員を伴った示威行動は，英語圏の西アフリカ諸国で行われていたものとは異なり，独立そのものを目指したものではなかった。それは，フランス本土と全植民地を再統合した「フランス連合」の中で，権利と義務を伴い，完全なるフランス市民権を獲得した喜びの発露であったのである。

　こうした事例は，フランスとアフリカの紐帯の強さを示唆するものである。そのような強いつながりを維持していくことは，フランスの首脳とフランス語圏アフリカ諸国の政治エリートの共通の政治目標であった。それが，独立後のフランスとアフリカの関係を強く規定したのである。

3 ◆── フランス語圏アフリカ諸国とフランスの絆

絆の深さ

　フランスとフランス語圏アフリカ諸国の絆とは何であろうか。それは，共有する歴史，歴史的責任，共通の言語，経済的利権および人的交流などによって特徴づけられる。たとえば，フランス語は，もはやアフリカの言語といっても過言ではない。フランス語を唯一の公用語として採択しているアフリカ諸国は12か国，公用語のひとつとして採用しているのは，10か国にのぼる。アフリカは，フランス語の将来のカギを握る大陸でもある。2050年には，地球上で6億人が，フランス語使用者となるといわれている。その中心が，アフリカ大陸なのである。

複雑なシステムの構築と「Françafrique」

　こうした他の旧植民地帝国がもたないアドバンテージを活かすための複雑なシステムを作り上げることによって，フランスは政治的かつ経済的影響力維持に努めてきたのである。旧植民地諸国の独立以来，フランスは，アフリカ大陸においては，他に類を見ない，複雑でかつ独創的な政治経済システムを創設

し，政治的かつ経済的な影響力の維持に務めた。

　1955年，コートジボワールの初代大統領のフェリックス・ウフェ＝ボワニは，フランスとフランス語圏アフリカ諸国を結びつけるこうした複雑なシステムを「Françafrique」と形容したとされる。ボワニは，フランス語圏アフリカ諸国の首脳が，独立後も，フランスとの特権的な関係を維持したいという願いを定義するために使った。この言葉は，もとより否定的な意味合いをもっていなかった。

　しかし，この用語は，「France à fric」（「金権フランス」）としてフランソワ・グザビエ・ヴェルシャーヴによって，フランスの対アフリカ政策の暗部を糾弾するために1990年代に使用されて以来，フランスと旧植民地諸国との顧客主義的かつ新植民地主義的な関係を批判的に表現するための言葉としてフランスをはじめとした欧米マスメディアで使用されるようになった。

　また，人類学者のジェンピエール・ドゾンは，この特殊な関係を「Etat franco-african」（フランス・アフリカ国家）と形容した。それは，第五共和制の登場とフランス語圏アフリカ諸国の独立は，フランスの国家機構の中心にフランス語圏アフリカ諸国を置く試みの結果によるものであるからと説いた。

　フェリックス・フォールは，フランス語圏アフリカ諸国におけるフランスの政治的，経済的，軍事的かつ文化的な強力なプレゼンスを「相互依存関係における独立」と形容した。

フランスのパワー外交

　このフランスとアフリカの特殊な関係を形容する所説には，根拠がないわけではない。ドゴールや第五共和制の政府関係者は，対アフリカ政策およびアフリカ諸国との関係を，核兵器の保有と同質のものと考えていた。つまり，フランスのパワー外交の重要な道具のひとつであると認識していたのである。「フランスの偉大さ」（Grandeur de la France）を追求したドゴールにとって，このアフリカにおける広大な領土は，偉大さの正当性の礎として使われ，守られ，維持されるべきものであり，戦略的にかつイデオロギー的な重要な要素となると考えたのである。フランスの自主独立を維持するためのパワーの源泉は大きく分けて，6つあると考えられる。①核抑止力，軍事力，兵器産業，海外展開

098◆　第Ⅰ部　地　域　編

力，②国連安保理常任理事国の地位，③ EU と NATO，④フランスのソフト
パワー，言語・文化・芸術・料理など，⑤安定したエネルギー資源の確保，⑥
アフリカをはじめとした旧植民地諸国との関係等。アフリカ諸国との関係はそ
の重要な要素のひとつである。

アルジェリアの独立と資源確保の必要性

　1960年代にフランス語圏アフリカ諸国との関係強化を目指したことは，地政
学的な台所事情と無関係ではなかった。ドゴール自身もフランス語圏アフリカ
諸国との関係維持には腐心したが，背景には，フランスのエネルギーの主要な
供給源であったアルジェリアの1962年の独立があった。アルジェリアの独立に
より，フランスは石油開発のコントロールを失ってしまったのである。ドゴー
ルにとって，独立かつ安定した資源の供給と確保のできない国家は大国では
なかった。そこで，ドゴールはサブサハラ・アフリカ諸国の旧フランス領アフ
リカ諸国に目を向けたのである。資源開発のためにドゴールより委任されたの
はピエール・ギヨマとジャック・フォカールであった。ギヨマは，ドゴール政
権下で軍事大臣や原子力大臣を務め，1962年に石油関連の国営企業 Elf aquita-
ine の社長に任命される。ギヨマは，フォカールとともにフランスの対アフリ
カ政策の最前線に立ちながら，資源確保に奔走していった。

4 ◆───── フランス・アフリカ関係の「司令部」と家父長主義的統制

フランス・アフリカ関係と行政機構

　フランス・アフリカ関係の制度上のアクターとして，大統領府，首相府，外
務省，経済・財政省，協力省，フランス開発公庫（Caisse française au développe-
ment：CFD）（現フランス開発庁（Agence Française au Développement：AFD）），国
防省，内務省など多く官公庁が関与している。さらに，こうした政府機関の枠
組みの外部で各政党，MEDEF（フランス経団連），CCIP（パリ商工会議所），
CIAN（フランス対アフリカ投資委員会）等もかかわっている。このような多数の
機構とアクターの関与が，フランス・アフリカ関係を活気づけると同時に複雑
化しているのである。

3　フランスとアフリカ　　◆ 099

フランス大統領府とフォカール

　このフランスとフランス語圏アフリカ諸国との関係を直接に所掌とし，管制塔の役目を果たしたのが，フランス大統領府であった。とりわけ，1962年より大統領府アフリカ・マダガスカル問題担当事務総長の肩書きを付与されたフォカールと「アフリカ班」（Cellule africaine）の存在である。アフリカ班は行政機構として，いかなる法的根拠ももたない，歴史によって付与された名称である。大統領府アフリカ・マダガスカル問題担当事務局は，1974年まで，フランスとアフリカ問題を掌る牙城として100人以上のスタッフを抱え Hôtel de Noirmoutier（138番地，グルネル通り）に居を構えていた。これが後に，「アフリカ班」（Cellule africaine）（1970年からはエリゼ通り2番地に移る）と呼ばれるようになる。この頂点に君臨していたのが，フォカールであり，フォカールは，ドゴール，ポンピドゥー政権下でフランスの対アフリカ政策の一切を文字通り牛耳っていた。

　フォカールは，国家公務員でも，アフリカの専門家でもなく，ドゴールがアフリカ問題を委任するまでは，アフリカに赴いたことさえもなかった。レジスタンス時代から，ドゴールに仕え，ドゴールの右腕として1958年のドゴールの政界復帰に重要な役割を果たした。諜報機関 SDECE，ドゴール派の実働部隊 SAC の事実上の創始者として知られ，「影の男」としてさまざまなレッテルを貼られていた。

　フォカールは，ドゴールの忠実な僕で，毎日のようにドゴールと会談をもち，全幅の信頼を得ており，何よりも国家に対する奉仕者であった。フランスと独立後のフランス語圏アフリカ諸国との緊密な関係，何よりも運命共同体としての連携した関係の維持に腐心した。フォカールは，フランス・アフリカ関係のあるべき実像として「フランスにとって良いことは，アフリカにとっても良いこと」と定義した。パリの事務局，パリの自宅あるいは郊外の別荘で，しばしば，フランスに訪れるフランス語圏アフリカ諸国の首脳と会談をもったり，電話会談を行ったりした。フランス語圏アフリカ諸国の首脳にとっては，フォカールはフランスの大統領への特権的なアクセスとなった。また，フォカールは毎夜ドゴールの前で，アフリカ側の主張を擁護していたのである。

　ハイレベルでの密接な個人的な関係の構築により，フランスは，政治，外

交，軍事，経済面でフランス語圏アフリカ諸国を全面的に管理した。また二国間の防衛協定などの秘密条項によって，アフリカの大統領の権力基盤や安全を保障した。代償として，フランス語圏アフリカ諸国は，自国の一次産品をフランスの意のままに提供し，国際社会の場では，フランスの政策や選択を支持した。

家父長主義的統制

「フランス共同体」の失敗の後，フランスは，文民の経済協力と軍事協力の二本立てでその関係を発展させていった。経済協力の面では，海外省の財政部門を引き継いだフランス開発公庫（Caisse française au développement：CFD）（現フランス開発庁（Agence Française au Développement：AFD））が，重要な役割を果たした。また，フランスは「フランス・フランス語圏アフリカ諸国首脳会議」（1973年より開催。現在は「アフリカ・フランス首脳会議」に改名し，2017年に第27回会議がマリのバマコで行われた。2020年にマクロン政権のもと，第28回会議がパリで開催予定である）という象徴的な「家族会議」を通じて，緊密な家父長関係を維持していった。こうした関係は，フランス語圏アフリカ諸国や旧植民地諸国だけではなく，フランス語圏諸国を集めたフランコフォニの開催とその機構の発展によって，強化され，フランスはその影響力を強めていった。

フランスの政策は，継続性のある明確な目的と手段に基づいて行われていたことによって特徴づけられている。フランスは，二国間の防衛協定があるなしにもかかわらず，アフリカに対して軍事介入を行ってきた。軍事介入も辞さないその手段はしばしば批判の対象となっていた。こうした容喙や介入は，必ずしも，アフリカのパートナー諸国すべてに支持されたわけではなかったし，フランス国内においても同様であった。しかし，こうした防衛協定や軍事協力協定は，フランス語圏アフリカ諸国の安全保障と各国国軍の安定の確保とに役立っていたし，アフリカ諸国の首脳にとっても，政権の安定剤の役目を果たしていた。

このようにフランスとフランス語圏アフリカ諸国の関係は，絶えず家父長主義的統制，顧客主義に特徴づけられてきた。

3　フランスとアフリカ　◆101

5 ◆ ── 継続性の中の変化と３つの危機

アフリカとの関係の見直しの試み

　20世紀半ば以降，あらゆるフランスの指導者が，アフリカとの関係の見直しを迫られてきた。たとえば，ドゴールは，1944年１月30日にブラザビルにおいて，まだ，ドイツとの戦争が終了していない中で，「我々のアフリカの価値を高め，アフリカ人を発展させ，かつフランスの主権の行使を行うための条件を新たな基盤の上に構築する必要性がある」と主張した。事実，これが1958年以降の「フランス共同体」構想につながるのであった。

　フランソワ・ミッテランは，1981年に協力大臣として，ジャン・ピエール・コットを任命し，これまでの関係の見直しを検討したが，フランス語圏アフリカ諸国の首脳の抵抗に遭い，１年で罷免した。

３つの危機

　1990年代以降，フランス・アフリカ関係は，いくつもの危機にさらされることになる。第１は，冷戦構造の崩壊である。ミッテランは，1990年ラ・ボールでの「フランス・アフリカ首脳会議」において「アフリカ人自身が，みずからに見合ったリズムを見出さなければならない」と慎重になりながらも，今後はフランスの援助をアフリカ諸国の民主化進展状況と人権尊重状況と関連づけるというコンディショナリティーの導入という新たなドクトリンを発表した。このラ・ボール発言は，冷戦構造崩壊と無関係ではなかった。共産主義の進捗を止めるためという理由で盲目的に援助を行うことは困難になったからである。

　２つ目は，CFA フランの切り下げである。1993年以降，経済不振に喘いでいたフランスは，フランス語圏アフリカ諸国からの一次産品を確保するためにCFA フランの切り下げを断行するよりほかなかったのである。

　３つ目は，1994年に明るみになった石油会社 ELF（エルフ）をめぐる政治経済スキャンダルである。フランス語圏アフリカ諸国における石油開発において多くの資金が横領かつ流用されていたのである。ELF はライバルの Total の買収に動いていた矢先に同事件が勃発し，事件の影響から，Total の巻き返し

を受け，2000年に Total-Fina に吸収された。

サルコジ，オランドらの戦後世代の見直し

2008年2月，ニコラ・サルコジは南アフリカのケープタウンの南アフリカ議会において，「フランスとアフリカの関係の古いモデルは，もはや，アフリカの若い世代にも，フランスの一般世論にも，理解されていない。不平等，搾取，悔恨を基盤にするのではなく，相互利益の尊重と確認の上に立脚する新たな関係を構築しなければならない」と主張した。

2012年10月，フランソワ・オランド大統領は，セネガルのダカールにおいて「フランサフリック（Françafrique）の時代は，終わった。フランスが存在して，アフリカが存在する。2つの異なる実体（entités）が存在するのである。その関係は，今後は尊重，明確性および連帯性を基盤として構築されなければならないであろう」と述べた。

おわりに：新たな関係の萌芽

力関係の逆転

改革を訴えながらも，常に道半ばに終わっていた，フランスとフランス語圏アフリカ諸国の関係も，フランス語圏アフリカ諸国の独立から50年以上が経過し，変貌を遂げ始めている。半世紀にもわたり，フランスとフランス語圏アフリカ諸国の関係を特徴づけていたフランスによる家父長主義的統制に変化が表れ始めているのである。天然資源の高騰で，アフリカ大陸全体が成長軌道に乗り，世界中の耳目を集めている中で，フランスとフランス語圏アフリカ諸国の関係も変貌を遂げている。かつては，フランスは「政治価格」でフランス語圏アフリカ諸国の一次産品を輸入してきたが，中国やインドなどの新興国からのオファーとのバランスをとりながら，アフリカ側が，値段を再交渉するようになってきたのである。たとえば，ニジェールは，フランスが必要とするウラニウムの宝庫であるが，歴史的な紐帯と経済的な利益を天秤にかけ，フランスに法外な値段を要求するようになった。石油も同様である。ガボン，コンゴ（共）といった国が Total に対して，高圧的な対応をとるようになり，力関係

3　フランスとアフリカ　　◆103

が逆転しているのである。

　もはや，ドゴール時代のように，フランスがフランス語圏アフリカ諸国を全面的にコントロールする時代ではなくなったのである。豊富な天然資源を背景に，フランス側に対して優位な地位に立っているのである。

新たなフランス・アフリカ関係へ

　一方で，フランス側もフランス語圏アフリカ諸国のみに偏重した関係を見直し，アフリカ全体との関係を再構築しようとしている。南アフリカとの政治的かつ経済的関係の強化を目的とした2013年10月のオランド大統領の南アフリカ訪問がその典型例である。歴史的に，フランスは，致命的な地政学的なミスを犯したのであろうか。フランス政府のアフリカ関係者は，異口同音に「フランスは，英語圏アフリカ諸国においてもプレゼンスを有しており，良好な関係を有している」と述べる。さらに，マリへの軍事介入の成果からECOWASの英語圏アフリカ諸国とフランスの関係は良好で，ボコ・ハラムへの対応からオランド大統領とグッドラック・ジョナサン前大統領，ムハマンド・ブハリ大統領との関係も良いとされる。

　しかし，数字は一目瞭然である。フランスの勢力圏のひとつであるガボンにおいては，フランスの経済的プレゼンスは40％を超えるが，ガボンの人口は150万人にすぎない。1億6000万人の人口を擁するナイジェリアにおいては，フランスのシェアは4％にも満たない。2050年にはナイジェリアは3億5000万人の人口を擁するようになる。サブサハラ・アフリカ諸国の十大経済大国におけるフランスのプレゼンスは極めて低い。

　フランス語圏アフリカ諸国からは，政治的に聖域であった廉価な資源価格低価格の見直しを迫られ，成長軌道に乗っている英語圏アフリカ諸国やポルトガル語圏アフリカ諸国では，他の欧州諸国や中国やインドに対して，周回遅れとなっている。反転攻勢に向けて，植民地時代の遺産や歴史へのノスタルジーと21世紀のフランスの国益とを混同してはならないという，より現実主義的な対応を求める声が大きくなってきている。すなわち，天然資源を豊富に有し，より人口が多く，市場として魅力があり，さらに投資を必要としている南アフリカ，ナイジェリア，タンザニア，ケニア，エチオピア（天然資源は豊富ではない

104◆　第Ⅰ部　地域編

が）などに標的を定めるべきであるとの声が経済界からあがってきている。経済界は，オランド政権が，この現実を理解してくれることを願っている。これは「フランサフリック」（Françafrique）からの経済的な脱却と歴史的な変化を意味するのである。

　フランスは，政治的にはフランス語圏アフリカ諸国との関係を維持しつつも，オランドの南アフリカ訪問に見られるように，経済的には英語圏アフリカ諸国との関係を強化するという戦略を策定しようとしているのである。フランスも21世紀における新たなアフリカとの関係，それはフランス語圏アフリカ諸国のみではなく，アフリカ大陸全体との関係の構築を模索しているのである。

マクロン大統領のアフリカ歴訪

　オランド政権の元経済財政相とはいえ，然したる知名度もない中で，2016年フランスの政界にすい星のごとく現れ，あれよあれよという間に，千載一遇のチャンスをつかみ，2017年5月に大統領の座にまで上り詰めたエマニュエル・マクロン。マクロン大統領は，持ち前の若さ（1977年生まれ）を武器に「左派でも右派でもない」とみずからを政治的に位置づけるように，これまでの右派の共和党政権，左派の社会党政権では実現できなかったさまざまな政治経済改革に着手している。

　対アフリカ政策に関しても同様である。2017年5月の就任直後の5月19日にマリのガオを訪問し，さらに7月2日再びマリを訪問した後，11月27日から初のアフリカ歴訪を実施し，ブルキナファソ，コートジボワール，ガーナ（フランスの大統領のガーナ訪問は史上初）を訪れた。就任2年足らずのマクロンによるフランスの対アフリカ政策を展望することは現時点では困難である。他の政策同様に，新たな改革やその方向性を明示している段階にすぎないからである。

　マクロンの改革意欲を明示的に示唆したのが，今次歴訪であった。マクロンのアフリカ経験は，ENA時代にナイジェリアでインターンシップを行ったくらいしかない。それゆえ，逆説的に虚心坦懐に，フランスの若き新大統領として，アフリカに対処することができるのである。マクロンの最大の武器はその若さ，その政治的な経験の浅さからくる新鮮さ，そしてその人間的な魅力にあ

3　フランスとアフリカ　◆105

る。そのすべての武器を惜しみなく披露したのが，2017年アフリカ歴訪であったといえる。11月28日，最初の訪問地であるブルキナファソの首都のワガドゥグ大学における政策スピーチで，「自分は植民地としてのアフリカを知らない世代の代表である」「フランスの対アフリカ政策はもはや存在しない」といきなりセンセーショナルな表現を述べつつ，フランスとフランス語圏アフリカ諸国の伝統的な絆，そしてアフリカにおける影響力を維持しながら，これまでの大統領ではできなかった抜本的な改革を行うことを示唆した。

　マクロンは，この政策スピーチをはじめ，2017年アフリカ歴訪において，アフリカが直面するさまざまな問題，フランスが取り組むべき重要な諸点を列挙したが，最も重視していると思われるのは，未来を担う若者への施策である。とりわけ，「教育への投資」と「フランスとフランスに貢献するアフリカ系移民との関係の再構築」である。これは，移民やテロの問題とも密接にかかわる。アフリカの未来への投資を表明しつつ，フランスで成功したアフリカ系フランス人とフランスとの関係を強化していくことは，移民2世，3世のフランス社会への統合を容易にし，テロの温床も絶つことができるからである。

　事実，かつてフランスのクラブで長らくプレイした経験を有するジョージ・ウエア　リベリア大統領が，2018年2月にフランスを訪問した際の公式昼食会に，マクロンはフランス国籍を有し，フランスで活躍したアフリカ系フランス人の有名選手を多く招いた（ディディエ・ドログバやキリアン・エムンッペなど）。

　マクロンは，フランス語圏アフリカ諸国との歴史的な関係を有していることが，EU内においてもフランスが特別な地位を占めることができる理由のひとつであることをよく理解している。それゆえ，マクロンはEUを巧みに活用しつつ，対アフリカ政策の改革を実施しようとしている。また，マクロンのねらいは，「フランスの対アフリカ政策はもはや存在しない」と述べながらも，フランス語圏アフリカ諸国における歴史的な影響力を維持し，国内のアフリカ系移民との関係も見直しつつ，他のアフリカ諸国を含む54か国のアフリカ大陸全体との関係をも強化していくことにある。それは，政治大国としてのフランスの再生を目指すマクロンの外交政策の方向性と軌を一にしているのである。

106◆　第Ⅰ部　地　域　編

◆参考文献資料

片岡貞治「オランド大統領の南アフリカ訪問」『アフリカ』53巻3号（2014年）

Bayart, JF, «Réflexions sur la politique africaine de la France», *Politique Africaine*（2001）

Glaser, Antoine, *Africafrance*（Fayard, 2014）

第Ⅰ部 地域編

フランスとマグレブ

池田 亮

はじめに

　旧フランス領北アフリカ地域はチュニジア，アルジェリア，モロッコの三国から成り，マグレブと総称される。いずれもムスリム教徒が多数を占めるアラブ諸国に分類できる。これら諸国は独立して数十年が過ぎた現在でも，フランスと依然として強い結びつきがあるが，当然ながら独立以前の時代のような支配従属の関係があるわけでもない。では両者の関係はどのようなものか，そしてそれはどのような政治的意味をもっているのか。

　フランスとマグレブの関係を考察するにあたり，後者の諸国の政治体制の問題点として，その正統性の欠損という特徴がしばしば指摘される。国民からの支持が弱いため，政治体制は十分な正統性をもつことができず，その結果権威主義体制に陥るのだ，という議論である。逆に見れば，フランスはみずからが権力を移譲した政治体制の維持を大きな目標にしているのであり，現体制への支持は人権などの価値を体制が保護するか否か，あるいは体制を脅かす勢力が存在するか否かによって左右されると考えられる。

　ただしこれは，程度の差こそあれ，フランスと旧植民地諸国の関係に共通する特徴である。フランスの対マグレブ政策の特徴を他にあげるとすれば，地理的な近接性ゆえに政治的な安定性に対して敏感にならざるをえず，その分強い関与を行ってきた点である。イスラム地域である以上，中東地域の動向からの影響も強く，またイスラム主義勢力も根強い。このため権威主義的であってもフランスは一定程度，現地政権に支持を与えざるをえず，そのことが反体制運動を刺激するという悪循環を生んできた。冷戦の終焉，9.11テロ，アラブの春

といった激動を乗り越えて，いかにフランスはマグレブ社会を安定させつつ平穏な関係を築いていけるのか。本章ではこうした課題を考えていきたい。

1◆——— 戦後から独立まで

　マグレブ諸国のうち，アルジェリアとチュニジアでは19世紀，モロッコでは20世紀にフランスの統治が始まった。アルジェリアでは植民地化の際に徹底的に現地権力は破壊されて直接統治が敷かれたものの，残る二国では現地国王であるベイおよびスルタンによる形式的な支配を残した間接統治の形態がとられた。そして第二次世界大戦中に枢軸諸国に占領された北アフリカでは，大戦終了後，サハラ以南アフリカに先駆けて独立運動が高揚する。

　チュニジアでは，ハビーブ・ブルギバが率いるネオ＝ドゥストゥール党を中心に独立運動が展開され，フランスは1954年に国内自治体制の樹立を承認した。それまで植民地帝国において一切の自治権付与を拒んできたフランスであったが，統治の協力者であったナスール・ベイの権威が失墜したため，民族自決を求めるナショナリストを新たな協力者とせざるをえなくなったのである。以後，フランスの支援のもとブルギバは国内基盤を盤石なものとする。

　モロッコでは，経済発展した沿岸部と封建的社会制度が残る内陸部の相違が大きく，政治的一体感が育ちにくかった。独立運動の旗手となったのはスルタンとイスティクラール党であったが，国内の分裂により現地に政治権力を移譲しようにもその受け皿が存在せず，チュニジア型の政治改革が困難であった。そして1955年秋に，保守派の封建領主と，エジプトのアラブ中立主義を受けて急進化したナショナリストの対立が激化し，内戦勃発の危険が生じると，フランスはスルタンのモハメド五世に独立を約束し，彼の権威のもとで国内の政治共同体を統一することを選んだ。続いてフランスは，モロッコよりも政治的な成熟度が高いとみなされていたチュニジアの独立も承認することを決め，同月に二国の独立が原則として合意されたのである。

　アルジェリアは19世紀前半からの植民地化後，制度上は本国としての扱いを受け，フランス人入植者が何代にもわたって居住してきた。この結果，独立運動を政治的に主導する勢力が当初は現地に存在しなかったためフランスとの交

4　フランスとマグレブ　　◆109

渉も容易ではなく，さらに入植者とフランス世論も断固として独立を拒んだ。1954年11月に民族解放戦線（FLN）が武装蜂起し，アルジェリア戦争に至った理由の一端はここにある。第四共和制倒壊の後，ドゴールが事態を収拾して第五共和制を樹立したが，1958年9月にはアルジェリア指導者が共和国臨時政府（GPRA）の樹立を宣言し，翌年には独立問題が国連で討議される可能性が高まる。事態の国際問題化回避のためドゴールはアルジェリアの民族自決承認を発表したが，フランス世論には反対が根強く，国内でもテロが横行した。1961年からFLNとフランス政府の間で交渉が開始され，1962年3月に締結されたエヴィアン協定で戦争は終結した。この協定はフランスの特権的地位に基づく経済援助を規定していたため，アルジェリア国内で軍部などから新植民地主義的だと批判を浴びた。

　地理的な近接性および事実上の植民地支配の過去という事情から，マグレブはフランスの対第三世界政策の中でも特別な地位を占めてきた。フランスと三国の関係は良くも悪くも緊密であったが，独立過程を反映して，三国間でもフランスとの関係は濃淡を見せた。国土の政治的統一自体にフランスから支持を受ける形で独立を果たしたモロッコは，とりわけフランスへの依存度が強く，逆に武力闘争で独立を勝ち取ったアルジェリアはしばしばフランスを批判するなど独立傾向の強い外交政策を展開し，いわゆる非同盟運動の一翼を担った。チュニジアはその中間に位置するといえる。ただし，各国政府は国民から政治体制への十分な支持を得ることが困難であったため，正統性の欠損をフランスからの支持で補うという傾向は共通して見られた。

2 ◆━━━ 政治体制の固定化と経済発展

　植民地ないしは保護国が独立を獲得して主権国家となることは，法的には抜本的な変化であるが，国民や政治運営に携わる政治家にとってはひとつの通過点でしかない。マグレブ三国も独立直後から，いかにして政治的安定を獲得・維持するかという問題に直面する。今後の政治体制のあり方は独立運動の展開され方を色濃く反映したが，多くの第三世界の新興国が共有する共通点も見られる。それは，権威主義的な政治体制と産業や土地の国有化を通じた経済発展

の政策である。しばしば社会主義的と称されるものの，現実には西側諸国との緊密な関係は維持された。

　チュニジアでは1957年7月にベイが追放され，共和国が宣言された。独立運動を率いたネオ＝ドゥストゥール党は国会の議席を独占し，事実上の一党独裁を基盤としてブルギバが大統領に就任し，権力を掌握した。ついで1964年5月には外国人所有農地の国有化が開始され，同年10月には同党は社会主義ドゥストゥール党と改称し，農業を中心に産業の集団化政策を開始した。アルジェリア戦争終結までは反仏的な声明を発表することもあり，また現に両国関係が緊張することも頻繁に見られた。フランスは1958年2月，アルジェリア武装勢力の拠点であると目されたチュニジア領内のサキエトを爆撃した。チュニジアによる問題の国連付託を防ぐため米英が調査団の派遣を決定したことが，フランスの世論を二分する大問題となり，第四共和制が倒壊する直接的契機となった。その後1961年にはビゼルタ基地からフランス軍が撤退するようチュニジア政府が要求して武力攻撃を開始したのに対し，フランス軍が大規模に報復した結果，両国関係は断絶した。だがチュニジアの親仏姿勢は変わらず，1963年3月にはビゼルタ基地からの撤退が合意され，援助や貿易面でもフランスをはじめとする西側諸国との紐帯が強固なままであった。

　モロッコでは地方の封建豪族が強い力をもっていたため，その勢力を束ねて国家統一を図るため，宗教的権威をもつスルタン（1957年に国王と改称）の存在が不可欠であった。このためチュニジアとは対照的に，国王が独裁体制を固めていくことになり，独立運動の一翼を担ったイスティクラール党は弱体化する。モハメド五世の死後ハッサン二世が王位を継承すると，父親ほどのカリスマをもたない彼は政治権力の制度化をすすめ，1962年11月に憲法を制定した。だがそれも，政府と閣僚は議会ではなく国王に責任を負うと定めるなど，本格的民主体制からはほど遠かった。国王の権力強化は経済政策にも現れた。国王権力を支える地方有力者の大土地所有を温存するため，土地改革はモロッコ人所有の土地には適用されなかった。また外国人が所有する主要企業について51％の株式をモロッコ人が保有することが法律で定められた結果，国王と連携する産業資本家へ利権が渡ることになる。

　二国とは異なり，戦闘によって独立を勝ち取り，かつ植民地化以前の政治権

力が破壊されたアルジェリアを運営するには，軍部の力が決定的な意味をもった。独立直後，軍部の支持を受けたベン・ベッラとGPRAの間でフランスとの経済協力関係をめぐる路線闘争が勃発し，多数の死者を出す戦闘が行われたものの，内戦は勃発寸前で回避された。大統領に就任したベン・ベッラは1963年に憲法を制定して権力を掌握しようとしたが，1965年6月に今度は彼自身がクーデタによって権力の座を追われ，代わって軍部を代表するフアリ・ブーメディエンが大統領に就任した。彼は経済面ではベン・ベッラに続いて社会主義的政策をとる。その端的なあらわれが入植者の土地接収と外国系企業の国有化であった。1971年にはフランスの石油権益の国有化を断行し，フランスの特権的な「協力」関係に終止符が打たれた。戦争を経験したアルジェリアでは，政治指導者の「革命」志向が強かったのに加え，入植者の脱出が顕著であったためこの政策が可能になったのである。この傾向は外交面では中立主義を目指す姿勢に現れた。第2回アジア・アフリカ会議が1965年に，バンドンに続きアルジェで開催される予定だったのはこのためである（前述のクーデタのため流会）。

　政治体制が安定しなかったのはモロッコでも同様であった。1965年には急進派の政治家であるベン・バルカがパリで失踪したが，この事件は国王の意向を受けていたとされ，フランスとの関係を極度に緊張させることになった。しかし，両国の緊密な関係を反映して，この危機は速やかに解消された。ハッサン二世を狙う暗殺事件が1971年と72年に発生したように，彼の独裁体制には根強い不満が残った。不満を逸らすために彼が採択したのは，西サハラ領有権の主張など冒険主義的な対外政策であった。1970年にスペインは住民投票により今後の国際的地位を定めるという方針に同意していたが，モロッコが領有権を主張し，問題は国際司法裁判所（ICJ）に付託された。1975年のICJ判決は西サハラ住民の民族自決を認定したため，同年11月にハッサン二世は「緑の行進」によって対抗した。これは35万人ものモロッコ人による西サハラへの大行進であり，彼の国内支持基盤を固めるのに大いに役立った。スペインは翌年この態度に屈して兵力を撤退させたものの，今度はアルジェリアが住民投票に賛成する立場に回り，モロッコとの対立が続くことになる。

　この間，1975年にヴァレリー・ジスカール＝デスタン仏大統領はマグレブ三国を相次いで訪問し，西サハラ問題ではモロッコ・アルジェリア双方に支持を

約束した。しかし，ブーメディエンが「モロッコに対して軍事顧問を派遣し，武器供給を行った」ことを理由にフランスを批判したように，フランスのモロッコ寄りの姿勢は明らかであった。中立主義傾向のアルジェリアから距離を置いただけでなく，国家統合の要であるモロッコ王室の威信をかけた問題では，その正統性を維持するために支持を惜しまなかったのだと考えられる。

3 ◆───── 1970年代の経済危機と政治的自由化

　マグレブ三国では1970年代半ばまでに政府による経済への介入が増大した。そして1980年代後半までに，天然資源（燐鉱石，石油や天然ガスなど）の国際価格下落により，重い対外債務を負うことになる。この経済危機を受けて三国は独自の経済改革を行うことで国際機関への依存の回避を試みるが，結局はIMFとの交渉を余儀なくされていく。同時に経済危機は，三国に共通の政治的課題を突き付けることになる。それらは，イスラム原理主義の台頭と政治的自由化への国際的圧力であった。独立後に進展した社会の世俗化と政治的反対派の抑圧により，マグレブ諸国では民衆の不満の受け皿が失われつつあった。経済危機への政府の対応は概して国内の経済格差拡大を容認するものだったため，不満をもつ民衆の支持がイスラム主義者に集まったのである。イスラム主義者は，独立後のフランス語と文化の残存がイスラム社会を歪めていると批判したため，その台頭はフランスにとって不安材料であった。

　1979年のイラン革命を受け，フランスはマグレブ諸国間の融和と同地域との関係改善に乗り出す。イスラム原理主義の勢いを止め，西地中海とマグレブの安定がヨーロッパの安全保障に資するという考えであった。1981年に社会党のフランソワ・ミッテランが大統領に就任したことも，関連しているとされる。彼は，1982年にアルジェリアから市場価格よりも高く石油を購入する契約を結び，翌年2月と10月にはモロッコとチュニジアを相次いで訪問して友好関係を印象づけた。1983年にモロッコ・アルジェリア間のサハラをめぐる紛争を終わらせるため，フランスが両国会談にまで漕ぎ着けさせたのも，この姿勢のあらわれであった。しかし，経済停滞を背景とする民衆の反発に各国政府が抑圧的姿勢で臨んだため，人権を重視する世論を背景にフランスの支持は次第に低調

4　フランスとマグレブ　◆113

になる。

　国家予算の赤字に苦しむチュニジアでは，1980年にブルギバ大統領（1974年にみずからを終身大統領に任命した）が限定的な複数政党制を採用して穏健な反対派による政党結成を許可することで民衆の不満を逸らし，また生活必需品であるパンなどへの補助金の削減で危機を乗り切ろうとした。だが1984年1月に市民の暴動を招き，補助金を復活させられた。さらに1986年には国際通貨基金（IMF）との合意を締結し，いわゆるワシントン・コンセンサスに基づいて政府の役割を縮小し，市場原理を重視する改革案を受諾させられた。民衆の生活苦を背景にイスラム主義者の活動は1980年代に入って勢いを増し，たびたび暴力手段に訴えるようになった。1987年10月，治安維持のため軍部出身のベン・アリが首相に任命されたが，翌月に彼がブルギバを解任し，事実上のクーデタを成功させた。フランスは，この事件の動機がイスラム主義者のクーデタを未然に防ぐことにあったと聞かされて，ベン・アリ政権への支持を強めたといわれる。

　アルジェリアではブーメディエン大統領が1978年に死去し，軍部の決定によって後任となったシャドリ・ベンジェディドが計画経済からの脱却をすすめていたが，1980年代半ばの石油価格の下落により経済は大打撃を受けた。そして1988年夏の旱魃を契機に10月初めにアルジェ暴動が勃発し，反政府運動へと発展した。これを受けて政府は翌年2月，憲法を改正して複数政党制を認めた。だが，1990年6月の地方選挙においてイスラム政党であるイスラム救済戦線（FIS）が圧勝し，次いで12月の国会選挙の第1回投票で第一党の地位を獲得した。イスラム共和国成立の可能性が高まったと危機感を募らせた軍部は1992年1月にシャドリを解任し，2月には非常事態宣言を発令する。以後，1997年10月の休戦に至るまで政府とFISの間で抗争が続き，数万人もの死者を出したといわれている。この「暗黒の10年間」において，政府収入は激減し，1994年4月にIMFとの協定に追い込まれた。

　モロッコにおいては，西サハラ領有権問題を契機に王制への支持が固まり，政情は安定したが，1970年代半ば以後の燐鉱石価格の下落と軍事支出の増大により，国家財政は悪化する。1980年からモロッコ政府はIMFとの交渉を開始したが，その融資の受け入れは極力回避に努めた。だが，改革の遅れから1980

年代に入って特に深刻な暴動が発生した。国王は企業の一部を民営化するなど経済面での改革に応じたが，従来から複数政党制が認められていたことがむしろ仇（あだ）となり，政治制度の改革は他の二国に遅れることになる。

4 ◆──── 冷戦後の国際関係と9.11テロ後

1980年代に始まったマグレブ諸国の経済自由化は，これら諸国が多様な地域と関わり合いをもつ契機となった。これはチュニジアとモロッコはいうまでもなく，中立主義的傾向を見せていたアルジェリアですら，経済的にはフランスをはじめとする西側諸国との結びつきが強かったからである。したがって1989年の冷戦の終焉は元来西側に近いマグレブ諸国に大きな影響は及ぼさなかったが，それでも以下のような影響を与えたといえる。

第1に，EU およびアメリカとの関係の深化である。冷戦の終焉を受けてEU は1994年に旧東欧諸国に加盟国を拡大するが（第四次拡大），南欧諸国はマグレブを含む地中海沿岸諸国との関係強化を求めた。それが結実したのが，1995年11月にバルセロナで発表されたヨーロッパ地中海パートナーシップ（EMPI）である。しかし EMPI は，マグレブ諸国内の不和も手伝って，EU 内での失業率の削減や移民の減少，投資の促進などの期待された成果を上げることができなかった。そこで EU は2003年に欧州近隣政策（ENP）を打ち出し，今度は地中海沿岸諸国との二国間交渉を重視する新たなアプローチによってマグレブ諸国との関係強化をすすめている。同様にアメリカも，1999年から投資と貿易の促進に取り組み，後に中東パートナーシップ構想（MEPI）の一部となる貿易投資の促進を開始して，関与を深めている。そもそも EU によるアプローチの強化をフランスが受け入れたのは，このようなアメリカの影響力拡大に対抗する目的があったからだとされる。

第2に，このような経済的関係の強化は，西側諸国との政治的接近には必ずしもつながらなかった。なぜなら各国とも制度面では自由化がすすみ，複数政党制に移行しているとはいえ，実質的な権力構造は独立直後から大きく変わらなかったからである。チュニジアでは大統領選挙で複数政党からの立候補が認められていたにもかかわらず，選挙制度の統制によりベン・アリが圧勝を続け

4　フランスとマグレブ　◆115

た。モロッコでも責任内閣制が採用されているとはいえず，国王による独裁体制が存続している。ハッサンの死後，1999年7月に即位したモハメド六世は女性の地位向上を認めるなど改革を行ったが，政治面では大きな変化を見せていない。アルジェリアでも軍部の支持を基盤にアブデルアジズ・ブーテフリカ大統領が選挙での勝利を重ねている。このため欧米は，表立って人権侵害などを理由に不支持は唱えないものの，概して低い評価を与えていたといってよい。このことは，1992年にヨーロッパ議会が人権侵害に関する国際的な批判を背景に，モロッコへの融資停止を決定したことに現れている。

　ただし，フランスはEU全体とは異なる対応を示す。1980年代から徐々にフランスは人権状況に敏感になり始めたが，「特別な関係」をもつマグレブ諸国への対応はアンビバレントなものであった。第I部3章「フランスとアフリカ」で述べたように，1990年のフランス・アフリカ諸国首脳会議で，当時のミッテラン大統領は開発援助の条件として政治の自由化を掲げたが，マグレブ諸国にはこの条件を課さなかった。大統領の妻が創設したフランス自由＝ダニエル・ミッテラン財団が政治犯の釈放を要求するなど，フランス世論はモロッコの人権状況に批判的であったが，政府は1995年にハッサン二世が訪仏した際には最高位の待遇を与えた。またチュニジアではベン・アリ政権は次第に抑圧体制を強化していったものの，1995年にジャック・シラク大統領が訪問し，逆に97年にはベン・アリが訪仏するなど，フランス政府による強い支持が明白であった。前述のように1990年代に内戦状態に陥ったアルジェリアについては，イスラム主義勢力への暴力と政治的抑圧ゆえにフランス世論の反発も強く，政府への支持は他の二国より弱かった。しかしフランス政府の姿勢には，EUによる関与を極力防ごうとする意欲が明らかであった。そして1995年のEMPI以後は，アルジェリアとEUの関係を架橋する役割を果たすことによって，フランスは同国との間で強い紐帯を維持したとされる。

　2001年の9.11テロにより，状況は変化する。特にアメリカが「テロとの戦争」を唱えたように，欧米諸国はイスラム主義者との対決を優先課題とするようになった。この結果，現地政権がイスラム主義勢力によって倒され，混乱が発生するのを防ぐことに重点が置かれるようになる。その結果，アメリカはマグレブ三国への軍事援助を増強し，またEU諸国も人権問題や民主化といった

点での批判をひかえ，政治的支持をより前面に押し出すようになった。2002年4月チュニジアでの爆弾テロや2003年5月のカサブランカでの自爆テロが，この傾向に拍車をかけた。ただし，欧米諸国はマグレブ諸国の人権状況を軽視しているわけではない。2004年にジョージ・W.ブッシュ政権は広域中東北アフリカ構想（BMENAP）を発表したが，これは当該地域のガバナンス改善に重点を置いたものであった。

　しかし，2008年からのチュニジア経済状況の悪化は，後の「アラブの春」の遠因となる。2010年には景気は持ち直すものの，特に若者の失業率は高いまま改善されない中，ストライキや反体制運動が広がった。しかも同年12月初めにはウィキリークスによってベン・アリ大統領一家を中心とする腐敗体質をアメリカ大使が国務省に報告していることが暴露され，反体制運動は助長された。次いで経済状況に悲観したチュニジアの若者が，12月17日に焼身自殺を図るという衝撃的な映像がフェイスブックで拡散されると運動は一気に拡散し，翌年1月にベン・アリ一家が国外逃亡を図り，20年以上続いた同政権はあっけなく崩壊した。いわゆるジャスミン革命であり，民衆の政治参加の度合いが低いと見られていたマグレブで発生した，史上珍しい民衆革命だとして注目された。周知のとおり，これが中東と北アフリカのアラブ諸国で反体制運動を高揚させ，いくつかの国では独裁体制の崩壊を招く契機となったのである。

おわりに：今後の課題

　今後の情勢を左右する要素として，現時点で浮上している論点を指摘しておきたい。第1に，フランスのマグレブ諸国への政治的影響力をどう捉えるかである。1990年代後半からはアメリカとEUが影響力を伸ばしており，フランスとマグレブ諸国の間の「特別な関係は終わった」という見方も存在する。ただし前述のとおり，フランスがEUの背後に甘んじているのはアメリカに対抗するためだとすれば，アメリカの関与が恒久的だとは限らない以上，いずれはフランスの影響力が再び前面に現れる可能性も残されている。2017年に成立したドナルド・トランプ政権がどのような政策を展開するか，注視する必要がある。ただ，マグレブ各国の政府がフランスからの支持に依然として敏感である

ことも間違いなく，この意味でフランスはやはり影響力を行使しうる特別な立場にあると考えるべきであろう。

　第2は，アラブの春と呼ばれる民主化の帰結である。チュニジアでは2014年に民主的な大統領選挙が実施され，エセブシが新大統領に就任した。だが，2015年にはテロ事件が頻発し，体制の存続自体が不安視されてた時期もあった。現在は落ち着きを見せているものの，いずれにせよ現体制のもとで安定的な政治運営を継続できるかが民主化の定着を占う鍵であり，他のマグレブ諸国の民主化がすすむか否かを占う試金石ともなるであろう。また2019年4月には，20年にわたりアルジェリア大統領職にあったブーテフリカが民衆の抗議を受けて退陣したが，これがモロッコなど他国の大幅な政治変動を誘発する可能性は低いと見られる。

　第3に，第2点と関連するが，安定的な政治体制の構築を急ぐあまり，それが反対派の不満を抑圧することで成り立つ表面的なものにとどまってはならない。そのような民衆の不満こそが，急進派イスラム主義者に支持が集まる要因となっているからである。国際社会は，持続可能な経済成長を達成するだけなく，それを支えるための，人権状況の改善や民主主義の定着といった政治的な課題の克服を手助けする必要がある。これらの意味で，フランスが果たすべき役割は依然として大きいといえる。

◆参考文献資料

宮治一雄『アフリカ現代史V　北アフリカ』（世界現代史17）山川出版社，1978年

渡辺司「アルジェリア戦争と脱植民地化――「エヴィアン交渉」を中心にして」永原陽子編『「植民地責任」論――脱植民地化の比較史』青木書店，2009年

Ageron, Charles-Robert et al., *Histoire de la France coloniale, III, Le déclin* (Armand Colin, 1991)

Balta, Paul, French Policy in North Africa, *Middle East Journal,* vol. 40, no. 2 (Spring, 1986)

Gasiorowski, Mark, ed., *The Government and Politics of the Middle East and North Africa,* Seventh Edition (Westview Press, 2014)

Sater, N. James, *Morocco: Challenges to Tradition and Modernity* (Routledge, 2016)

Wills, Michael J., *Politics and Power in the Maghreb: Algeria, Tunisia and Morocco from Independence to the Arab Spring* (Oxford University Press, 2014)

Zoubir, Yahia H. and Haizam Amirah-Fernández, eds., *North Africa: Politics, Region, and the Limits of Transformation* (Routledge, 2008)

第Ⅰ部 地域編

フランスと中東

小林　正英

はじめに

　2017年11月11日，中東湾岸のアラブ首長国連邦（UAE）アブダビに，ルーヴル・アブダビが開館した。ルーヴル初の海外別館であり，なぜ中東と新鮮に感じた向きも多かっただろう。また，パリを歩けば意外に「中東」を感じることに気づく。中東系の移民の存在はもちろん，コンコルド広場のオベリスクも真っ先に眼に入るだろうし，5区のアラブ世界研究所（IMA）は壁面のハイテクなアラベスク的調光機能がエキゾチックな有名観光スポットである。そもそもパリを埋め尽くすカフェの文化的ルーツをたどれば中東にいきつく。そして最近では「パリ」「中東」とくれば残念ながらテロを思い浮かべる向きも多いだろう。

　しかしながら，実際にフランスが中東とどのようにかかわってきたのかについては，あまり知られていない。日本語の文献がほぼ存在しないこともあるが，せいぜい第一次世界大戦後の，サイクス・ピコ協定などによる中東分割が思い出される程度である。本章は，この，見落とされているつながりともいえるフランスの中東政策について，第二次世界大戦後を中心にして，俯瞰的に眺め渡そうという試みである。

　結論からいえば，この時期のフランスの中東政策の基盤を構築したのは，第五共和制の開祖でもあるシャルル・ドゴールであった。以後フランスの中東政策は，ドゴールの築いた基本路線の上に立ちながら，さまざまに揺れ動いてきた。地中海に軸足を置くか，いわゆる中東にまで関わりを広げるか，域外の他の大国と中東での政策展開に関してどうかかわるか，つまり対抗するか寄り添

うか，さらにはイスラエル・パレスチナ問題についてどちら側の立場にどの程度立つか，といった複数の選択肢の順列組み合わせのパターンの数だけ政策は変遷してきた。そしてニコラ・サルコジ政権以降になると，もはやドゴールが構築した中東政策は根本的に転換されたとさえいわれつつある。以下，フランスにとっての中東について考えてみたうえで，政策の変遷と現在について，眺めていくことにしよう。

1 ◆────── フランスにとって中東とはどこか

そもそも中東は定まらない概念である。地理的にいうならば，概ねインドと欧州の中間的な地域を指す。しかし，中東は，地理的概念というよりは英米の戦略的視点に由来する地政学的概念であるといった方が正確である。欧州の周辺という捉え方には収まらないが，かといって遠方の目的地でもないという意味で，本来は欧州にとって非常に宙ぶらりんな位置づけに置かれる地域である。だが，地中海とインド洋という2つの海をつなぎ，かつ欧州とアフリカとアジアが交わる海陸の要衝であるがゆえに，地政学的な重要性は非常に高い。これに，20世紀半ばからは石油産出地域という重要性が加わったことはいうまでもない。そうして，中東は超大国が覇を競う舞台となった。フランスは，そのような中東で覇を競う超大国と，連携するよりも対抗する外交を展開することが多かった。

近現代フランス・中東関係は，1798年のナポレオン・ボナパルトのエジプト遠征に始まる。ロゼッタストーンをもたらして古代エジプト神聖文字ヒエログリフの解読につながったことで知られるこの遠征が，イギリスのインドへの経路を牽制するためのものであったことは，フランスにとっての中東の位置づけを如実に示している。冒頭でも触れたコンコルド広場のオベリスクは，七月王政で知られるルイ・フィリップにエジプトから贈られたものである。このときも，オスマン帝国からエジプトとしての独立を果たしたムハンマド・アリーが，イギリスとの対立関係の中でフランスとの接近を図ったという背景があったことを考えると，仏・中東関係は当時の覇権国であったイギリスの中東政策を牽制し，対抗するものであったといえるだろう。

英仏の中東政策は，対象地域の扱い方においても対称的であった。イギリスの中東政策には，良くも悪くも「インドへの道（にすぎない）」という割り切りが垣間見られるのに対し，フランスは，1830年のアルジェリア侵攻以降の第二期植民地帝国と呼ばれる時期，特にナポレオン三世がフランスの庇護のもとにアルジェからバグダッドまでの統一アラブ王国を樹立しようとした構想に見られるように，1個のまとまりとしてこの地域を見る傾向があった。

　また，第一次世界大戦後には，オスマン・トルコ帝国解体に伴って，イギリスとともにアラブ地域を分割して委任統治下に置いた。フランスは，欧州においてドーバー海峡を挟んでイギリスと向き合う北の国であると同時に地中海を抱える南の国でもあり，中東・北アフリカ地域とは直接向き合っている。第一次世界大戦後の一時期においては，フランスは地中海対岸に多くの植民地を抱え，地中海をなかば内海として中東・北アフリカ地域における植民地勢力となった。このことは，ある意味ではフランスのアラブ政策の足かせともなった。アラブ諸国に対して第三者的な立場に立つことが不可能だったからである。特に1956〜57年のスエズ危機，あるいは第二次中東戦争によってフランスはアラブ諸国との関係悪化に直面することとなった。この状況からフランスが解き放たれたのは，第二次世界大戦後，第五共和制を樹立したドゴールによる脱植民地化（アルジェリアの独立承認）が達成されたことによってである。

2◆───　ドゴールからシラクまで

　ドゴールからジャック・シラクまでの第五共和制におけるフランスの中東政策は，ほぼ一貫して親アラブを旗印として展開したといってよい。特に，1967年11月27日のドゴール大統領の記者会見で確立されたアラブ政策が，ドゴール以来の本格ドゴール派政権となったシラク大統領のもとで立て直しを図られ，結果的に幕引きに至ったのは興味深い展開である。

　ドゴールによるアラブ政策確立への道程は，1962年7月5日のアルジェリア独立に代表されるフランスの脱植民地化に始まる。フランスが，特に地中海対岸のアラブ諸国を植民地化していた勢力という立場を脱却したことは，フランスの中東政策にフリーハンドを与えた。中東地域の諸問題の当事者という立場

5　フランスと中東　◆121

を降りることができたためである。

　それでもフランスは第四共和制期以来の伝統的な親イスラエル政策も維持していたが，1967年6月5日に勃発した第三次中東戦争（いわゆる六日間戦争）を契機に明確な親アラブの姿勢に転ずることとなった。同年11月27日のドゴールの記者会見で表明された立場がそれである。ドゴールは，「自信過剰で，横暴なエリートども」とイスラエルを非難し，フランスとイスラエルの離間は決定的になった。

　ドゴールの視点は，「欧州でドイツ，大西洋で米英枢軸とそれぞれ対抗し，中東で戦略的縦深性を確保する」というものだった。ドゴールのアラブ政策の中でも，特に対イスラエル武器禁輸などの措置は，アラブ諸国の強い支持を得ることにつながった。アメリカともソ連とも一定の距離を保つ，あるいは保ちたいという立場が，フランスとアラブ諸国の双方に共通していた。ドゴールの政策転換は，アメリカとの関係が深いイスラエルと距離を置くことによって，フランス外交の独立性を担保することも視野に入れたものであった。

　このようにして確立されたフランスのアラブ政策であったが，特にフランソワ・ミッテラン政権期においては大きな振幅が見られた。元来，ミッテランはイスラエルとの関係が深かった。したがって，1981年5月に大統領に就任した当初は，ドゴール以来の親アラブ政策を転換し，イスラエルとの関係改善に向かうのではないかとも見られていた。1980年のヴェネチア欧州理事会で，ECとしてのそれまでの姿勢，すなわちイスラエルとパレスチナ解放機構（PLO）を対等に扱う姿勢からの転換が予期されていたのである。新冷戦を背景に，対米関係の改善も視野に入っていた。しかしながら，1981年6月，イスラエル空軍機によってイラクのオシラク原子炉が爆撃されるという事件が起きる。オシラクはフランスの技術協力によって建設されていた原子炉であり，実際にこの空爆によってフランス人技術者に犠牲者が出ている。以後，ミッテランは再びアラブ寄りにフランス外交の舵を切り直すこととなり，特にPLOのヤセル・アラファト議長との関係を深めた。それでも1980年代中盤からはイスラエルとの関係改善にも務め，1989年5月2日の同議長訪仏（西側初）の際には，同議長からテロ放棄とイスラエル承認を引き出すに至っている。このことは，1991年に中東和平に関するオスロ合意が成立する重要な基盤となった。

1996年のシラクのカイロ演説は，フランスの中東政策を再活性化させようとしたものであった。これはシラクの新アラブ政策とも呼ばれる。この政策において，シラクは，伝統的なドゴールのアラブ政策の骨格を踏襲しつつ，国連やEUなどの国際枠組みを活用しようとしたことから，「ウィルソニアン・ゴーリスト」と呼ばれることとなった。

　シラクの新アラブ政策は，冷戦後の世界は再び多極化しつつあるとの認識を背景に，フランスの中東における影響力を発揮して，中東の諸問題を一挙に解決することを目指した。ゴラン高原からのイスラエルの撤退と，アラブ諸国とイスラエルが共存する中東の実現を同時に訴えたのである。これらは，1995年にオスロ合意の当事者であったイスラエルのイツハク・ラビン首相が暗殺されてから停滞しつつあったオスロ合意プロセスの再始動を図ったものでもあった。シラクは当時のアラブ諸国の指導者らに強い人脈があった。カイロ演説の特色は，中東の安定化を図る土台として，この人脈を最大限活用しようとしたところにあった。

　また，フランスが対米非協調的に単独で行動することの限界も認識されており，国連やEUといったフランスが主導権を発揮できる国際枠組みの活用も図られた。1995年に開始されたEUの欧州・地中海対話，通称バルセロナ・プロセスの枠組みの活用などがそれである。この方法は，シラク政権時代に始まったことではない。石油危機を契機として，欧州政治統合の過程の中で，1970年代に欧州諸国とアラブ諸国によって開始されていたユーロ・アラブ対話が，その前身であった。

　ドゴール政権時代からシラク政権時代までのフランスの中東政策には，ミッテラン政権時代に波立ちこそしたが，その底流には概ね一貫した親アラブ的傾向があった。正確には，この一貫性を担保していたのはシラクその人であった。ドゴール派以外の大統領の時代にも，シラクはヴァレリー・ジスカール＝デスタンとミッテラン両大統領のもとで政権に参加し，フランスの中東政策に一貫性を与えることに貢献した。たとえば，イラクがカラーテレビの技術でフランス方式のSECAMを採用したのは，1974年に首相として訪問したシラクの成果とされている。加えて，ドゴール政権時代とシラク政権時代には共通の時代認識があった。多極化である。これにより，1996年のシラクは，ドゴール

5　フランスと中東　◆123

同様に，アメリカと一定の距離をとったうえで，アラブ諸国との関係強化を通じた独自の地位の獲得を目指すこととなった。

シラクの新アラブ政策の特質が最も顕著に表れたのは，皮肉にも2002～03年のイラク戦争をめぐる外交である。アメリカによるサダム・フセイン政権打倒に向けた武力行使に抗ったフランス外交の駆動力となったのは，最も単純には30年近く培ってきたシラクとフセインの個人的な関係である。しかし，より高次の政策目標として，1996年カイロ演説以来のシラクの新アラブ政策があり，さらにその背景にはゴーリズム外交があったといえるだろう。アラブ諸国の伝統的指導者との人脈と，多国間の枠組みを最大限に活用しようとしたシラクの新アラブ政策の真骨頂であったが，最終的にはフセインを失う結果となった。

シラクが失った人脈はフセインだけではない。2005年には長年の盟友であったレバノンのラフィク・ハリリ首相を暗殺で失ったが，これを機にレバノン国内からのシリア軍の撤退を勝ち取ったのは，シラクとしては皮肉な成果であった。フランスは，旧植民地であり，独立後も基本的に親仏的であったレバノンにおいても，第二次中東戦争以降はアメリカや隣国シリアの影響力に押されていたものを，シラクがハリリとの個人的な関係を梃子に関係の再構築を図りつつあった。しかしながら，暗殺事件によってその梃子を失うとともに，シリアとの関係悪化によって，シラクの新アラブ政策は必ずしもアラブ全般との関係強化ではなく，個別の指導者を通じた選別的なものであったことがあからさまなものとなった。付け加えるならば，1989年のアラファト訪仏の際，当時パリ市長であったシラクは，あえてパリを離れてアラファトとの接触を回避している。フセインやハリリ以外にも，2010年以降のいわゆる「アラブの春」で失脚した多くの中東の指導者は，シラクの新アラブ政策にとっては重要な構成要素であった。こうして，シラクが再始動しようとしたフランスのアラブ政策は，その礎石を失っていったのである。

3 ◆───── サルコジ以降

2007年に大統領に就任したニコラ・サルコジ以降の大統領は，中東政策への知識が不足しているか，あるいはそれまでの大統領に比べて関心が低下してい

るといわれる。

　まず，サルコジの中東政策は，シラクの積極関与姿勢を引き継いだようでいて，その根幹の部分ではシラクまでの対米自立・対米牽制から対米協調に舵を切り直している。まさに換骨奪胎である。2008年に策定した国防白書での表現によれば，北アフリカからパキスタンに至る地域を「不安定の弧」と位置づけてフランスの積極関与の対象とした。停滞しつつあったバルセロナ・プロセスを政治的に引き継いで2008年に地中海連合を打ち出し，2009年には，シラク政権期を通じて育まれたアラブ首長国連合（UAE）のアブダビとの防衛協力を発展させ，旧植民地以外では初めてとなる恒久的な軍事拠点を設立した。また，同年には，シラクが成し遂げられなかったフランスのNATO統合軍事機構への復帰を果たしてもいる。対米協調という観点からいえば，アフガニスタンでのNATO主導の国際治安支援部隊（ISAF）への積極参加は，NATO統合軍事機構復帰を有利にすすめるためでもあったと見られている。

　2012年から2017年まで政権を担ったフランソワ・オランドのもとで，フランスの中東政策は，対米協調を維持しつつ，フランスが関与する対象とする地域を地中海・アフリカ地域に再び絞り込んでいる。サルコジ政権期に拡大した対象地域を，それ以前の姿に戻した格好である。背景にあるのは，緊縮財政を一因とする安全保障政策の合理化である。加えるならば，アメリカのアジア・シフトとの連携について検討するのも興味深いだろう。すなわち，サルコジの対米協調がアメリカとの共同行動だったのに対し，オランドの対米協調はアメリカとの事実上の分業と見ることができる。実際，オランド政権期にはフランス単独での地中海・アフリカ地域での軍事介入が増加している。

　サルコジ政権時代とオランド政権時代の対照性を象徴的に示すものとして，リビアとマリへの軍事力行使をあげることができる。リビアのケースは，サルコジ政権時代に「アラブの春」のただ中の2011年3月より，NATOとして実施された軍事力行使である。他方，マリのケースは2013年1月からフランス軍として実施した，紛争鎮圧のための軍事行動である。並べると，リビアのケースは，まさに米軍と寄り添いながら，NATOの枠組みも十分に活用して活動を実施しているのに対し，マリのケースはアメリカをはじめとする各国の支持も確保しつつ，基本的にほぼフランス単独で，ないしはフランスが明確に中心

5　フランスと中東　◆125

的な役割を果たしながら実施している。

2017年に就任したエマニュエル・マクロン大統領の中東政策は、少なくとも現時点において、中東地域でフリーハンドを確保し、かつ強制行動よりも外交手段の確保を志向しているといわれる。アメリカ外交が不透明さを増す中で、行動の余地を確保し、フランスが果たしうる役割の内容と方向性を見定めていると見るべきだろう。

おわりに：将来展望

ドゴールからシラクまででフランスの（親）アラブ政策は、本当に終焉したのだろうか。それまでのアラブの指導者が「アラブの春」で一掃されてしまったので、特にシラクが体現していたような、人脈を基盤にしたアラブ政策は当面回復されそうにない。他方で、中東に戦略的縦深を求める論理は、補強されこそすれ喪失されることはなさそうである。たとえば、中国の台頭、特に「一帯一路」構想によって、インド洋経由で中東での影響力確保の動きを見せつつある、という新たな要因をあげることができるだろう。また、冷戦の終焉とともに幕を下ろしたと考えられていた米露対立が、またしても頭をもたげている。そしてエジプト、カタールとサウジアラビアはフランスの主要な武器輸出相手国である。

中東情勢の先行きは依然不透明である。特に近年は、主にシリア情勢から発生する難民の大規模流入により、フランスをはじめとする欧州諸国はなかば直接的に中東情勢に向き合わざるをえなくなっている。正確な因果関係の把握にはまだ時間がかかるだろうが、2015年11月のパリ同時多発テロは、フランスが自衛名目でシリア空爆に本格参加した直後に発生したものである。同年にはまた、イラン核開発問題が一定の決着を見たことによって、特に米欧のイランに関する脅威認識は大きな変化を見せていたが、アメリカ外交の変化によって、この問題も先行きが見通せなくなった。この問題について、対岸にイランを睨むUAEに軍事拠点を確保したフランスの今後の行動は、ますます注目されることになる。

はたしてフランスのこれからの中東政策は、ドゴールが築いたアラブ政策と

どう変わり，あるいはどう変わらず，なにが足され，なにが引かれていくのか。サルコジ以降，換言すれば「アラブの春」以降のフランスの中東政策は，人脈に基礎を置いて対米自立ないし対米牽制を図るという側面では，明確に，それまでの政策をと一線を画している。しかしながら，フランスの地政学的状況が要請する戦略的縦深としての位置づけは変わらない。混沌とする中東情勢の中で，フランスの中東政策の「来し方」を参照しつつ，「行く末」を見出していくのは相当の挑戦である。

◆参考文献資料
渡邊啓貴『ポスト帝国──二つの普遍主義の衝突』駿河台出版社，2006年
ローガン，ユージン／白須英子訳『アラブ500年史（上）（下）──オスマン帝国支配から「アラブ革命」まで』白水社，2013年
Dalle, Ignace, *La Ve République et le monde arabe* (Fayard, 2014)

6

第Ⅰ部 地 域 編

フランスとインドシナ

立川　京一

はじめに

　20世紀後半，インドシナ（ベトナム，カンボジア，ラオス）といえば，戦争や紛争というイメージであった。それが21世紀の今日，そこはアンコール・ワットやハロン湾などの世界遺産に恵まれた人気の海外旅行先となっている。そうしたエキゾチックで神秘的なムードを漂わせるスポットに負けず劣らず，インドシナを訪れる人々を魅了するのはハノイやホー・チ・ミン・シティなどの大教会や大劇場に代表される古典的西洋風の建築物であろう。「東洋のパリ」といわれていた頃の面影を今に伝える街並みは，インドシナが19世紀後半から20世紀中頃までフランスの植民地であったことを，私たちに教えてくれている。

　本章では，フランスがインドシナを植民地とし始めてから近年までの150年以上にわたる歴史を，植民地化の過程，ナショナリズム，脱植民地化，紛争の解決といった観点からたどる。その際，中心となるのはフランスとインドシナの関係であるが，植民地化の背景と脱植民地化への影響という点から，日本を含む諸外国との関わりについても触れる必要があろう。

　なお，「外交政策」にあたるフランス語には，politique étrangère と politique extérieure があるが，フランスとインドシナの関係については，植民地時代には前者を，その前後の時代には後者を用いることができよう。フランスとインドシナの関係は，そうした言葉のうえで異なる 2 つの外交政策が行われた例であり，他の同じようなケースと比較してみるのも面白いであろう。

1 ◆── インドシナの植民地化

　フランス人の商人やキリスト教宣教師がインドシナ，とりわけ，現在のベトナムを訪れるようになったのは17世紀初めのこととされる。クォック・グーと呼ばれるベトナム語のアルファベット表記を考え出したのは，その頃のフランス人宣教師であった。また，18世紀末から19世紀初めにかけて，ベトナム最後の王朝となったグェン朝の初代皇帝ザー・ロン帝に協力して，王朝の樹立を助けたのもフランス人である。そうしたこともあってザー・ロン帝は宣教師に布教活動を許していた。しかし，その後の皇帝はキリスト教が儒教道徳に反するという理由で，宣教師を迫害するようになる。

　迫害が激しさを増す中，1847年，ベトナム中部（アンナン）のツーラン（現在のダナン）の港でフランスとベトナムの海戦が起こった。この事件をきっかけに，ベトナムは態度を一層硬化させ，禁教令を出して宣教師を次々に逮捕，処刑した。1856年，フランス皇帝ナポレオン三世は外交交渉で問題を解決しようとしたが失敗，1858年，ツーランに陸海軍を派遣して攻撃させた。引き続きフランス軍は貿易の拠点として有望視されたベトナム南部（コーチシナ）のサイゴン（現在のホー・チ・ミン・シティ）に上陸，ベトナム側の抵抗にあいながらも占領地域を広げていった。1862年，フランスとベトナムの間で結ばれた第一次サイゴン条約でサイゴン周辺の３省がフランス領になり，1867年までにコーチシナ全体がフランス領となる。

　その間，フランスはコーチシナの背後の安全を図るため，ベトナムとタイにはさまれて，長年にわたって脅威を感じていたカンボジアのノロドム王に接近，1863年，保護条約が成立，カンボジアがフランス領になった。コーチシナとカンボジアを得たフランスは，メコン川をさかのぼることによって，中国（当時，清）南部への貿易ルートを開こうとした。しかし，途中に滝があり，断念する。ほどなく，フランス人の目はベトナム北部（トンキン）を流れる紅河に向く。

　1873年，フランスはベトナムに紅河の自由な航行を要求した。それを拒否されると，ベトナム北部の中心都市であるハノイに軍隊を送って攻撃，トンキ

ン・デルタ一帯をまたたくまに占領した。しかし，プロシアとの戦争で負けたばかりで植民地の拡大に消極的であった当時のフランスはトンキンを領土にしようとせず，翌年に結ばれた第二次サイゴン条約では紅河の航行と主要都市での軍隊駐留をベトナムに認めさせるにとどまった。ところが，1882年，第三共和政を樹立して植民地の拡大を積極的にすすめるようになったフランスは，ゲリラ対策を理由にトンキンへ軍隊を派遣してデルタ地帯を再び制圧，1883年の第一次フエ条約と翌年の第二次フエ条約によって，ベトナム北部のトンキンと中部のアンナンがフランス領になった。

　ベトナムがフランスの植民地になっていくのを黙って見過ごすことができなかったのが，ベトナムと朝貢関係にあり，宗主国であった清である。1883年10月，清はベトナムに大軍を派遣，清とフランスの戦争になった。戦いは近代的な武器を備えるフランスが優勢，一度は休戦協定が結ばれるが，その後，戦闘は再開する。その間，フランスが苦戦を強いられて多数の犠牲者を出し，戦争を主導したジュル・フェリー首相が「トンキン野郎」の汚名を着せられて辞任する一幕もあった。しかし，最終的に1884年8月の海戦でフランスが大勝，翌年6月にフランスと清の間で天津条約が結ばれた。この条約によって，清はベトナムにおけるフランスの主権を認めることになる。

　ラオスには3つの王国が存在し，ベトナムやカンボジアと違って1つの国に統一されていなかった。また，現在のラオスの領域の多くは，タイ（当時，シャム）の支配下にあった。ベトナムを植民地としたフランスはタイと戦って勝利することにより，さらには外交交渉を通じて，1893年，ラオスをフランス領にした。その後，フランスはタイ，清，イギリスと交渉を重ね，1907年までにラオスとカンボジアの現在の領域を獲得する。

2 ◆───── ナショナリズムの台頭

反仏独立運動とフランスの対策

　フランス人の統治に対する現地人の抵抗は植民地化の直後から始まった。ベトナムでは，1885年7月，当時の皇帝ハムギ帝が重臣とともに山地に入ってゲリラ活動を開始，文紳と呼ばれる村落の知識人たちに反仏行動を呼びかけた。

その動きはベトナム北部と中部のほぼ全体に広まり，各地で暴動やフランス軍との戦闘が起こった。フランス側は対策として，トンキン，アンナン，コーチシナ，カンボジア，ラオスの各地域の政務を担当するフランス人の理事長官のもとに諮問機関を設けて知識人をその議員にすることで権威を尊重したり，投降してきた者の命を助けたりして懐柔に努めた結果，反乱は次第におさまり，1888年11月，ハムギ帝が捕らわれ，アルジェに流されると，文紳の抵抗は終わった。

カンボジアでは1860年代から1870年代にかけて，ノロドム王とフランスの接近に反対する勢力が反乱を起こしたが，それぞれ2年ほどでフランス軍に鎮圧された。1884年，フランスはカンボジア行政への直接的な関与と，奴隷制の廃止や土地の私有制容認など慣習の変更を迫る協約への署名をノロドム王に強制した。それに反発した住民がフランス軍を襲うなどの暴動を50か所以上で起こした。フランス側は住民の反応に驚いて協約の実施を一時延期，1887年1月，ノロドム王の呼びかけで反乱はおさまった。ラオスでも20世紀初め，農民や山地の少数民族などが税の負担や商業の規制に反対してフランス軍を襲うなどの暴動を起こし，長いものは35年間も続いた。

ベトナムの知識人ファン・ボイ・チャウは1904年，フランスからの独立を目的に維新会を組織，王族のクオン・デが指導者として参加した。翌年，チャウはロシアとの戦争で勝った日本に期待して渡日，大隈重信や犬養毅らに会って支援を求めた。また，チャウは人材を養成するためベトナム青年に日本への留学を呼びかけた。この東遊運動により，クオン・デをはじめ，200名以上のベトナムの若者が来日した。しかし，フランスは日本にチャウらの取締りを要求，ベトナム人留学生は日本を離れざるをえなくなり，帰国したり，清へ亡命したりした。チャウも香港へ移ることになり，運動は終わった。

1914年に始まった第一次世界大戦では，インドシナから4万3000名以上が兵士として，4万9000名が労働者としてヨーロッパへ送られた。同じ時期，インドシナではホテルでの爆弾事件，インドシナ総督の暗殺未遂，宗教団体の暴動，農民の抗議行動，フランス軍内での現地人兵士の反乱などが続いた。

1911年の中国での辛亥革命や1917年のロシア革命もベトナムの独立運動に影響を及ぼした。1927年に民族的民主的革命を目的に結成されたベトナム国民党

6 フランスとインドシナ　◆131

は，1930年2月，ベトナム北部のイェンバイで約600名のベトナム人兵士とともに反乱を起こした。しかし，ほかの多くの兵士は加わらず，一夜で挫折した。同じ頃，ベトナム共産党（のち，インドシナ共産党に改称）が結成され，ベトナム各地でデモやストライキを指導した。1930年5月，ベトナム中部のゲアン省でのメーデー・デモが弾圧されたことをきっかけに，ゲアン省ととなりのハティン省の労働者と農民が抗議のデモを行うと，さらなる弾圧にもかかわらず，デモは近隣の省にも広がった。そうした中，共産党が村落の行政を指導する状況も生まれ，自衛団をつくり，地主の土地や米を貧農に配るなどした。これをゲ・ティン・ソビエトという。フランスは武力と反共宣伝によって住民を分裂させ，翌年5月までに事態を収束した。

第二次世界大戦と日本軍の進駐

1937年7月に日本と中国の紛争が始まると，フランスはアメリカやイギリスとともに中国を支援した。ベトナム北部の鉄道や道路は中国への支援物資を輸送する大動脈となった。日本はフランスに対して外交と武力で物資の輸送停止を迫った。1939年9月，ヨーロッパで第二次世界大戦が始まった。翌年6月，フランスはドイツに敗れて休戦する。その影響はインドシナにも及び，フランスは日本の要求を受け入れて中国への支援物資の輸送を完全に停止，また，フランスの主権維持とインドシナの領土保全を条件に，日本軍のインドシナ駐留と飛行場や港を含む基地の使用を認め，駐留費用も負担した。1941年12月から，日本はインドシナを使ってアメリカやイギリスと戦争することになる。さらに，フランスは関税の軽減や貿易量の拡大といった日本の経済的な要求にも応じたが，それはインドシナの経済を存続させるためでもあった。

大戦中もフランスは独立運動を弾圧し続けた。同時に，各地域の伝統・文化を尊重したり，青年運動に力を入れたりして，現地人の心をフランスにつなぎとめようとした。そうした中，1941年5月，ベトナム独立同盟（ベトミン）がホー・チ・ミンを指導者として結成され，農村を中心に組織を広げていった。また，長年，反仏運動が表面化していなかったカンボジアでも，1942年7月，僧侶の逮捕をきっかけに，プノンペンで数千名が参加するデモ（「傘のデモ」）が行われた。ラオスでも青年層を中心に救国組織がつくられた。

1945年3月，日本軍は武力を行使してフランスの植民地統治を一時的に終わらせた。このとき，ベトナム，カンボジア，ラオスは独立を宣言する。しかし，8月，日本が降伏すると，インドシナはフランスの植民地に戻ることになる。

3 ◆── インドシナ紛争（第一次インドシナ戦争）から脱植民地化へ

紛争の始まりと国際化

第二次世界大戦後，フランスは戦前までの方針を変えて，植民地にある程度の自治を認めようとした。カンボジアとラオスは王制の存続を最優先してフランスと妥協，暫定協定を結んで名目上の内政自治権を得た。また，王国憲法も定めた。その後，両国はフランスと新たな協定を結んで，フランス連合内での独立国という地位を得る。それは，内政はカンボジアやラオスが，外交と軍事はフランスが担当するという独立国のようでありながら植民地でもあるという不完全な独立であった。

ベトナムでは終戦直後にベトミンが主導する八月革命が起こってバオダイ帝が退位，民主共和国臨時政府ができ，ホー・チ・ミンが代表していた。ホーもある程度はフランスと妥協する方針で交渉，ベトナムをフランス連合内での自由な国とする暫定協定も成立したが，フランスはコーチシナに別の臨時政府をつくった。その後，フランスとベトミンの交渉は決裂，対立は武力を伴って激しさを増し，1946年12月，インドシナ紛争（第一次インドシナ戦争）が本格的に始まった。

紛争ははじめフランスが圧倒的に優勢で，ベトミンは北部の山地へ後退したが，1947年10月，ベトミンが反撃にでると紛争は均衡状態に入り，その後も一進一退を繰り返して長期化する。1949年10月に中華人民共和国が成立すると，中国とソ連が民主共和国を承認してベトミンを支援した。一方，フランス側では，同年6月に元皇帝のバオダイを元首にフランス連合内での独立国として成立させたベトナム国をアメリカが承認して支援した。インドシナに冷戦の影響が及び，紛争は国際化した。

6　フランスとインドシナ　　◆133

インドシナの完全独立

　ラオスでは親仏の政府側と反仏派の側に分かれて内戦が起こり，完全独立を求める反仏派はベトミンの支援でラオス北部を中心にゲリラ活動を行った。1953年10月，フランスは政府と反仏派を和解させてインドシナで戦いやすくしようと，ラオスの完全独立を認めた。

　カンボジアでも親仏的なノロドム・シハヌーク国王と反仏的で早期の完全独立を主張する内閣の対立が深刻化，地方では反仏・反政府・完全独立を唱える勢力が武力闘争を強化，治安が悪化した。シハヌークは事態の収拾を図るため，1952年6月，治安の回復と完全独立を公約に合法クーデタを起こして全権を掌握した。シハヌークは孤軍奮闘，国際世論に訴えながらフランスと交渉，少しずつ譲歩を引き出し，1954年3月，カンボジアは完全独立を果たした。

　インドシナ紛争は1954年5月7日，フランス軍がラオスに近いベトナム北西部のディェン・ビェン・フーに築いた大要塞が民主共和国側の攻撃によって陥落し，フランス軍が降伏したことで終末を迎える。折しも，フランス国内では政変により，ピエール・マンデス＝フランスが首相兼外相に就任した。マンデス＝フランスは紛争を30日以内に終結させると公言してジュネーブでの和平会談に臨み，ほぼその言葉のとおり，7月21日に休戦協定が合意された。フランス領インドシナは終わった。フランス軍は撤退，経済や文化の面で関係は続いたが，インドシナ各国へのフランスの影響力は低下していった。

4 ◆── フランスと独立後のインドシナ

　フランスから完全に独立したのちもインドシナでは1990年代初めまで，ラオス内戦，ベトナム戦争（第二次インドシナ戦争），カンボジア紛争（第三次インドシナ戦争）といった戦火と混乱が続いた。その間，フランスは外交によってインドシナの和平を支援した。そこには，インドシナでの経済権益の維持と影響力の回復，そして，国際的な威信の向上という目的もあった。

中立化による和平の模索

　ラオスでは1958年8月に新たな内戦が始まった。ラオスの安全は柔軟な中立

134 ◆　第Ⅰ部　地域編

でしか保てないと考えるフランスは，同じ考えをもつ王族で親仏的なスワンナ
プーマの中立派を支援した。そして，ラオス再中立化のための国際会議開催を
唱えるシハヌークを支持して，結果的には一時的な和平に終わったが，1962年
7月のジュネーブ協定での中立化による内戦の収束に協力した。

　ベトナムではインドシナ紛争の休戦協定で約束された南北統一選挙が行われ
ないまま，アメリカが南部のベトナム共和国（南ベトナム）への軍事支援を強
化する一方，北部のベトナム民主共和国（北ベトナム）の側も武力による南部
解放を決意，1960年末，南部に南ベトナム解放民族戦線を組織して南ベトナム
政府・軍に対するテロ・ゲリラ活動を開始，内戦が始まっていた。

　フランス大統領シャルル・ドゴールは，ベトナムでの紛争拡大やアメリカの
本格的な介入を望まず，その防止に努めた。ドゴールは1961年5月31日にパリ
を訪れたアメリカ大統領ジョン・ケネディに，「この地域への介入は果てしな
い泥沼に足を踏み入れることになろう」と注意を促した。その2年後の1963年
8月29日，ドゴールはベトナム問題に対する外国の不干渉とベトナム人の自決
権の尊重を内容とする声明を発表した。アメリカの反応は否定的であった。

　1964年に入るとフランスはアメリカに対して，1954年7月のジュネーブ会議
参加国を再招集して国際会議を開き，中立化によってベトナム問題を解決する
という案を主張，7月23日にはドゴール自ら記者会見で，そうした構想を公に
した。ところが，8月2日，北ベトナム沖でアメリカ海軍の駆逐艦が北ベトナ
ム軍の哨戒艇に攻撃されるというトンキン湾事件が起こり，事態は一気にエス
カレートする。ドゴールは年末に開かれたアメリカ国務長官ディーン・ラスク
との会談で，国際会議を通じて和平を模索すべきと，改めて説いたが無駄で
あった。

　1965年2月7日，アメリカは北ベトナムへの空爆（北爆）を実施，3月2
日，北爆を恒常化するローリング・サンダー作戦を開始，8日にはアメリカ海
兵隊がダナンに上陸，ベトナム戦争（第二次インドシナ戦争）が本格的に始まっ
た。ドゴールは戦争回避の試みが失敗したことを認めざるをえなかった。

和平のための仲介外交

　ドゴールが予言したとおり，ベトナム戦争は泥沼化した。フランスはドゴー

ルの「プノンペン演説」(1966年9月1日) に象徴されるような対米批判のスタンスをとりながら，北ベトナムと南ベトナム解放民族戦線，それを支援する中国，ソ連との関係強化に努めた。北ベトナムがアメリカとの和平交渉の舞台にパリを選んだ背景には，そうした外交努力があった。パリ会談は1968年5月13日，五月危機のさなか，フランス外務省が管理する国際会議センターで始まった。フランスはホスト国として交渉の環境整備（会議運営の支援，警備，マスコミ対応など）に尽力した。はじめアメリカと北ベトナムの二者会談であった交渉は，同年末から南ベトナムと解放民族戦線が加わって拡大四者会談となった。しかし，交渉はテーブル論争などでたびたび暗礁に乗り上げた。

　事態を打開するため，アメリカはヘンリー・キッシンジャー国家安全保障担当大統領補佐官の発案で，キッシンジャーと交流のあるフランスの政治家で憲法評議員であったジャン・サントニーに北ベトナムとの仲介を依頼した。サントニーはハノイ駐在フランス総代表を務めるなどベトナム経験が豊富で北ベトナム側と太いパイプをもち，ホー・チ・ミンが最も信頼を寄せるフランス人であった。サントニーはアメリカ大統領リチャード・ニクソンの親書を直接ホーに手渡すことを依頼されたが，それは実現せず，パリ駐在北ベトナム通商代表部代表に親書を託す形となった。

　サントニーの仲介は実を結び，実質的な和平交渉の場となったキッシンジャーと北ベトナム側との秘密会談が1969年8月から始まった。最初の秘密会談はサントニーのアパルトマンで行われた。断続的に開かれる秘密会談のたびにパリを訪れるキッシンジャーのために，フランス大統領ジョルジュ・ポンピドゥーは大統領専用機を提供して交渉を側面から支援した。その後も交渉は進展と停滞を繰り返したが，ついに1973年1月23日，この時点ではすでに公然化していた秘密会談で最終的な合意が結ばれ，27日，拡大会談でベトナム和平協定が正式に調印された。

　一方，カンボジアでは1970年3月18日，首相であったロン・ノルのクーデタによってシハヌーク国家元首が失脚した。ロン・ノルをアメリカが支持する一方，それに対抗して北ベトナムも介入してクメール・ルージュを支援，カンボジア内戦（第三次インドシナ戦争）へと続く混乱が始まっていた。そして，この紛争の和平を仲介することになるのもフランスであった。

1983年，カンボジア外相フン・センは国際会議のために訪れていたアンゴラで同国駐在フランス大使ジャン＝ジャック・ガラブリュ夫妻に会い，カンボジア和平への意欲を語った。フン・センがガラブリュ夫妻と面会したのは意図的であったと思われる。ガラブリュ夫人はカンボジア出身で，しかも，その父はシハヌークの側近であった。

　1987年9月，ガラブリュ夫妻はパリ北東の寒村フェール＝アン＝タルドノワに滞在中のシハヌークを訪ねた。彼らはシハヌークがカンボジアを離れた理由や国民和解などについて議論を交わした。そして，別れ際にシハヌークはフン・センとの会見を希望し，ガラブリュ夫妻に仲介を依頼した。シハヌークと首相になっていたフン・センとの最初の会談は，同年12月2日，シハヌークが滞在するフェール＝アン＝タルドノワのホテルで行われた。そこに至るまでの約2か月間に両者の間で交わされた手紙や電報はすべて，ガラブリュ夫妻が仲立ちした。この会談でシハヌークとフン・センは紛争解決を目指すことで合意，和平プロセスが開始した。

　1989年7月30日，19か国が参加してカンボジア和平パリ国際会議が開かれた。会場は国際会議センターで，フランスはインドネシアとともに共同議長国となった。第1回会議はクメール・ルージュの徹底した抵抗と妨害により8月末，閉会する。その後，交渉は場所を移して断続的に行われた。そして，最終的にパリに戻って国際会議が再開され，1991年10月23日，カンボジア和平パリ協定が調印された。

おわりに：関係の発展を目指して

　カンボジア紛争終結後，それまで停滞していたフランスとインドシナの直接的な関係は，フランス大統領フランソワ・ミッテランが1993年2月にベトナムを訪問してフランスとベトナムの和解を演出したことをきっかけに大きく息を吹き返し，1997年にはフランコフォニー国際機関（OIF）の首脳会議がベトナムのハノイで開かれた。2000年代に入るとフランスの民間空港運営会社がカンボジアのプノンペンやシェムリアップなどの国際空港を運営するようになり，2009年にはラオス中部にフランスが最大出資国であるナムトゥン第2ダムが完

成するなど，貿易，投資，技術協力，文化活動を中心にフランスとインドシナ各国は関係の発展に努めている。特にベトナムとの関係では，外交関係樹立40周年の2013年に両国関係を戦略的パートナー関係に格上げし，同年4月から翌2014年半ばまでを「ベトナムにおけるフランス年」，2014年を「フランスにおけるベトナム年」として幅広い分野で多数のイベントを開催して協力関係を強化した。

　このように，フランスとインドシナ各国の関係発展が目指される一方，フランスはエドゥアール・バラデュール首相のイニシアティブで始まったアジア欧州会合（ASEM）などで他のアジア諸国との関係強化もすすめている。そうした動きの中で，フランスとインドシナはその歴史的関係を，どのように生かしていくのであろうか。

◆参考文献資料
石井米雄・桜井由躬雄編『東南アジア史Ⅰ　大陸部』（新版世界各国史）山川出版社，1999年
桜井由躬雄・石澤良昭『東南アジア現代史Ⅲ──ヴェトナム・カンボジア・ラオス〔第2版〕』
　（世界現代史7）山川出版社，1977年
スチュアート－フォックス，マーチン／菊池陽子訳『ラオス史』めこん，2010年
Chandler, David P., *A History of Cambodia,* 4th edition (Westview Press, 2007)

7

第Ⅰ部 地 域 編

フランスと南太平洋島嶼

尾立　要子

はじめに

　フランスは海外県，海外領土を通して，ヨーロッパ外にも周辺国をもつ。そこでは地理・気候・産業だけでなく，奴隷貿易・奴隷制が現代社会に残した課題なども周辺国と共有する。とりわけ南太平洋島嶼では，先住民の存在を認めるかという現代史における問題もオーストラリアなどの隣国と共通している。加えてこの地域では，アルジェリア戦争後に北アフリカから移動したフランス人引揚者が問題を複雑にした。ニューカレドニアでは1980年代に独立をめぐる内戦にも比される激しい対立を経てマティニオン協定，ヌメア協定が結ばれた。そこで謳われている「共通の運命」は，海外領土に限らない今日的課題である。カリブ海のマルティニーク県を足場に，1940年代から，ネグリチュードで知られるエメ・セゼールは，社会規範の更新の難しさと必要性を訴えたが，旧植民地関係に由来するダブルスタンダード，2つの正義を解消するためにも，海外各地に視点をもつ共和国認識が必要である。

1◆—— EU と海外フランス

　フランスの周辺国という言葉から人が思い起こすのはドイツ，イタリア，スペイン，イギリスなどのフランス本国に隣接するヨーロッパ諸国であろう。しかし，フランスは，カリブ圏・北大西洋，南太平洋圏，インド洋圏に広がる島々や，海外領土として南米大陸のギアナがあり，そこでも周辺国関係を構成する。フランス海外領土は，「地理に反してフランス」（内務大臣，国防大臣を歴

◆139

> ◆ キーワード1 ◆
> ### 海外フランスの地方団体
>
> 　県と州を統合した執行部と2014年までの県議会と州議会を単一の議会とした自治体であるマルティニーク（Martinique），ギアナ（Guyane），マヨット（Mayotte *2015年より海外県），一県に地方団体である州が重ねて置かれているグアドループ（Guadeloupe），レユニオン（Réunion），またサン・マルタン，これらに加えポルトガルのアゾレス（Açores），マディラ（Madère）およびスペインのカナリア諸島（îles Canaries）とともに，EU共通政策の対象となる海外団体と，EUの海外領土政策の対象となるサン・バルテレミ（Saint-Barthéremy），北大西洋カナダに近接するサン・ピエール・エ・ミクロン（îles Saint-Pierre-et-Miquelon），ならびにニューカレドニア（Nouvelle-Calédonie），ポリネシア（Polynésie Française），ワリス・エ・フトゥナ（îles Walis-et-Futouna）（いずれも太平洋圏）がある。海外領土には，地方自治制度ではコミューンが本土との共通枠組みとして置かれている。南太平洋圏の地方団体はコミューンのほか，集団の表出と関連づけられた手続き，特殊性を考慮した枠組みからなる。2010年に実施された二度目の住民投票により，マルティニーク，ギアナでは1980年代来の課題であった一領域に県と州が定義されそれぞれ2議会体制があった状態から単一の議会，単一の執行部からなる自治体へと行政合理化が実現した。

任したピエール・ジョックスの発言から）とも表現される帝国主義的拡張の遺産であるだけではない。そこでは植民地状況から脱するための，容易ではない試みや協定のための交渉が長らく続けられた。2018年11月4日に独立をめぐってニューカレドニアで行われたレファレンダムは，このような交渉や協定の文脈で初めて理解できる。

　本章では，主にニューカレドニア，仏領ポリネシアを取り上げる。ニューカレドニアは，日本から7000km，オーストラリア北東岸から1500kmほどに位置するメラネシアに属する諸島である。仏領ポリネシアは，東京から約9500km，南太平洋のほぼ中央に位置する群島であり，ヨーロッパから1万6000km離れていながら，EU領海の25％を構成する。

　2017年，パリはEUの金融本部設置先と決まった。ブレグジット（Brexit，イギリスのEU離脱）に向かったイギリスとは反対に，フランスは，親EU路線を堅持したのである。2017年9月，アンティル諸島で発生しフロリダ半島まで甚大な被害をもたらした大型ハリケーン「イルマ」災害直後にエマニュエル・マクロン大統領は，米国側から島々に寄港するカリブ海クルーズの地域に，オランダ領側空港に専用機で降りイルマによって破壊された仏領サン・マルタンを視察，その後タックスヘブンとして知られるサン・バルテレミに移動した。これらの島々は北米からのカリブ海クルーズの目的地でもあり，その経済は，米国との関係抜きには考えら

れない。その南のアンティル諸島には，これらの島々よりかなり大きい，それぞれ数十万の人口を擁するグアドループ（メダリスト柔道家テディ・リネールが出身である），マルティニーク2島があり，奴隷貿易と奴隷制を人道に対する罪と認める法律制定で知られるクリスティアーヌ・トビラ（元法務大臣）が国会議員として選出された南米大陸の仏領ギアナ，インド洋のレユニオンとともに1946年3月19日法により海外県（départment d'outre-mer：DOM）となっている（現在の制度については140頁を参照）。いずれもかつては奴隷貿易と奴隷制が実施されていた地

◆ キーワード2 ◆
PTOM（pays et territoires d'outre-mer）

　EU 通商協定との関わりで，デンマーク，オランダ，イギリスの自治国・領とともに，フランス海外団体に与えられている枠組みで，対象は次のとおり：アルバ，ボネール，キュラソー，シント・エウスタシウス，サバ，シント・マールテン（オランダ領），アンギラ，英領バージン諸島，カイマン諸島，モンセラート，タークス・アンド・カイコス諸島（イギリス領）。フランス領PTOM政策の対象は，サン・マルタン，サン・バルテレミ（以上2012年から），サン・ピエール・エ・ミクロンならびに，太平洋圏のニュー・カレドニア，ポリネシア，ワリス・エ・フトゥナ（1961年に領有が確定）である。以下参照。https://www.insee.fr/fr/information/2028040（2019年8月13日アクセス）

域である。現在はEUの共通政策枠組みが適応され，EU構造調整基金による政策の対象となっている。ポルトガルのアゾレス，マディラおよびスペインのカナリア諸島とともに，1987年以降，ヨーロッパ共通政策の対象でかつ特殊性が認められる超周辺地域（région ultrapériphérique：RUP）として位置づけられ，マーストリヒト条約，アムステルダム条約を経てその制度的枠組みが定められている。一方，サン・マルタンは仏領側のみがEU共通政策の対象であり，オランダ領側は，サン・バルテレミと同様に共通政策の対象とならない（キーワード1参照）。いずれも，ヨーロッパ移住者が数世紀にわたって入植したカリブ海の島であるが，その行政上の地位は同じではない。

　これに対して，本節で取り上げる南太平洋フランス語圏地域は，ヨーロッパ海外領土（pays et territoire d'outre-mer：PTOM，キーワード2参照）と位置づけられ，EU共通政策の対象ではない。通商協定面では第三国，ACP諸国との関係が定義されている（https://ec.europa.eu/taxation_customs/business/calculation-customs-duties/rules-origin/general-aspects-preferential-origin/arrangements-list/overseas-countries-territories-oct_en（2018年2月10日アクセス））。

7　フランスと南太平洋島嶼　◆ 141

ニューカレドニアにおいて，過去30年間，レファレンダムは大きな課題だったが，本当の問題は独立をめぐる投票の実施より，「共存」の形を見出すことであり，そのために協定の締結とその実施に長い時間と多くの努力が費やされた。ニューカレドニアには植民地制度が残した課題が凝縮されていて，「共存」と「共生」の基盤再考を促すことになった。

2◆——— フランス領南太平洋とアルジェリア

　ニューカレドニアの政治的地位，執行管轄枠組みは，フランス国会でもたびたび審議の対象となった。1958年に発足した第五共和制下で13回に及ぶ統治制度変更がなされている。常に制度変更が政治課題にあるのが，20世紀ニューカレドニアに代表される海外共同体の一面であった。このような状態の背景を知るには，世紀をさかのぼってフランスの植民地政策を見ていくべきである。フランスは，入植をすすめるが領有はしない「入植の地」と，領有宣言を行って必要とあらば現地住民の強制移住や徴用を行える「領有の地」を分けて植民地統治をすすめていた。ニューカレドニアは1853年に領有宣言がなされ，ニッケル鉱山開発に入植者が入り，先住民のカナク人は，強制移住，強制労働の対象となった。フランスが，1830年代に進出したアルジェリアで，北部に置いた3県以外の現地住民を対象とした体制と同じ枠組みである。

　アルジェリア戦争を経て1961年のエヴィアン協定が結ばれ，翌1962年にアルジェリアが独立国となったことで，それまで利用してきた「領有の地」からの「移動」が必要となった。その対象として広く知られるのは，核実験センターである。これは，ポリネシアのムルロア環礁に移築され，核実験が1966年から開始され，これに反発して南太平洋の周辺国が南太平洋フォーラムを結成してフランスに対立することになった。

　もうひとつ「動かす」対象となったのが，北アフリカに住んでいた入植者である。ピエ・ノワールと呼ばれたアルジェリアからの引揚者は120万人に及んだ。そのうち少なくとも2000人がニューカレドニアに移住している。引揚者全体から見ればわずかな数だが，人口が20万人ほどにすぎないニューカレドニアにとっては小さい数ではない。そして容易に想像できるように，この再入植者

は独立問題に関して，強硬な反対派を形成した。この2つの「移動」は，アルジェリア領有のコストを，別の植民地に負担させた結果となった。

　ニューカレドニア独立をめぐる経過は，以下に見るように，困難な長い交渉と，動乱ともいえる一連の事件を伴うことになったが，その背後には，植民地に他の領土の後始末が持ち込まれた，いわば二重の植民地化が影を落としている。

3 ◆───ニューカレドニア独立問題

　ニューカレドニアは，1980年代に独立をめぐって激しい対立が起こり，61人もの人が暗殺，テロとその鎮圧の過程で命を落とした。

　1970年代にフランスは「ニューカレドニアで金持ちになろう」というキャッチフレーズでタヒチやワリス・エ・フトゥナに加え本土からの移住を促した。移住者には初等・中等教育の教師なども含まれるが，多くは主にニッケル鉱山関連の産業に従事した。先住民カナク人は，この産業から除外され，経済的格差が拡大した。移住者の増加は，先住民が多数派でなくなることも意味する。このような事態を背景に，また南太平洋のイギリス領が次々と独立していったことにも刺激され，独立を求める動きが強まった。

　独立派リーダーとして知られるジャン＝マリー・チバウはカトリックの聖職者としての経歴をもち，フランスに留学した経験をもつ。チバウの名を広めたのは1975年にフランスの文化予算で彼が企画・制作したフェスティバル・メラネシア2000である。各地の部族固有の口承，ダンス，交渉儀礼を組み合わせた，1週間にわたる壮大なパフォーマンスであった。このフェスティバルを契機に高まった伝統文化と部族・労働問題のギャップの再認識は，メラネシア人女性たちのアソシエーション活動とともに，独立運動を支えたもうひとつの要素であるといえる。その後政治的な独立運動のリーダーとなったチバウは，「独立とはカナク人の顔である」と主張，一言でいえば，カナクの国を認めよ，具体的には出入国管理権を要求していたが，移住者を排除するものではなく，カナク社会主義国民自由戦線（FLNKS）代表としての政治運動は一貫して非暴力闘争であった。複数の独立派政党が，連合体（FI：自由戦線，後に

7　フランスと南太平洋島嶼　　◆143

FLNKS）を組織し，その中核組織であるカレドニア連合（UC）は1981年の大統領選挙で独立を約束する社会党（フランソワ・ミッテラン候補）を支持する。

　一方，反独立派は，ヨーロッパ人だけでなく，アジア人，1960年代以降の移民タヒチ人や上述のピエ・ノワール，地方公務員などからなり，大統領選挙で共和国連合のジャック・シラクを支持した。なお，フランス人で独立支持者もいれば，カナク人でも独立反対派がいないというわけではなく，人種だけによって独立をめぐる意見が分かれていたわけではない。

　暗殺の最初の犠牲者は，独立派 UC の書記局長ピエール・デクレルクであった（1981年9月19日）。カナク人の独立派は総じて平和主義，非暴力の立場をとっていた。ニッケル産業の拠点で反独立派の牙城であったティオの占拠（1984年11月）の後には銃器の回収を行っている。ただ，この占拠のあと，反独立派による報復で少なからぬ人命が失われた。その中でも10名が殺害された事件の公判で犯人が無罪となったこと（1987年）は，独立派を硬化させることになる。

　1986年3月，シラク首相を筆頭に保革共存内閣が成立，政権は独立派が多数派を構成する自治体には予算を配分しないといった独立運動の封じ込めが行われる。それより前，1983年にはナインヴィル・レ・ロッシュ円卓会議では，各コミュニティの代表（カナク人独立派，主にヨーロッパ人からなる反独立派，自治派）とフランス政府によって次のことが，その後の制度設計の基本原理として合意されていた。カナク人については領土の最初の占有者であることと，その独立の権利，またヨーロッパ系住民については「歴史の犠牲者」と捉えるべきである，という見方である。保革共存政権の政策は，この合意を反故にするものでもあったといえる。こうして FLNKS は，選挙において積極的ボイコット運動を展開し，1987年9月に強行された独立をめぐるレファレンダムでは，残留が多数となるが，投票率の低さは，ボイコットを呼びかけた FLNKS の存在感を示すことになる。この後で最悪の事件が起こる。ミッテランとシラクがそれぞれ候補者として対立をあらわにした大統領選挙第1回目投票の2日前の1988年4月22日に独立派の若者によって憲兵隊詰所が襲撃され，4名が殺害され，30人が人質となった。独立派さえ想定しなかった過激な行動であった。首相でもあったシラクは軍隊を派遣して，5月5日に19名が殺害され事件は「解

決」した。この対応は,「フランスは自国領と宣告している島嶼で戦争を始めた」とル・モンド紙に報道される。大統領であったミッテランも軍隊派遣に同意したはずであるが,ミッテランの立場は,シラクとの決選投票となった第2回投票の前に公表した「フランス人への手紙」と,大統領再選後の政府の対応からうかがうことができる。「手紙」に書き連ねた公約の中では,特にニューカレドニア独立問題は,解決が急がれるテーマとして取り上げられている。

　大統領選挙では,5月8日の決選投票でシラクが敗北し,後任である社会党のミシェル・ロカール首相は,就任が決まるとすぐに問題解決に向かって独立派・反独立派の調整派遣団を送り込み早々に一歩を踏み出した。6月25日〜26日に首相官邸で交渉を詰め,和平調停としてまとめられたマティニオン協定は11月の国民投票によって承認された。独立をめぐる投票を10年後に先送りし,その間に経済格差是正,平定期間に人材育成を約束するこの協定は周辺諸国からも評価され,南太平洋におけるフランスのプレゼンスが承認されることにもつながった。協定に伴い,政府は周辺国との協力政策の実施に向けて地域代表を巻き込んだ情報共有とアクションへと向かう戦略を採用した。この協定で,ニューカレドニアとフランスの関係は劇的に変化した,テロが相次ぐ対立の中で,成り行き上,独立反対派を後押しする当事者であったフランスは,両者の対立を鎮め,秩序,統治,普遍的な司法を約束する政治アクターとなった。

　1960年代の核実験以来,南太平洋フォーラムを通じて,フランスを批判してきた周辺国との関係も改善した。特に,1985年11月に,フランス工作員がオークランド(ニュージーランド)停泊中のグリーンピース活動船を襲い,ポルトガル人写真家フェルナンド・ペレイラが銃撃により殺害されたレインボーウォリアー号事件を契機に,国連では決議があげられ,フランスの南太平洋におけるプレゼンスは批判にさらされ,ニューカレドニアは脱植民地化独立付与委員会のもと非自治地域として脱植民地化されるべき領土と認定されていた。ニューカレドニアは,フランス外交の足枷となっていたのである。マティニオン協定によってフランスは袋小路から脱し,独立派のFLNKSを承認してきた周辺国から,フランスは再びパートナーとして認められたのであった。

　翌1989年,チバウは独立強硬派に暗殺されるが,マティニオン協定が覆されることはなかった。協定では,独立をめぐるレファレンダムが10年後に予定さ

7　フランスと南太平洋島嶼　　◆145

れていたが，投票の代わりに，交渉が続けられ新たにヌメア協定が結ばれた。そこでは，フランスとニューカレドニアとが主権を分有すること，すなわち協定で決められたことはどちらか一方だけでは勝手に変更できないことが確認され，地域への漸進的かつ不可逆的な権限移譲が約束された。ヌメア協定前文にある共生の運命（destin commun）という表現は，マティニオン協定から2018年のレフェレンダムに至る脱植民地化過程の基本的な精神を象徴するものである。この協定に関連する条文はフランス憲法が改正されて書き込まれ，協定は一方が勝手に破棄できない重みをもっている。

　それから20年を経て，2018年11月に実施された独立をめぐるレファレンダムでは，独立は，ある意味で争点ではなくなっていたといえよう。ヌメア協定は，先住民であるカナク人をはじめとする住民の共存を可能にし，ニューカレドニアのもつ主権を確認した。独立は殺し合いをしてでも決着をつけるべき問題ではなくなった。実際，ヌメア協定は複数のコミュニティからなる地域のリアリティに則ったもので，ニューカレドニアの行方に関するレファレンダム実施を20年後の2018年に設定し，この間に格差是正，人材育成をすすめたうえで，レファレンダムは対外関係，国防，司法，秩序維持（droit régalien）を含む管轄領域（権限）移譲について問うものとなった。このヌメア協定を貫く精神が，「植民地」であった事実の認識と，前文に謳われた "destin commun" が象徴する集団間関係の認識，すなわち複数のコミュニティへの配慮である。

　フランスと周辺国の関係では，ニューカレドニア独立問題は，植民地帝国，DOM –TOM 枠組みから脱する契機を提供したのである。

おわりに：重なる地域，人の移動と共和国

　1947年に出版した短編小説 "Color trouble" の中で，社会学者ハロルド・ガーフィンケルは，こんなエピソードを描写している。ニューヨークからボルティモアを訪れた黒人女性が，バスに乗った時に気分が悪くなって手近にあった白人用座席に座ったために，運転手から座席の移動を求められたが，移動を拒否してバスが何時間も立ち往生した。人種による座席分離のないニューヨークから来た彼女には意味がわからなかったのである。

座席分離を特定地域にあった差別と片付けることはできない。このあからさまな差別が否定されるまでに、1955年のバスボイコット事件を皮切りに、公民権法の成立（1964年）までに、長い時間と多くの人々の社会運動を必要とした。社会規範の更新では、日本でも、最近の2018年4月に、大相撲巡業の土俵上で、急病人に救命措置を施した女性看護師に土俵から下りるように繰り返しアナウンスがなされた。バスを発車させなかった運転士を縛っていた意識は、現代の日本社会にもなお浸透しているのである。多くの人は、このような不合理な事件がなければ、それに気づきさえしない。

　小アンティル諸島出身、「植民地問題」に注意を喚起してやまなかったエメ・セゼールは長編詩作品『帰郷ノート』で、奴隷制廃止から100年の西インド諸島を起点に、人がプランテーションで働く人夫としてアフリカから強制移動され過酷な中間航路（西インド諸島、フランス、イギリス他ヨーロッパそしてアフリカを結ぶ三角貿易の一辺でアフリカ海岸からアメリカ側とをむすぶ奴隷を運んだ航路の名称）を生き延びた挙句、対岸で奴隷<ruby>奴隷<rt>ニグロ</rt></ruby>とされた子孫たちの来歴、リアリティ・内面これら全体に、散文詩と韻律からなる表現で形を与えた。セゼールの文学作品は、すでに1940年代に、黒人差別を形作っていた基本的な規範、思考、前提を、生きている個人の視線による見え方と交差させ、全体として告発し、差別撤廃のいわば理論的支柱を打ち立てた。フランス海外領土にかかわるいずれのアクターも、colonisation（入植者を置くこと、植民地化）、脱植民地化ののち残された遺産・文化を前に、作品のメッセージを背景に、政治家として生涯を全うした詩人を視界の外に置くことはできない。

　旅行パンフレットの真っ白いビーチと鮮やかな青い海を200年ほど過去の風景として思い浮かべてみよう。そこは、奴隷貿易と奴隷制に彩られたパラダイスだった。その状況が変わり始めたのは1990年代、奴隷<ruby>奴隷<rt>ニグロ</rt></ruby>の子孫である（がいる）ことが、地域出身者の間でタブー視されず「当事者」の話題として共有されたのは、フランス奴隷制廃止150周年の1998年であった。記念行事、奴隷貿易や奴隷制を、ナチス犯罪と同様に人道に対する罪と規定する法案（トビラ法、2001年成立）、学校教材の見直しによって、歴史認識に軸足を置き、奴隷制が「当事者」の話題として共有される基盤が整えられていった。

　セゼールが透徹だったのは、1940年代から奴隷貿易・奴隷制問題で声をあ

げ，そのために地域・集団のあり方の点で，アイデンティティの共有が欠かせないと訴えた。作品では，奴隷（ニグロ）と，また黒人の来歴，フランス他各地との関わりを詩で表現した。歴史の中の歴史を生きること——1987年にマイアミ（米国）にて行われた公演でのネグリチュード定義である。

セゼールは1970年代のマルティニークで「自治」を掲げながら集団の横顔（プロフィール）として「奴隷（ニグロ）」にこだわり，奴隷制廃止記念日の休日を設けた。これが1980年代からフランス政府が取り組んだ分権化で取り入れられる。各地域がアイデンティティの核となるそれぞれの歴史をもつことの象徴として，当時の海外4県，および後に県となったマヨット，サン・マルタン，サン・バルテレミの各地域でそれぞれの奴隷制廃止日が1984年までに記念日として休日とされた。この法案の国会審議では，エマニュエリ DOM–TOM（海外県・領）担当長官が——セゼールがミッテラン大統領から就任を依頼されたが固辞した役職である——1848年に二度目の奴隷制廃止を定めたヴィクトル・シェルシェールに言及し，奴隷制という，負荷の高いテーマを政府があえて取り上げる決意を示し，1948年にセゼールが奴隷制廃止100周年記念に際してまとめたテキストを材料に議論がすすめられている。奴隷制をめぐる政府の対応の大きな転換点であった。

セゼールは，地域代表として要求の言葉を形作り，奴隷貿易と奴隷制が現在に残した問題への関心を喚起し，アフリカに起源をもつアメリカ圏のフランス系集団であるアンティル人の固有性の承認を求めた。人物の世界的評価，文学作品を背景に，タブーを認めないセゼールの共和国史認識は，1980年代の分権化政策の基幹となる地域のアイデンティティの軸を構成することとなり，さらに1998年の奴隷制廃止150周年を契機とする政府（保革共存状態における社会党リオネル・ジョスパン内閣）の一連の施策とトビラ法への道を開いた。これらの施策にかかわった政府関係者でセゼールの作品を読まなかった人はいないだろう。トビラ法は人権の先進国というフランスに関して陥りがちなクリシェから離れ，過去にもった奴隷制を，人道に対する罪であったと規定した。人権は本土の平等と植民地の奴隷制という2つの正義を認めるものでなく，「ひとつの正義」が必然である。これがフランスで20世紀の最後の瞬間に問われたことである。

◆参考文献資料

尾立要子「『カナク人民』の誕生——ニュー・カレドニア脱植民地化過程にみる共和主義の変
　容」『島嶼研究』4号（2004年）

Boulay, Roger（édit.）, *De Jade et de nacre, Patrimoine artistique kanak*（Reúnion des musées
　nationaux, 1990）

Chauveau, Agnès, *L'audiovisuel en liberté ? Histoire de la Haute Autorité*（Presse de Science
　Po, 1997）

Christnacht, Alain, *La Nouvelle-Calédonie*（La documentation française, 2003）

Colombani, Jean–Marie, *Double Calédonie: d'une utopie à l'autre,*（Denoël, 1999）

Faberon, Jean-Yves et Agniel, Guy（sous la dir. de）, *La souveraineté partagée en Nouvelle-
　Calédonie et en droit comparé*（La documentation française, 1999）

Joxe, Pierre, *Pourquoi Mitterrand?*（Philippe Rey, 2006）

"Mélanésia 2000 : un événement politique et culturel, interview par Michel Degorce-Dumas,
　avril 1977 à Nouméa" in: Jean-Marie Tjibaou, *La présence Kanak*（édit. Alban Bensa et Eric
　Wittersheim; Edition Odile Jacob, 1996）pp. 35-45

Plénel, Edwy et Rollat, Alain, *Mourir à Ouvéa. Le tournant calédonien*（La découverte/Le
　Monde, 1988）

Tjibaou, Jean-Marie, Missotte, Philippe, Polco, Michel, Rives, Claude, *Kanaké, the Melanesian
　way / Kanaké, mélanésien de nouvelle calédonie*（Les Editions du Pacifique, 1976[1978]）

Tjibaou, Jean-Marie, *La présence Kanak*（Edition Odilie Jacob, 1996）

Rollat, Alain, *Tjibaou le Kanak*（la manufacture, 1989）

第 II 部

トピック編

1 ———————————————— 第Ⅱ部　トピック編

フランスの政治

吉田　徹

はじめに

　フランスは戦後にあって「自主外交」を貫いてきた数少ない国のひとつといわれる。その自主外交の具体的な担い手は，アメリカ以上の権限と権威をもつフランス共和国大統領である。そのため，フランス外交のあり方や方向の変化を知るためには，大統領自身がどのような方針で外交に臨むことになるのか，さらには大統領の意向によってどの程度の変化が実際に生じたのかについての制度的な前提と歴史的な経緯を確認しておかなければならないだろう。

　これは具体的には，現在の政治体制である「第五共和制」がどのような経緯によって，どのような仕組みのもとで運営されてきたのかを知らなければならないことを意味する。実際のフランス外交は，さまざまな歴史的な危機や制度上の軋轢を経験して進展してきた。

1 ◆——— フランス政治体制の特徴

　シャルル・ドゴール大統領（在任期間1958～69年）は，「国は，時々の状況を超えて国の本質と運命を統御できる存在と国民がみなすような頭を，つまり国家元首を持たなければならない」と書き綴った。そしてこのドゴールが想定したフランスの大統領は，先進国の中で最も強大な権力な権限を有する指導者のひとりでもある。これは，第四共和制（1946～58年）の歴代政権が極めて不安定で，アルジェリア戦争を解決に導くことができなかったなど，より強い行政府が求められたことに起因している。

◆153

フランスの政治体制は，大統領制と議院内閣制の特徴とを併せ持つ「半（準）大統領制」と一般的に呼ばれる。大統領は国民からの直接選挙によって選出される一方，議会の多数派は下院選を通じて選ばれ，議会に責任を追う首相が大統領に任命される。外交や安全保障政策を含め，フランスの政策は大統領と首相とが相互に決定権と責任をもつ「双頭制的な執政府」（JESヘイワード）であることを特徴にしている。

しかし，こと外交・安保政策については，大統領が一元的な決定と責任をもっている。以下では，その理由を憲法，歴史，実践の3つの点で見ていく。次に大統領によってフランス外交はどの程度左右されるのかを見たうえで，最後にフランス大統領の外交を規定する構造的な条件を確認してみよう。

2◆──── 大統領の外交安全保障の権限

大統領と外交・安保政策の結びつきは何よりもまず，フランス共和国憲法に見てとることができる。憲法第5条はその第1項で，大統領が「憲法典の尊重を監視」し，「公権力の正常な運営並びに国家の継続を確保する」と定め，さらに第2項で「国家の独立，領土の一体性および条約の尊重の保障者」だとしている。

他方で，憲法第20条は政府の任務を定めており，政府は「国政を決定し指導する」，「行政および軍を掌握する」と規定している。

以上を読むと，大統領は国家の象徴的部分，政府は行政上の権能を担っているように見えるが，外交・安保上の権限は，実際には大統領に集中することになった。憲法第15条は，大統領が軍の長であるとし，また第16条は国の制度や独立が脅かされたり，公権力の正常な運用が不可能となったりする場合，大統領は緊急事態措置を講ずることができるとしている。第52条では，国際条約の交渉と批准権が大統領に属するとしている。また，第14条は大使や特使の信任状の授与と受理も，大統領の役割としている。

154◆　第Ⅱ部　トピック編

3 ◆───「偉大さ」の象徴としての大統領

　こうした憲法規定，とりわけ緊急事態例を定める第16条に代表される条項は，現在のフランス政治体制がアルジェリア戦争に端を発したクーデタ危機を直接のきっかけとして発足したことと無関係ではない。ここからスタートした第五共和制は，体制の存続と生存を強く意識した政治体制だった。それゆえ体制の存続と生存を体現する「頭」，すなわち大統領に大きな権限が付与されており，これは戦争やテロなどの安全保障にまつわる領域で，大統領が最終的な意思決定者として振舞うことが想定されているためである。大統領が政府のすすめる政策に対して「調停者」として振舞うことが前提となっている政策領域と，反対に大統領自らが政策の「実行者」として振舞うことが前提となっている政策領域があるが，国の存続と生存が直接的に関係する外交や安全保障政策は──核兵器のボタンは大統領のみがもっている──，後者の代表的な領域でもある。国際政治の場でも，国の代表が集まる首脳会議や国際会議に出席するのは，首相ではなく大統領であるから，外交安保の場面においてフランスは純粋な大統領制，しかもアメリカ大統領以上に内政上の強い権限（たとえば解散権）を与えられた，強大な国家指導者として振舞うことが可能となる。そして，フランスが核保有国であること，国連安全保障理事会の常任理事国であること，海外県・領土をもっていることなども相まって，大統領はフランスの「偉大さ」（ドゴール）の象徴となる。

4 ◆───「専管事項」としての外交安保

　一般的に外交・安保政策は大統領の「専管事項（domaine reservé）」であるとされている。この「専管事項」という概念は，1959年にドゴール派の重鎮のジャック・シャバン＝デルマスが，アルジェリア問題を念頭に安保問題は大統領職に固有の権能と指摘したことに由来する。もっとも，大統領の専管事項を定めることは，裏を返せば，それ以外の領域での大統領の権限を制約することにもなるため，ドゴール派内部からも批判を浴びた。

1　フランスの政治　　◆155

憲法上の規定を超えて，外交安保が大統領の「専管事項」という慣例が定着したのは，1986～88年，1993～95年，1997～2002年の三度にわたって見られた保革共存（コアビタシオン），すなわち大統領と首相（議会多数派）が対立的な党派に属しているという憲法上，想定されなかった事態をみたためである（なお2000年の憲法改正により2002年より大統領任期は5年と議会の任期と同じとなったことから，保革共存の生じる可能性は低くなった）。

　すなわち，保革共存という，大統領と下院任期が食い違うことで生じる政治状況が起きた際に「専管事項」は改めて確認された。社会党出身のフランソワ・ミッテラン大統領（任期1981～95年）は，1986年の総選挙で議会多数派となったドゴール派のジャック・シラクを首相に任命したものの，憲法上の規定に基づく大統領の権限を改めて確認し，国防大臣の人選にもこだわったことから，外交安保は大統領の専管事項であるとの原則が定着するようになった。もっとも，1993年の保革共存期には，ミッテラン大統領とより融和的なエドゥアール・バラデュールが首相となったことで，この時期の外交は大統領と首相との間で「共有された事項（domaine partagé）」であると再定義されることになる。首相が大統領と協力的であれば，コアビタシオン期でも両者は一致団結して外交をすすめることになる。

　1997年の下院選の結果を受けて，シラク大統領は社会党のリオネル・ジョスパンを首相に任命する。その際に，シラク大統領は世界におけるフランスの地位，欧州統合の実績，経済改革の推進，社会保障制度の維持は大統領に固有な権限に属するとの解釈を示した。欧州統合や対EU政策といった，行政と深くかかわる領域でも，首相が大統領の方針を転換させることは難しい。

　2000年の憲法改正で大統領任期が議会と同じ5年となってから，大統領が政策形成と責任主体となる側面はより強まっている。国家の基本政策は大統領が決定するという大原則は，議会多数派がいずれであっても揺るがない。外交安保政策という憲法上に明確な根拠をもつものについては，なおさらである。

5 ◆──「自主外交」vs.「大西洋主義」

大統領が外交安保政策を独占できる理由が確認できたとして，それでは大統

領によってフランス外交はどの程度，変化するのだろうか。

ドゴール以来，フランス外交は独自の外交を貫こうとする「自主外交路線」と，アメリカとの関係を重視する「大西洋主義」との2つの路線の間で測られてきた。

ドゴールやミッテラン大統領に象徴される前者は，東西冷戦下でも，フランスが自主的に外交をすすめる可能性を追求し，世界政治の中でフランスが重要なプレーヤーとなること目指してきた。具体的には，ドゴールによる1960年代のNATO（北大西洋条約機構）軍事機構からの脱退や独自の核開発，ソ連や中国（中華人民共和国）との接近，さらには「アメリカのトロイの木馬」（ドゴール）たるイギリスのEEC（欧州経済共同体）加盟に対する二度の拒否に見られた。みずからを西側陣営の一員としながらも，場合によってはアメリカ外交との距離をとり，これを批判する態度をとったのは，左派（社会党）出身のミッテラン大統領も同じだった。ミッテランはアメリカの中南米諸国への介入や「SDI（戦略防衛）構想（いわゆる『スターウォーズ計画』）」を非難し，ミハイル・ゴルバチョフが書記長となったソ連やアラブ諸国との協力関係をすすめた。ミッテランの外交補佐官だったユベール・ヴェドリーヌの言葉を借りれば，フランスはアメリカと「同盟すれども，同調しない」ことを良しとする国でもあった。

もっとも，その反対に，アメリカやイギリスとの協調関係を重視する外交姿勢をとる大統領もいた。ドゴールの後継者ジョルジュ・ポンピドゥー大統領（任期1970〜74年）はイギリスのEC（欧州共同体）加盟を国民投票で問うてこれを認め，先進国首脳会議の提案者だったことで知られるヴァレリー・ジスカール＝デスタン大統領（任期1974〜81年）も，とりわけアメリカとの軍事防衛面での協力関係をすすめ，「大西洋主義」という言葉を定着させた。ニコラ・サルコジ大統領（任期2007〜12年）のもとでは，2009年にフランスのNATO軍事機構復帰がなされている。

2017年に大統領に選出されたエマニュエル・マクロンもアメリカ，中国，ロシアといった大国首脳との友好関係を築きつつ，フランスの外交目標の実現を模索している。

近年ではフランスも自らの「ソフトパワー」に自覚的になり（フランスでは

1　フランスの政治　　◆157

「影響外交」といわれる），フランスの文化や言語の普及や認知，発信などを外交当局以外の主体（地方自治体，市民団体，研究・高等教育機関など）を巻き込んで存在感を確保しようとしている。

おわりに：大統領の外交を規定するものとは

　もっとも，「自立外交路線」と「大西洋主義」はともに，その時々の大統領のイメージから演繹される，わかりやすいレッテルにすぎない。実際の外交がいずれか極端に振れることはない。ドゴールの自主外交にしてもアメリカとの力関係を計算したうえでの現実的な選択であったし，サルコジ大統領の大西洋主義においても，アフガンからの部分撤退やアフリカへの積極的介入など，フランス独自の政策も存在した。アメリカ外交が大統領によって大きく変化するのと異なり，大統領や政権が交代したからといってフランスの外交は大きく変わらない。

　これには構造的な背景がある。ひとつは，二度の世界大戦を経験したフランスはかつてのような大国として振舞えるだけの国力を——イギリスやドイツと同じく——もはやもっていない。フランスは確かに国連安保理の常任理事国であり，核保有国としての地位をもつが，その経済力や軍事力は世界政治の中では「ミドルパワー」にすぎない。

　それゆえ，戦前の帝国主義の名残である植民地問題を解決して，ドゴール以降のフランス外交は，世界ではなくヨーロッパを中心に自国の外交を組み立てていく。それは，米ロにはるか及ばない「ミドルパワー」の盟主となり，仏独が機軸となる欧州統合をリードすることによって，世界政治での存在感を発揮する戦略である。こうした「ミドルパワー」ゆえの限界と可能性は，いかに大統領中心の政治体制であっても，大統領が代わったからといって変えることのできない構造的条件なのである。

　もっとも，フランス大統領は「国の本質と運命を統御」すべき存在として，国民から選ばれることを存在理由としている。そうである限り，どの大統領であっても「世界政治の中の対象としてではなく主体として，問題としてではなくプレーヤーとしてフランスが立ち振舞う」（スタンリー・ホフマン）ことを目

標として掲げざるをえない。それは，いずれの大統領にあっても変わることはないのである。

◆参考文献資料

シリネッリ，ジャン＝フランソワ／川嶋周一訳『第五共和制』（文庫クセジュ）白水社，2014年

田中孝彦・青木人志編『〈戦争〉のあとに──ヨーロッパの和解と寛容』勁草書房，2008年

ホフマン，スタンレイ／天野恒雄訳『フランス現代史2　政治の芸術家ド・ゴール』（白水叢書）白水社，1977年

吉田徹編『ヨーロッパ統合とフランス』法律文化社，2012年

渡邊啓貴編『ヨーロッパ国際関係史──繁栄と凋落，そして再生』（有斐閣アルマ）有斐閣，2008年

コラム1 ジャーナリズム

　フランスの外交にジャーナリズムはいかなる影響を及ぼしてきたのだろうか。一般的にいって他国がフランスの情報を得ようとするとき，新聞・雑誌などのメディアを利用するのは当然のことだろう。20世紀前半ならばまずは『ル・タン（Le Temps）』が想起される。広義のエリート層を対象とした『ル・タン』は販売部数こそ少なかったが（第二次世界大戦直前に約7万部数弱），特に各国大使館関係者にとって必読の新聞であった。それは政府の発する情報に対する同紙の分析が的確であるとされていたからだ。『ル・タン』の社説を読めばフランス外務省の考えがわかるというわけである。

　第二次世界大戦後はどうか。ドイツ占領下で『ル・タン』を含めてほとんどの新聞が発行停止となり，戦後のジャーナリズムは壊滅的な状況に追い込まれていた。残ったのは対独協力に寝返った新聞にほかならず，臨時政府首班のシャルル・ドゴールは，一度，すべてを白紙に戻してジャーナリズムを再建しなければならなかった。ドゴールは自身の構想する「偉大な国」には偉大な新聞が必要であると考え，情報相ピエール゠アンリ・ティジャンとともに，大戦間期に『ル・タン』の特派員として名を馳せたユベール・ブーヴ゠メリーに日刊紙の創刊を依頼した。最初こそブーヴ゠メリーは逡巡したものの，2人に三顧の礼を踏まれ，結局，経営および編集の独立を条件に新聞の創刊を引き受けた。1944年12月19日，『ル・モンド（Le Monde）』が世に出る。「ル・モンド」とは「世界」の意であるが，それがいかにもドゴールの構想に沿うタイトルであるのは偶然ではない（ただし，当時，戦前のタイトル使用が禁止されていたので，選択肢は決して多くなかった）。その後，『ル・モンド』は「フランス」を世界に知らしめるにふさわしい新聞となっていく。

　翻って，世界はいかにしてフランスのジャーナリズムを見てきたのだろうか。これはなかなかの難問である。にもかかわらず，ひとつの手がかりがあるとすれば，2010年前後にウィキリークスによって公開された情報だ。この情報を通じて在仏アメリカ大使館によるフランスのジャーナリズムに対する見解を垣間見ることができる。一群の情報を通読すると，それがフランスのメディア史入門とでもいうべき報告書になっていることがわかる。フランス人のテレビ視聴時間，ラジオの重要性，行政による管理体制等が記載されているが，重要な指摘は以下の3点に要約される。第1は，フランスのメディア業界全体が少数の複合企業体（コングロマリット）に支配されているという指摘である。アメリカ以上に政治的・経済的圧力にさらされた状態にあると結論づけられているという。第2は，第一線で活躍するジャーナリストたちが，多くの場合，有力な政治家と同じエリート校出身であるという指摘である。すなわち，エリートの同質性のせいで，ジャーナリストが本来果たすべき権力のチェック機能が果たされていないと強調する。第3は，ジャーナリストたちが出来事を報告するよりも，知識人のごとく出来事を分析し，読者に対す

る影響力をもとうとするという指摘である。

　最初の2つの指摘に関しては，フランスでもよく論及されるところで，アメリカ大使館が批判的見解を抱くのはもっともである。しかし，第3の指摘は，皮肉こそ含んだものであるが，単なる批判というわけでもない。何しろウィキリークスが公表した情報には，フランスのメディアが伝える国際情勢に関するニュースが大量にまとめられている。ヨーロッパはもとより中東情勢については，アメリカ大使館が『ル・モンド』（約30万部）をはじめ中道右派の『ル・フィガロ（Le Figaro）』（約30万部）や中道左派の『リベラシオン（Libération）』（約7万5千部）（以上，いずれも2017年の部数）といった全国紙にどれほど依拠してワシントンに情報を伝えているかがわかる。これはフランスのジャーナリズムに対するアメリカ大使館の信頼に立脚したものである。

　ならばこの信頼はどこからくるのかというと，それはジャーナリストの分析力からだろう。フランスのジャーナリズム界は，英米圏のそれが客観的報道を重視するのに対して，独自の分析を展開するいわば「主観的報道」にも正統性を与えてきた。もっとも，1960年代以降は英米圏の影響を受けながらルポルタージュや世論調査を中心とした客観的報道の手法を導入されたが，今日も独創的な分析に基づく記事が紙面において圧倒的な存在感を占めている。

　こうした分析的な記事はフランス社会における知識人の伝統とも結びついている。上記，ジャーナリストが出来事を知識人のように分析しようとする点は，特に1980年代以降，ジャーナリストの地位が相対的に上昇していく中でその傾向に拍車がかかっている。しかし，その一方で知識人もまたジャーナリストのように活動してきた歴史的側面がある。エミール・ゾラ，アルベール・カミュ，レイモン・アロン，ジャン＝ポール・サルトル等，ジャーナリストとしても知られている知識人は多い。つまり，知識人とジャーナリストの境界線はそれほど自明ではなく，その辺にフランスのジャーナリズムが分析的である要因がある。冒頭の問いに戻れば，分析に特化した論説こそが諸外国の外交筋の目を引くところであり，その意味では作家，芸術家，学者，政治家など広義の知識人も外交的に「フランス」を発信してきたといってもよいだろう。

◆参考文献資料

シュヴェーベル，ジャン／井上日雄・鈴木博訳『報道・権力・金──岐路に立つ新聞』サイマル出版会，1968年

ダニエル，ジャン／塙嘉彦訳『ジャーナリストの誕生──職業的自伝の試み』サイマル出版会，1976年

中村督「知の変遷」，西田慎・梅崎透編著『グローバル・ヒストリーとしての「1968年」──世界が揺れた転換点』ミネルヴァ書房，2015年

ブルデュー，ピエール／櫻本陽一訳『メディア批判』藤原書店，2000年

マティアン，ミシェル／松本伸夫訳『ジャーナリストの倫理』白水社，1997年　　中村　督

2

第Ⅱ部　トピック編

フランスの軍事・国防

小窪　千早

はじめに

　フランスは欧州では英国とならぶ二大軍事大国である。国連安保理の常任理事国であり，核保有国であるとともに，欧州で唯一の原子力空母を保有するなど遠方展開能力を備えた軍事力を有しており，海外への派兵も積極的に行っている。フランス革命やナポレオン戦争以降，フランス軍は近代的な国民軍の先駆けとされてきた。また普仏戦争での敗北や第二次世界大戦でドイツに占領された経験から，国家の主権と国民の安全を守るには強い軍事力が必要であるという現実的な考え方が，フランスでは党派の左右を超えて共有されている。

　「同盟すれども同調せず（allié, mais pas aligné）」という言葉があるように，フランスは米欧同盟の中でもアメリカとは一線を画する立場をしばしばとってきた。冷戦時代のフランスは，自国の相対的な国力が低下する中で，安全保障のためにアメリカとの同盟を必要としつつ，同時に自国の自立を維持し大国としての威信を保つ，という葛藤を常に抱えていたといえる。そしてフランスは「多極世界（monde multipolaire）」という国際秩序を希求し，政治的に自立した「欧州」というまとまりを構築しようと常に模索してきた。本章では，戦後のフランスが米欧同盟の中でいかにフランスの自立と威信を維持しようとしてきたかを中心に，また冷戦後の新しい安全保障環境にフランスがどのように対応しようとしてきたかにも触れつつ，フランスの軍事・国防政策について概観する。

1 ◆── 冷戦期フランスの軍事・国防政策

戦後フランスの軍事・国防政策とドゴールの登場

　第二次世界大戦後，冷戦構造が次第に顕在化し，また国際政治におけるフランスの相対的国力が低下する中で，フランスは1949年に創設されたNATO（北大西洋条約機構）に原加盟国として参加し，第四共和制におけるフランスの国防政策は，アメリカとの同盟を重視し，西側陣営の一員としての立場を基調とした。同様にフランスはイギリスやベネルクス諸国など西欧諸国との防衛協力をすすめ，欧州防衛共同体（EDC）構想を提唱して西欧の枠組みによる西ドイツの再軍備を図った。そして，この時期のフランスは帝国植民地の維持に腐心することになる。東南アジアやアフリカにおけるフランス植民地の独立の動きは，第四共和制の不安定化の一因となり，とりわけアルジェリアの独立運動は第四共和制の解体とシャルル・ドゴールによる第五共和制の発足につながった。

　1958年にドゴールが政権に復帰し，第五共和制が発足すると，フランスの軍事・国防政策は，ドゴールの思想を色濃く反映したものになる。ドゴールはフランスの主権に強くこだわるとともに，フランスがその「自立」を維持し，大国としての地位を維持し続けることに強くこだわった。演説の中で「フランスの防衛はフランスのものでなければならない。」と述べたように，ドゴールはフランスの防衛が自国の手を離れて同盟の手に握られてしまうことを峻拒し，自国の安全を自国の掌中に握ろうとした。ドゴール政権期にフランスが核兵器を保有し，NATOの軍事機構から脱退したこともこのような考えに起因するものであった。

フランスの核保有と核政策

　フランスの核開発は第四共和制の時代からすでにすすめられていたが，フランスは1960年に最初の核実験に成功し，世界で4番目の核保有国となった。フランスの核戦力は米ソに比べて極めて小規模なものであるが，フランスの核戦略は，たとえわずかであっても核攻撃に対する第2撃能力をフランスが自らも

2　フランスの軍事・国防　　◆163

つことにより，フランスに対する核攻撃を抑止し，フランスの安全と自立を確保しようとするものであり，同時に冷戦下における核の不確実性を高めることにより，東西両陣営の衝突の危険性を減らそうとしたものであった。そしてフランスは自国の核戦力を同盟の枠組みにゆだねようとせず，あくまでもフランス独自の核戦力として保持し続けた。フランスは1967年にはアイユレ将軍による「全方位戦略」を掲げ，全方位からの脅威に対する核抑止力を保持しようとした。フランスにとっての核戦力は，フランスの領土を「聖域化」し，フランスの自立を究極的に担保するものとして，現在でも国防政策の重要な柱のひとつとなっている。

フランスのNATO軍事機構脱退

　ドゴールは政権復帰直後の1958年に，NATOの枢要な課題を米英仏の3か国で決定するという体制を提案したが，この提案が米英両国に拒否されて以降，フランスは徐々にNATOから距離を置き始め，1966年にはNATOの軍事機構を正式に脱退した。フランスがNATO自体には留まりつつも軍事機構を脱退した背景には，フランス軍がNATOの統合指揮系統の中で他国（実質的にアメリカ）の指揮下に置かれることへの拒否があり，有事の際には当然フランスも同盟の一員としてともに戦うが，あくまでも対等な協力のもとに戦うという形を示したものであった。フランスのNATO軍事機構からの離脱は，同盟全体の防衛力に実質的な影響を及ぼすものではなかったが，フランスの国防政策の「自立」を象徴的に示す政策となった。

ドゴール以後の冷戦期フランスの軍事・国防政策

　ドゴールによるフランスの軍事・国防政策の基本路線は，ドゴールの退陣後も歴代の政権に踏襲された。他方で，フランスの国防政策はデタントから新冷戦へと推移する冷戦構造の変化に影響されることになる。1970年代には，第三次軍装備計画法（LPM1971-75）や「1972年版国防白書」により，フランスの核戦略は戦略核を中心に据えたものから戦術核により重点を置いたものへと変化した。また新冷戦の時期に当たる1980年代には，NATOの二重決定に基づく西欧への中距離ミサイル配備を支持し，ソ連の脅威に対する西側諸国との協力

164 ◆　　第Ⅱ部　トピック編

を推し進めた。ドゴール政権期に「自立」を標榜して構築されたフランスの国防政策は，その後冷戦期を通じて，ドゴールの自立路線を踏襲しつつも，同盟との現実的な協力のあり方を模索していくことになる。冷戦期を通じて，フランスの同盟政策は，たとえばベルリン危機やキューバ危機のように冷戦の緊張が高まった際には米国を強く支持して全面的に協力し，他方で冷戦の緊張が緩むと独自の動きをとるという特徴を有していた。

2 ◆─── 冷戦後から現在に至るフランスの軍事・国防政策

冷戦終結とフランス軍の改革

　冷戦の終結により，フランスを取り巻く安全保障環境は大きく変化した。大きな変化の第1は，フランスにとっての安全保障の主な課題が，ソ連陣営に対する領域防衛からバルカン半島などの地域紛争への対処へと変容したことである。第2はEUの発足に伴い，欧州統合が外交安全保障の分野にも拡大したことである。こうした変化を受けて，フランスは「1994年版国防白書」において冷戦後の国際安全保障の方針を掲げるとともに，1995年に発足したシラク政権は軍事・国防政策のさまざまな改革を行った。従来の国土防衛中心から域外展開中心へと軍の編成の改革がなされ，それに伴い革命期からの伝統であった徴兵制も徐々に廃止し，フランス軍は2001年に志願制による職業軍に移行した。そして欧州における防衛産業の統合再編に伴い，軍の装備調達や研究開発についても，フランス単独で行うのでなく欧州規模での協力を行う「欧州化」が推進された。

冷戦後のNATO・EUとフランス，そして米仏対立

　冷戦終結に伴いNATOもまた変容し，ボスニアやコソボでNATOが展開する作戦にはフランス軍も参加し，大きな役割を果たした。フランスはNATO軍事機構への復帰を模索し，またフランスは冷戦後のNATO改革の議論でも，たとえば南部欧州連合軍の司令官を欧州から出すように提案するなど，同盟の中で欧州諸国の影響力をより高めるような改革を主張した。
　そして1990年代末に，EUでも独自の共通安全保障政策（ESDP：欧州安全保

障防衛政策，現在の CSDP）が発足した。ESDP の契機は1998年12月のサンマロ
での英仏首脳会談であり，フランスは ESDP を最も積極的に推進した国で
あった。フランスは当初 ESDP を NATO に代わりうるような集団防衛を含ん
だものへと拡充させることを企図し，安全保障における欧州の自立性をより高
めることを模索した。アメリカが2003年にイラク戦争開戦に踏み切った際に
は，フランスはドイツなど他の欧州諸国とともに開戦に反対の立場をとり，米
仏の対立を世界に大きく印象づけた。

フランスの NATO 軍事機構復帰

2007年に発足したサルコジ政権は，「2008年版国防白書」を通じて国防政策
の新たな基本方針を示した。新たな国防白書では9.11以降の非伝統的脅威への
対応を踏まえ，国防と国内の治安にかかわる安全保障の問題を省庁横断的に管
轄する「国家防衛安全保障会議」の設置などが盛り込まれており，フランスの
NATO 軍事機構への復帰についても言及されている。

フランスの「自立」の象徴でもあった政策を放棄することには与党内からも
反対があったが，フランスは議会の承認を経て2009年に NATO 軍事機構への
復帰を果たした。フランスにとっての NATO 軍事機構復帰は，冷戦後の
NATO の作戦に参加する中で，同盟の外に留まって独自性を維持すること
と，同盟の中に入ってより積極的に関与することとの戦略上の利害得失を現実
的に計算した結果であるといえる。

現在のフランスの軍事・国防政策：アフリカ，そしてテロとの戦い

フランスはかつてアフリカに多くの植民地を有しており，フランスはこの地
域の安全保障に大きな関心を寄せてきた。2012年にオランド政権が発足して以
降，アフリカの不安定化を受けて，フランスはマリやチャド，中央アフリカな
どのサヘル地域を中心に，積極的な軍事介入を展開している。オランド政権が
出した「2013年版国防白書」でも，フランスがアフリカにおいて積極的な役割
を果たす旨が述べられており，その背景には，不安定化する同地域の安定に貢
献するためであるとともに，フランスがアフリカの安全保障において主導的な
役割を果たすことにより，国際安全保障におけるフランスの大国としての地位

を確保しようとする戦略が見て取れる。

　そして近年のフランスの安全保障の脅威として新たに浮上したのがテロリズムである。2015年以降，フランスではテロが頻発し，特に2015年11月のパリ同時多発テロはフランス社会に大きな衝撃を与えた。その直後にオランド大統領が議会演説で「フランスは戦時にある」と述べたように，こうした一連のテロはフランスにとって治安問題を超えた国防の問題であり，フランスは中東への関与を強めるとともに，軍や警察による国内の治安対策を強化し，「テロとの戦い」に直面することとなった。

おわりに：今後の展望と課題

　フランスは長い間，フランスの自立や偉大さを希求し，自立した欧州による多極世界を希求してきた。近年，米国の安全保障政策において欧州地域への関与が相対的に低下しており，それは一面ではフランスが長年希求してきた自立した欧州の実現でもあるが，同時にそれは欧州諸国が周辺地域の安全保障を自ら主体的に行わなければならなくなっていることを意味する。中東やアフリカ，ウクライナなど，欧州を取り巻く地域は不安定の度を増しており，そうした状況の中で，欧州諸国の中ではイギリスとならぶ遠方展開能力をもち，アフリカを中心にさまざまな軍事介入を実際に行っているフランスに期待される役割は大きい。またフランスは近年インド太平洋地域への関心を高めており，日本との安全保障協力も急速にすすんでいる。

　他方で，フランスを含む欧州各国の軍事・国防にとっての大きな課題が財政問題である。EUの金融危機に伴い，EU各国は緊縮財政を迫られており，緊縮財政の方針は軍事・国防の分野にも少なからぬ影響を及ぼしている。財政の制約の中で国防に必要なことを行うには，欧州諸国との協力がこれまで以上に重要になるであろう。フランスはEUによる防衛協力に中心的な役割を担ってきたが，マクロン政権は，EUによる共通の介入部隊の創設を提唱したり，「欧州介入イニシアティブ（European Intervention Initiative）」の構築に中心的な役割を果たすなど，欧州諸国によるさらなる防衛協力の推進を強く主張している。そして「テロとの戦い」はフランスの安全保障に大きな影響を及ぼし，そ

2　フランスの軍事・国防　　◆167

の対策から徴兵制を一部復活する動きも出てきている。国際情勢が大きく変動し，フランスを取り巻く安全保障環境が大きく変化する中で，フランスの軍事・国防政策も新しい局面にさしかかりつつあるといえよう。

◆参考文献資料

川嶋周一『独仏関係と戦後ヨーロッパ国際秩序——ドゴール外交とヨーロッパの構築 1958-1969』創文社，2007年

山本健太郎『ドゴールの核政策と同盟戦略——同盟と自立の狭間で』関西学院大学出版会，2012年

渡邊啓貴『シャルル・ドゴール——民主主義の中のリーダーシップの苦闘』，2013年

Bozo, Frédéric, *Deux Stratégies pour l'Europe, De Gaulle, les Etats-Unis et l'alliance atlantique* (1996, Plon)

Charillon, Frédéric *la Politique étrengère de la France,*（La documentation française 2011）

Vaïsse, Maurice, *Le Grandeur, politique étrengère de général de gaulle 1959-1969,*（Fayard, 1998）

3

第Ⅱ部　トピック編

フランス経済の特質と変貌

長部　重康

はじめに

　フランスは最近まで「経済に弱い」との定評があった。それは，歴史的に形成されたカトリックの支配，マルサス主義の悪影響，フランス資本主義の後発性の3つの理由による。まずカトリックは利潤追求が神の教えに背くと説き，それをまぬがれるために，国家による経済活動の隠蔽が必然化してディリジスム（国家主導主義）やエタティスム（国家管理主義）への傾斜が深まった。次に飢饉や黒死病，ユグノー一揆，大革命など，大量死の歴史が豊富なフランスでは，「人口増加は失業と悲惨をもたらす」とのトマス・マルサスの確信が人々の心をとらえた。この「マルサス主義」が経済に投影されて戦前までずっと続き，企業は過当競争や過剰生産を恐れて保護主義に閉じ籠った。最後にフランス革命による経済的打撃は衝撃的である。その後のナポレオンの遠征を含めて，欧州規模での戦乱が20年間続き，18世紀半ばにイギリスへのキャッチアップを果たしつつあったフランスはこれで中断させられ，大きく引き戻された。産業革命はイギリスに半世紀も遅れてしまった。

　だが第二次世界大戦後，国有化と計画化とによる「ディリジスム」の改革を成功させ，フランスは後進性を脱しえた。劇的なベビーブームが生じて人口の伸びが続き，企業は積極的な生産拡張をすすめてマルサス主義から脱却した。シャルル・ドゴールの指導のもと，資本主義でも社会主義でもない「第3の道」を志向したフランスは，国際的には米ソの谷間に沈んだヨーロッパの復権を目指して欧州統合をリードする。1973年のオイルショックで戦後高度成長が終わると，ディリジスムの負の特性が強まって失業率は急騰し始め（図1），

◆169

図1 失業率（1970〜2014年）

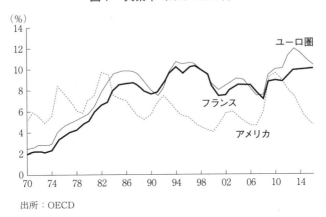

出所：OECD

図2 インフレ率（1970〜2015年）

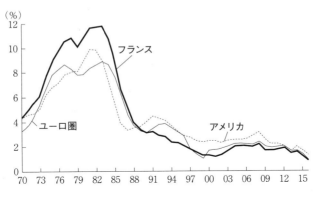

出所：OECD

国際競争力の低下が著しくなった。

　1981年には失業との闘いを掲げて，フランソワ・ミッテランが国有化と計画化とによる「ミッテランの実験」を始めるが，惨めな失敗に終わった。「大きな政府」から緊縮策への転換は不可避になり，インフレ抑止（図2）と通貨価値の維持とが迫られた。この結果，「フランス経済のドイツ化」が実現して経済は好調に復帰できたが，残された課題は失業率の高止まりである（図1）。2007年に大統領に就いたニコラ・サルコジが「自己責任」を基にするアングロ

サクソン型への「フランス社会モデル」の改革に取り組んだが，ユーロ危機で挫折した。

2017年には若きエマニュエル・マクロンが彗星のように登場し，労働法や財政，教育，社会保障などで全方位改革を開始して「スカンジナビア型社会モデル」へのシフトを目指す。ようやくフランスに夜明けが訪れたかに見えたが，2018年冬以降，燃料税引上げに怒ったジレ・ジョーヌ（黄色のベスト）による激しいワーキング・プアの反乱に脅かされるに至った。マクロンは「グラン・デバ」（国民大討論）を全国展開して暴動を封じ込め，2019年秋には包括的構造改革の実現に向けて大きく前進した。

1 ◆──── 3つの歴史的特性

フランスは長らく「経済に弱い」とされてきた。第1の理由は，カトリック支配が長く強かったためであり，これはラテン系諸国に共通する。禁欲による利潤追求を賞賛するプロテスタンティズムとは真逆に，利潤追求は神の教えに背くと説いたからである。神の教えと，しかし避けて通れぬ経済活動との間で，フランス人は激しく引き裂かれてしまう。唯一の解決策が国家の介入であり，国が主体となれば利潤追求も免罪されよう。フランスでディリジスムやエタティスムが正当化される最大の理由がこれである。

第2に，19世紀イギリスの経済学者，トマス・マルサスの唱えた，マルサス主義（Malthusianisme）が，戦前のフランス産業界を支配した。彼は「人口は幾何級数的に増えるが，食糧は算術級数的にしか増えない」と主張したが，経営者は過当競争と過剰生産とを恐怖し，変化や拡張を退けた。フランスではとりわけ大規模な飢饉や黒死病に見舞われ，ユグノー一揆からフロンドの乱，大革命，ナポレオン遠征に至る数々の戦乱を経て，大量死の歴史が豊富である。「人口増加は失業と悲惨とをもたらす」との確信が人々の胸の底に深く沈殿しており，人口は生産力に見合うよう絶えず調節された。中世フランスでの堕胎率は，ヨーロッパで群を抜いて高かった。

第3に，フランス資本主義の後発性だが，7年戦争（1756～63年）でイギリスに敗れたフランスは，北アメリカやインドなどでほぼ全ての植民地を失い，

3　フランス経済の特質と変貌　　◆ 171

世界資本主義の主導権を奪われた。さらにフランス革命とナポレオン帝政期（1789〜1815年）が追い打ちをかけ，この27年間の8割に相当する合計20年間も大陸をまたにかけた戦乱が繰り広げられた。経済的打撃は計り知れず，18世紀にイギリスをキャッチアップしつつあったフランスは大革命で中断され，ナポレオン遠征で大きく引き戻された。工業生産が1789年水準に戻ったのは1809年であり，20年の長き停滞を余儀なくされた。産業革命はこうしてイギリスより半世紀遅れで始まったが，市場や企業による自力更生はかなわず，国家への依存が不可避となる。ディリジスム，エタティスム，さらには保護主義への傾斜が深まる。

すでに17世紀に，ルイ14世の財務総監ジャン＝バティスト・コルベールが王立マニュファクチュールを設立して産業育成に励み，ナポレオン・ボナパルトは1806年に，大陸封鎖令を公布してイギリス製品を締め出していた。上からの工業化の伝統が早くからあった。

2 ◆——— 戦間期の苦闘

フランスは大革命の後遺症に苦しんものの，19世紀半ばまではイギリスに次ぐ世界第2の経済大国の地位を誇りえた。だが世紀末から20世紀初頭にかけてイギリスとの距離は広がり，後発のドイツや特にアメリカに追い越されて，経済後進国に転落してしまう。最大の理由は，資本主義の発展期に先進工業国で等しく見られた「人口爆発」が生じなかった，という衝撃的事実にある。1830〜1930年の100年間に，英，独，米の人口はそれぞれ3倍，2倍，13倍（移民の大量流入のため）に拡大したが，仏はわずか1.3倍にとどまった。国内消費市場の発展は望めず，労働力供給も制約されざるをえない。

先に見たマルサス主義がしぶとく生き永らえて経済活動に反映され，「産業のマルサス主義」が強固になった結果といえる。経済発展の緩慢さによって，小農民や小生産者層が未分解で広範に残存した。他の西欧諸国に比して，小規模な同族経営（200家族とも400家族ともいわれる）の支配と手工業層や小商人層の肥大化とが著しい。経営者は，過当競争と過剰生産とで倒産に追い込まれるとの強迫観念に取りつかれ，変化や拡張を嫌い保護主義へと傾斜する。利潤は

172 ◆　第Ⅱ部　トピック編

リスクを負った拡大再生産のために再投下されることはなく，国債や外債など安全性と収益率の高い金融資産の運用に向った。「高利貸資本主義」に他ならない。また絶対王政，大革命，ナポレオン帝政以来の極端な中央集権化の結果，地域間で激しい不均等発展が強まった。また利害集団間で社会はモザイク状に分断され，相互の衝突が絶えなかった。

　第二次世界大戦下にナチス・ドイツに占領されたフランスでは，各地で激しいレジスタンスが展開され，もともと乏しいインフラは大きく棄損された。連合軍が大規模な爆撃後ノルマンディー上陸作戦を開始すると，フランスが主戦場となり国土は深刻な破壊を被った。死者の数は第一次世界大戦時の140万人に比べて54万人と少なかったものの，物的損害は甚大であった。農業生産は戦前最高水準（1938年）の70％にとどまったものの，工業生産は半分にまで落ち込み，ドイツの3分の1に次ぐ惨状となった。イタリアは6割へ，オランダは7割強へと落ち込んだにすぎず，イギリスはアメリカの支援でかえって能力を拡大させていた。

　フランスは戦勝国の一角にかろうじて食い込めたとはいえ，こうした壊滅的な被害を被り，早急な戦後復興が焦眉の急となった。しかもヴィシー政権下にナチス・ドイツによる組織的な資源の略奪を被ったばかりか，10年近くの間，道路，港湾，エネルギー，通信などのインフラ投資が放置されていた。同じファシスト国家ながら，アドルフ・ヒットラーとベニート・ムッソリーニとがアウトバーンの建設や大規模な都市改造に励んだ事実とは対照的である。

3 ◆———— 戦後経済の発展

　1944年にフランスはナチス・ドイツのくびきから解放されたが，残されたものは国土の破壊ととりわけ脆弱なインフラ基盤とであった。戦後復興は，共産党が牛耳るレジスタンスの見取り図に従い，社会主義とみまがう国有化と計画化とによるディリジスム（国家指導主義）の改革となった。これが歴史的な後進性からの脱却を迫る強固な枠組みとして機能し，企業マインドは積極的な拡大路線に変身した。この結果，劇的なベビーブームが生じて1960年代まで続き，人口は急増してマルサス主義からの決別が可能となった。

3　フランス経済の特質と変貌　　◆173

戦後フランスは，国際的にはゴーリスム（ドゴール主義）と呼ばれる特異な
姿勢を鮮明にした。第1に，アメリカに対しては絶えず距離を置き，時に反米
の姿勢さえ躊躇しなかった。アメリカとのアングロサクソンの絆を重視する
イギリスや，安全保障上，米主導のNATO（北大西洋条約機構）の傘に死活的
意義を込めた西ドイツとは異なり，フランスはアメリカによる世界支配体制
（パクス・アメリカーナ）への挑戦さえためらわなかった。そしてIMF（国際通貨
基金）・ドル体制の打破をねらって金本位制への復帰を画策したり，保護主義
に傾斜してナショナル・チャンピオンの育成に走ったりした。またソ連や中国
などといち早く外交・経済関係を結び，アメリカを牽制した。

　第2に，資本主義でもなく社会主義でもない，「第3の道」を志向した。実
際には，大規模な国有化や全面的計画化を資本主義に取り入れてディリジスム
を強化する「混合経済」であり，修正資本主義の亜種でしかなかった。それ
は，一方で産業革命に出遅れたために，競争原理で動くアングロサクソン流の
「野蛮な資本主義」は受け入れがたかったからである。他方国内では，レジス
タンスを指導した共産党勢力が急伸し，「社会主義化」が迫られたためであっ
た。

　そして第3に，統合ヨーロッパの盟主として，ＥＵ（欧州連合）の結成と展
開とを主導してきた。「パクス・アメリカーナ」に対抗する手段として，フラ
ンスは「統合」（intégration）という新たな理念を掲げて西欧諸国の再結集を
図り，欧州復権を目指したのである。

　フランスの戦後改革で，国有化と計画化とのメスを振るったのはジャン・モ
ネであった。コニャック製造業者に生まれたモネは，若くして輸出のために世
界を飛び回り，やがて国際金融界で活躍して国際連盟の事務局次長にまで上り
詰めた。戦時下にはアメリカにあって，解放勢力への軍事支援計画を統括し
た。彼の周りには多くの革新官僚群が集まり，アメリカによる巨額な欧州復興
計画，「マーシャル・プラン」の実施のために「モネ・プラン」（1947〜52年）
を作成し，これをもとに戦後改革を断行した。モネは「計画の父」と呼ばれる。

　戦後改革が一段落すると，モネは同志や部下を引き連れてブリュッセルに移
り，欧州統合を指揮する。仏，独間の歴史的抗争の再来を封じ込めるべく，
ヨーロッパ石炭鉄鋼共同体（ECSC）を構想した。それは独ルール地方の石炭

174◆　　第Ⅱ部　トピック編

と仏ロレーヌ地方の鉄鉱石とを不可逆的運命的に結びつけて，戦後復興に不可欠な鉄鋼生産を確保する独，仏にベネルックス3か国とイタリアとが加わる大陸6か国が「各国主権のプール」によって支えるとの，独創的アイデアである。ECSCは1951年に創設され，それがEEC（欧州経済共同体，1958年）からEC（欧州共同体，1967年）へ，さらにEU（欧州連合，1993年）へと発展する。

　モネは後に「欧州統合の父」とも呼ばれるが，パリからブリュッセルへと続く彼ら革新官僚を突き動かした一貫した理念とは，「サンシモニスム」（Saint-Simonisme）と呼ばれるものである。アメリカ独立戦争に参加して1825年に没したクロード・アンリ・サン＝シモン侯爵は，マルクスからは空想的社会主義者と軽蔑されたが，他方では生産力が，すなわち産業化こそが富の源泉だと主張した。工業化社会の到来を予言し，資本主義の祖とも謳われた。

　フランスでは1973年のオイルショックまでの戦後30年の間，持続的成長が続き（栄光の30年），1960年代には日本に次ぐ高度成長を謳歌できた。だが世界が低成長時代に入ると，フランスでは官僚統制と介入主義との弊害が目立ち，ドゴール権威主義体制の歪みも深刻化する。失業率は急騰し始め，国際競争力も大きく低下する。

　1981年には失業との闘いを掲げてミッテランが「実験」を開始するが，社会主義イデオロギーに災いされ，時代錯誤の全面国有化と強固な計画化とによるディリジスムの強化を断行した。結局経済はガタガタになり，わずか2年で緊縮政策へと劇的に転換した。以後マクロ経済政策として「競争的ディスインフレ（インフレ抑止）政策」が政権の左右を問わず堅持され，インフレ抑止（図2）とフランの購買力維持とが実現する。「フランス経済のドイツ化」にほかならない。

　だが問題は失業率の高止まりにあり，他の先進諸国を大きく上回る10％超えが常態化してしまった（図1）。1960年代半ばまでは，フランスは概ね失業率2％以下であり，先進国ではまれにみる完全雇用を続けてきた。産業のマルサス主義で成長は緩慢なままであり，労働供給も伸びなかったためである。だが1973年のオイルショック以降，成長率が半減すると，失業率は雪だるま式に膨れ上がる。厳しい雇用擁護と手厚い社会保障とを誇った「フランス社会モデル」だが，低成長時代を迎えると今や経済活動への桎梏に転化する。企業は社

3　フランス経済の特質と変貌　◆175

会保障負担にあえぎ，硬直的労働市場で雇用調整が許されぬために雇用抑制に走らざるをえない。こうして社会モデルの破綻が突き付けられることになるが，2005年秋に勃発した都市暴動がその象徴である。警官の暴行に怒った移民の若者が，パリ郊外団地で車の焼き討ちの挙に出て，瞬く間に全国に波及して3週間にわたって燃え盛った。市民を恐怖のどん底に陥れた。

　「フランス社会モデル」の改革を掲げて，2007年に中道右派のサルコジが政権に就いた。アングロサクソン流の自己責任による国家庇護からの脱却を目指したが，2009年に始まったユーロ危機で挫折した。替わって反緊縮と金持ち憎悪，企業敵視を叫んだ社会党のフランソワ・オランドが，2012年の大統領選挙では漁夫の利を得たが，景気低迷と支持率急落とが始まり，若者の頭脳流出は止まらなかった。2017年の大統領選挙では，政治経験がなく「右でも左でもない」中道の39歳，若きマクロンが親EUを訴えて票を根こそぎさらった。ユーロ離脱でブレまくった極右女性候補，マリーヌ・ルペンは大敗した。マクロンは以後，全方位改革を展開しつつあるが，労働市場改革では，議会審議を省くオルドナンス（特別政令）での公布を急いだ。彼は「労働市場の柔軟化と引換えに雇用を保障」との「フレキシキュリテ」を基本原理とするスカンジナビア型社会モデルへの全面転換を狙っている。パリのビジネス界からは，「ようやくフランスにも夜明けが訪れる」と歓呼の声が上がったが，「金持ちの大統領」批判も急騰した。2018年冬にマクロンはジレ・ジョーヌ（黄色のベスト）の激しい抵抗運動に直面したため，本格的な格差是正に舵を切り，2019年秋には，失業保険，年金，小さな政府などの包括的構造改革成功に近づいた。ミッテラン，シラク，サルコジ，そしてオランドの歴代4大統領が「信念，度胸，政治スキル」の欠如から4半世紀もの間，放置し続けてきた難問であった。

おわりに

　ある国の資本主義の構造的特質とは，時代を超えて変わらず表出し続けるのだろうか。フランスではカトリックについては，熱心な信者が減ったものの，社会に深く根づいている。教えの力点は時代とともに変わり，もはや利潤追求の背信性が問われることはない。戦前まで暗い影を落とし続けてきたマルサス

主義は，戦後，そこからの決別を明確にした。フランス経済における同族経営はなお強固なものの，企業は果敢な経営とイノベーションとに大きく舵を切った。肥大化した国営企業は「ミッテランの実験」の失敗で大胆な民営化を迫られたが，その結果，1984年にはパリ金融市場が「ミニ・ビックバン」に成功する。ロンドンのシティの「ビッグ・バン」（金融市場の開放・自由化）より2年も早かった。主要国を大きく超える外資への開放が進み，巨大な多国籍企業が続々と誕生し，今やフランスがグローバリゼーションの先頭を切っている。戦後劇的に生じたベビーブームが60年代まで続いたが，現在でも出生率は先進国の間で相対的に高いままである。

　フランス資本主義の後発性について，特に大革命がもたらした負の遺産は，確実に消化されつつある。大革命への挑戦は19世紀半ば，アレクシス・ド＝トックヴィルを嚆矢とするが，彼はアメリカ民主主義の鋭い分析で有名である。戦後，レジスタンス神話が幅を利かせ，大革命を急進的共産主義の先駆と位置づけるマルクス主義公認革命史観が学会や大学を支配した。だが1956年のハンガリー動乱を契機に共産党を離党したフランソワ・フュエが，トックヴィルの挑戦を引き継いだ。彼は学会では孤立無援となり海外での研究を余儀なくされたが，1978年に『フランス革命を考える』を発表してフランスの知的世界に衝撃を走らせた。「資本主義もブルジョワジーも，19世紀ヨーロッパで出現し君臨するために，革命などまったく必要としなかった」と結論づけた。

　1989年にはミッテランが大革命200年祭を大々的に祝ったが，その際，多くの研究者がカミングアウトして過去の研究を悔やみ，革命批判に転じた。すでにレイナルド・セッシェ『フランス人によるフランス人のジェノサイド（集団殺戮）』（1986年博士論文）など，浩瀚・厳密な史料渉猟をもとにした精緻な個別研究が続々登場し，大革命の負の遺産をあらわにした。今や大革命の位置づけも，激変した。

　深刻な構造的悩みの新たな登場もあった。高止まりする失業率がそれであり，1970年代半ばのオイルショック以降に出現した。戦後フランスが誇った「フランス社会モデル」が，低成長を前にして，その内在する矛盾に耐え難くなったためである。豊かな社会保障と手厚い雇用維持の制度は，企業の保険料負担の重さと硬直的労働市場とは裏腹の関係にある。その破綻は今や明らかに

3　フランス経済の特質と変貌　◆177

なり，マクロン改革の展開で再生が期待される。

◆参考文献資料

長部重康編著『現代フランス経済論──歴史・現状・改革』（有斐閣選書）有斐閣，1983年

長部重康ほか『フランス入門』（三省堂選書）三省堂，1988年

長部重康「戦後の経済発展」柴田三千雄ほか編『フランス史3 19世紀なかば～現在』（世界歴史大系）山川出版社，1995年，第8章

長部重康『変貌するフランス──ミッテランからシラクへ』中央公論社，1995年

長部重康『現代フランスの病理解剖』山川出版社，2006年

長部重康ほか『現代ヨーロッパ経済〔第5版〕』（有斐閣アルマ）有斐閣，2018年

長部重康「新たな仏独関係でよみがえる EU」（http://www.iti.or.jp），2018年

原輝史『フランス資本主義──成立と展開』日本経済評論社，1986年

原輝史『フランス戦間期経済史研究』日本経済評論社，1999年

Furet, François, *Penser la Révolution française*（folio, Gallimard,1978）〔フュレ，フランソワ／大津真作訳『フランス革命を考える』岩波書店，1989年〕

Sècher, Reynald, *Le génocide franco-français, la Vendée-Vengé*（PUF, 1986）

コラム2　ファッション

　フランスを代表する重要な産業のひとつにファッション，フランス語のモードがある。ランウェイを歩くモデルたちや，セレブリティの華麗な装いのイメージを抱く人も多いだろう。特に，パリは今日なお影響力をもっており，ファッションショーや展示会シーズンには世界中のジャーナリストやバイヤーが集結する。

　パリがこの地位を築いた歴史的な背景がいくつかある。まず，ルイ王朝下で王侯貴族たちが競った華やかな装いを具現化した職人たちの存在である。リヨンで生産された鮮やかな光沢を放つ絹織物のほか，装飾を演出するレースやリボン，刺繍産業も発展した。

　ルイ14世の時代の財務総監ジャン＝バティスト・コルベールは，高度に洗練された奢侈製品，いわゆるラグジュアリー製品こそが，他国の追随を許さない国家の競争力の源泉になると重商政策を打ち出し，輸出を奨励した。また，ルイ16世の王妃マリー・アントワネットは，宮廷のファッションリーダーとして君臨し，ラグジュアリー製品はさらにその技術の粋に磨きをかけた。

　19世紀に入ると，新たに事業を興して財を成したブルジョワジー（新興階級）が社会の中で影響力をもつようになる。この時代，現在なお市場に見られる多くのラグジュアリー・ブランドも産声をあげている。香水のゲラン（1828年），銀食器のクリストフル（1830年），宝飾品のカルティエ（1847年），皮革製品のルイ・ヴィトン（1854年）などが，その代表といえるだろう。

　これらのブランドの多くはナポレオン三世の皇妃ウジェニーの寵愛を受け，そのライフスタイルを模倣したいブルジョワジーの消費意欲を喚起し，繁栄した。世界最古の百貨店とされるル・ボン・マルシェ（1852年）もこの時代に誕生している。ル・ボン・マルシェは1か所ですべての買物が完了する「ワンストップ・ショッピング」を具現化し，流通のあり方を大きく変えた。

　このように平和で豊かな社会にこそ，ファッションは存在することができる。1846年，英国からパリに移り住んだシャルル・フレデリック・ウォルトは，それまで顧客の要望に応じるにとどまっていた服作りを，彼自身がデザインした「コレクション」と呼ばれる一連の商品のラインナップを生身の人間に着せつけて披露し，顧客のサイズに合わせた製品に仕上げる「オートクチュール」という手法を考案した。この言葉は，1868年に設立された組合の認可を受けた企業だけが名乗ることができ，その規約は極めて厳密である。

　「オート」とは日本語で「高い」，「クチュール」は「服を仕立てる」の意である。何が「高い」のかというと，価格もさることながら高度な職人技術に裏打ちされた芸術的製品だということである。ウォルトは，それまで女性の職業であり，社会的地位の低かった婦人服の仕立屋を指す「クチュリエール」とは一線を画し，デザインと技術力によりファッション・デザイナーの地位を向上させ，自ら「クチュ

リエ」と名乗った。同時に，春夏・秋冬といったシーズンごとに新製品を発表するという，現代に通じるファッションシステムを構築した。そもそもファッション産業は原料や糸にはじまり，小規模な事業体が連携しながらひとつの製品を作り上げている。こういった軽工業は，歴史的にフランスが最も得意とする分野であり，中でもファッションは国の重要な輸出産業のひとつとして，その地位を確立した。

　その後，2つの世界大戦などファッションにとって不遇な時代が続く。第二次世界大戦中，フランスを占領下に治めたナチスドイツは，ベルリンにオートクチュール産業を移行させる策を練るが，当時の組合長ルシアン・ルロンの尽力により回避された。ドイツからの解放後，1947年にクリスチャン・ディオールが発表した「ニュール・ルック」を起爆剤として，フランス・ファッションは再度，その世界的地位を復活させ，メディアと多くの富裕層の支持を得た。

　1954年，ゲランのジャン＝ジャック・ゲランが呼びかけ，ラグジュアリー製品を手がける企業15社を中心に，現在のコルベール委員会が組織された。この組織はフランスを代表するラグジュアリー・ブランドと歴史的文化施設13職種のメンバーからなる非営利組織であり，現在，約80社／施設が所属している。コルベール委員会はフランス流のアール・ド・ヴィーヴル（美しい生活）を世界に向けて発信し，その認知度を高め，また所属メンバーの知的所有権を守る活動を行っている。このような組織は他国に類を見ない。

　1960年代に入ると，さらなる工業化の進展とともに，ファッションの主体はオートクチュールから，低価格で大量に生産可能なプレタポルテ（既製服）へと転換を果たす。プレタポルテの場合にもファッションショーは行われるが，重要なのは展示会である。ファッションショーは，シーズンの方向性を短時間でバイヤーやジャーナリストに披露するプレゼンテーションの場にすぎず，実際のビジネスは展示会で行われる。コレクションを発表するブランドが所属する組合には，現在，約100社が加盟し，シーズンになると年に二度，決められた期間内にファッションショーと展示会が開催される。

　これはファッション製品の主素材であるテキスタイルも同様で，1973年，リヨンの15の機屋が中心となって組織された世界最大の展示会「プルミエール・ビジョン」もまた年に2回，パリで開催されている。このようにパリでは，戦略的にファッション産業に関与する世界中のプロフェッショナルが，年間を通じて定期的に集結する仕組みが構築されている。いかにファッションがグローバル化しても，フランスがなおその中心であり続ける，したたかな理由のひとつである。

◆参考文献資料

川村由仁夜『パリの仕組み』日本経済新聞社，2004年

グランバック，ディディエ／古賀令子監修・井伊あかり訳『モードの物語 パリ・ブランドはいかにして創られたか』文化出版局，2013年

深井晃子監修『カラー版 世界服飾史〔増補新版〕』美術出版社，2010年　　　大川　知子

4 フランスの経済・金融

矢後　和彦

はじめに

　フランスの経済・金融と世界との関わりは，以下のように要約できる。フランスは貿易赤字国であり，先進諸国や中国と工業製品を中心に交易をすすめている。フランスは世界有数の直接投資国であり，先進諸国との投資の関わりが深い。フランスの銀行・金融セクターは世界の上位に位置して世界経済に影響を与えている。

　このように一見すると「普通の資本主義」と見えるフランスの経済・金融は，他方で伝統的に「強力な国家」の後見を受けてきた。1970年代まで，フランスの経済は国有企業と高度に集権化された金融システムによって牽引されてきたのである。しかしながらこうした「国家による後見」は，資本移動が自由化に向かい，変動相場制が一般化してくる1970年代には完全に行き詰まる。ここからフランスは「開放小国経済」として，生産性の向上と通貨・財政の健全化，国有企業の民営化に舵を切った。

　経済の自由化・規制緩和・民営化はグローバル資本主義の鉄則のように見えるが，フランスでは別のシナリオが用意された。すなわち，自由な資本移動や競争的な市場は，国家の介入がなくなれば自動的に現れるのではなく，国家による適切な規制や生存の保証を踏まえた後見の中でこそ実現するという，欧州起源の「新自由主義」が定着していったのである。本章では，このようにグローバル経済に向き合いながらなおかつ「強力な国家」を後ろ盾に有するフランス資本主義の独自性を貿易，投資，金融の諸相から俯瞰する。

1 ◆── フランス経済における「伝統」と「革新」

　フランスの経済史を振り返ると，世界に類例を見ない特質が浮かび上がってくる。欧州随一の農業国であり，産業革命期にも農業人口が40％近くに維持された。欧州ではアメリカなどに大規模な移民を輩出しなかったほとんど唯一の例外をなす。人口が19世紀から減少を始めた世界最初の少子化大国である。他方で，国家の経済への関与が深く，国家エリートが主導して運河・道路などの産業基盤が整備され，第二次世界大戦前から戦後にかけては重要産業が国有化された。フランス資本主義は「強力な国家」を後ろ盾にして市場経済を管理する極めて独自なものであり，それは英米流のグローバル資本主義とは明確に一線を画すものである。

　しかし，現在のフランスと世界の関わりをこうした「強力な国家」などの古い独自性だけから説明するなら，重要な誤解に導くだろう。フランスは今や「工業国」であり，「資本移動を自由化」するグローバル資本主義に準拠する。国家の後見は引き続き重要な役割を果たしているが，市場経済の自由な運行を保証しようとする「新自由主義」が政策や経営にしっかりと根づいている。フランスは今や「普通の資本主義」国である。

　フランス経済の歴史的な特質がどのように連続し，どのように変容しているのか。そしてドイツとともにユーロ圏経済の盟主を任ずるフランスは，どのように世界経済と向き合っているのか。フランス経済における「伝統」と「革新」のせめぎ合いはどこに向かうのか──。これが本章の投げかける問いである。

　以下本章では，貿易，投資，金融の順にフランスと世界の関わりを俯瞰し，結論でその歴史的位置を展望する。

2 ◆── フランスの貿易：相手国，品目，貿易収支

　フランスの経常収支表（**表1**）からは，フランス経済の現状を以下のように読み取ることができる。フランスの経常収支は赤字であり，財貿易収支はエネル

ギー収支もエネルギー以外の収支も赤字である。貿易外（サービス）収支は観光などの分野が貢献して黒字をあげている。ドル換算した経常収支赤字の総額は世界12位，欧州ではイギリスに次いで2位の大きさである（2017年のUNCTADデータによる。ちなみに同年の日本はドイツに次いで世界第2位の経常収支黒字国である）。

表1　フランスの経常収支 (2017年)

財貿易収支		−48.2
	エネルギー収支	−37.1
	エネルギーを除く収支	−11.0
サービス収支		26.4
	観光	17.0
	交通	−2.0
	企業サービス収支	3.4
	その他	8.0
一次的・二次的収支		8.6
経常収支		−13.1

単位：10億ユーロ
出所：Banque de France, Direction
Générale des Statistiques より作成

貿易相手国と貿易品目

　貿易相手国や貿易財の品目はどうだろうか。財の貿易について2017年の主要な貿易相手国を見ると，ドイツやスペイン，イタリアなどEU域内の近隣諸国が輸出入とも大きな位置を占めている（表2）。アメリカ，日本についても輸出入はわずかながらフランスの入超（フランスへの輸入がフランスからの輸出より大きい）であるが概ね均衡している。唯一の重要な例外は中国であり，巨額の入超となっている。いいかえれば，経常収支赤字の主要な要因である財貿易収支赤字の大部分は，対中国貿易の赤字によって作り出されているのである。いうまでもなくこうした貿易相手国の構成は中国の改革開放以降に現れた傾向である。

　品目別の構成はどうか（表3）。輸出入ともに「その他の工業製品」「電機・電子・情報機器」「交通関連機器」が全体の7割から8割を占めている（2015年のデータによる）。フランスは世界有数の食料・農産物輸出国であるが，貿易額の全体から見ると農産物の比重はごくわずかである。フランスは工業製品を近隣諸国に輸出し，同時に中国等から工業製品を輸入する，工業国なのである。

「開放小国経済」

　さらに注目されるのはGDPに占める輸出入の割合，いわゆる貿易依存度である（図1）。フランスの貿易依存度は1960年代までは10〜15％程度だったが，1970年代に急伸し，21世紀に入ると25〜30％に上っている。ヨーロッパ諸

4　フランスの経済・金融　◆ 183

表2　フランスの主要貿易相手国（2017年）

	輸出（財，FOB 価格）	輸入（財，CIF 価格）	収　支
ドイツ	68.8	−86.1	−17.3
スペイン	35.6	−35.1	0.5
イタリア	35.2	−41.8	−6.6
アメリカ	34.0	−35.3	−1.3
ベルギー	32.3	−36.5	−4.2
イギリス	31.1	−27.6	3.5
中国（除く香港）	18.8	−49.2	−30.4
オランダ	17.0	−25.5	−8.5
スイス	15.7	−14.6	1.1
ポーランド	9.1	−10.1	−1.0
シンガポール	6.8	−2.2	4.6
トルコ	6.7	−7.5	−0.8
日　本	6.4	−9.9	−3.5

単位：10億ユーロ
出所：INSEE より作成

表3　フランスの財貿易の品目別構成（2015年）

	輸出（FOB 価格）		輸入（CIF 価格）	
	額	％	額	％
総　額	472.2	100.0	509.9	100.0
農林漁業産品	16.5	3.5	13.3	2.6
鉱業・エネルギー・水	9.8	2.1	37.8	7.4
食料・飲料・タバコ製品	45.7	9.7	38.7	7.6
コークス・精製製品	14.0	3.0	21.3	4.2
電機・電子・情報機器	87.4	18.5	109.4	21.5
交通関連機器	109.3	23.1	82.5	16.2
その他の工業製品	189.4	40.1	206.9	40.6

単位：10億ユーロ，％
出所：INSEE より作成

国に共通するこうした貿易依存度の高まりは，フランスが貿易を行うことで自国の経済成長を図っていることを物語る。自由貿易と自由な資本移動に支えられながら経済を動かしているという点で，フランスは典型的な「開放小国経済」である（ちなみに2016年の日本の財輸入貿易依存度は12.3％，財輸出貿易依存度は13.04％である）。

　「開放小国経済」とは，資本の流出入が自由に行えるが，自国だけの都合で

図1　フランスの輸入依存度（1960〜2017年）：輸出入の対GDP比

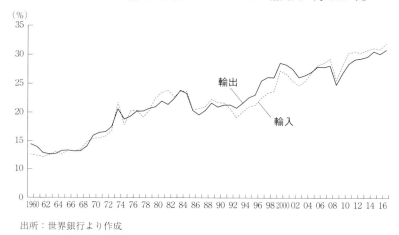

出所：世界銀行より作成

は為替を操作することができない国の経済の姿を示す用語である。フランスの場合，アメリカのように基軸通貨をみずからの意向に従ってコントロールすることはできない。フランスはドイツとならんで欧州の盟主といわれるが，ユーロの動向については独立性の高い欧州中央銀行（ECB）に権限がゆだねられている。為替の操作や自前の金融政策に頼ることができない以上，「開放小国経済」の命運は，いかに効率よく，いかにすぐれたモノを輸出するか——「生産性」の向上——にかかってくる。戦前来，フランスは「固定相場制」を護持し，フランス銀行による「独立した金融政策」を執行する一方，資本移動は制限してきた。第二次世界大戦後にはフランのレートがたびたび切り下げられた。ところが，1970年代以降，フランスは貿易を盛んにして輸出入依存度を高め，みずからの立ち位置を「開放小国経済」として自覚する。もはや通貨の切り下げで一時的に競争力を稼ごうとするやり方は通用しなくなった。やがてフランスは，曲折を経ながらもドイツと連携してユーロ成立を推進し「自由な資本移動」を実現しながら，みずからの金融政策はECBにゆだねることとなる。それは覇権国として世界の経済・通貨を牛耳ろうとしたアメリカ合衆国や国内市場を足場に高度成長を図った日本とは対照的な，ヨーロッパ独特の資本主義を形作っていったのである。

3 ◆── フランスへの投資とフランスからの投資

　経営史家ジェフリー・ジョーンズは，主要国の海外投資の推移を「持続型」
「変動型」「後発型」に分類し，フランスを「変動型」，すなわち時期によって
対外投資が盛んになったり衰えたりする類型に入れている。フランスはドイツ
とならんで1914年以前には「資本輸出大国」だったが，第一次世界大戦以降の
50年間は「多国籍投資が抑制」された。海外投資は，1970年代以降に再び活発
になって今日に至っている。

直接投資の動向

　こうして再び活況を迎えたフランスの対外投資については，フローとストッ
クの両面で以下のような特徴が見て取れる（**表4**）。フランスから海外への直
接投資は，フローにおいてもストックにおいても概ね海外からフランスへの直
接投資を上回っている。ストックについて見る限り，フランスからの対外直接
投資残高はアメリカ，中国，日本，ドイツなどに続いて世界8位につけている
（2014年のデータによる）。もっとも，フローで見る限り直接投資はリーマン・
ショック以降，全体としてはやや停滞している。

　投資の相手国（仕向・被仕向）についてはどうだろうか（**表5**）。海外からフ
ランスへの投資，フランスから海外への投資，いずれをとってもユーロ圏，な
いしはユーロ圏外のEU加盟の近隣諸国が最大の相手国になっている（スイス
は重要な例外である）。海外からフランスへの直接投資については，ユーロ圏諸
国に次いでアメリカ，日本など「その他先進国」が大きな比重を占めている。
フランスから海外への直接投資では，香港，中国等のいわゆるBRICSを中心
とする「その他諸国」がユーロ圏外EU諸国に次いで大きい。いずれにせよ，
先進国間の投資が圧倒的な比重を占めていることは現代の多国籍企業の投資行
動と一致する。

　フランスの対外直接投資についてはもうひとつ興味深いデータがある（"Com-
merce extérieur et implantations de firmes multinationales: des profils différents selon
les pays", *INSEE Première,* no.1558, juin 2015による）。フランスの企業が外国に設

186◆　　第Ⅱ部　トピック編

表4　対内・対外直接投資，ストックとフロー（2008～2014年）

年	2008	2009	2010	2011	2012	2013	2014
フランスから海外への直接投資残高（ストック）	672.6	756.9	864.3	894.1	948.5	940.2	993.1
フランスから海外への直接投資（フロー）	*70.5*	*72.6*	*36.4*	*37.0*	*27.6*	*15.3*	*36.2*
海外からフランスへの直接投資残高（ストック）	403.8	434.1	463.8	460.8	470.4	501.9	523.0
海外からフランスへの直接投資（フロー）	*25.7*	*22.1*	*10.5*	*22.8*	*12.5*	*25.8*	*0.2*

単位：10億ユーロ
出所：INSEE より作成

表5　仕向・被仕向国別直接投資フロー（2015年）

フランスから海外へ		海外からフランスへ	
イタリア	5.2	ベルギー	6.7
ルクセンブルク	3.9	ドイツ	3.2
オランダ	3.8	スペイン	0.8
ドイツ	3.3	アイルランド	−0.2
その他	−0.7	その他	−10.0
ユーロ圏小計	15.5	ユーロ圏小計	0.5
イギリス	9.5	イギリス	5.9
その他	0.8	その他	3.4
ユーロ圏外 EU 諸国小計	10.3	ユーロ圏外 EU 諸国小計	9.3
日　本	1.6	スイス	20.8
アメリカ合衆国	1.0	アメリカ合衆国	1.9
ノルウェー	0.8	日　本	0.4
その他	−1.2	その他	−0.4
その他先進国小計	2.2	その他先進国小計	22.7
香　港	1.2	中　国	0.8
ナイジェリア	0.8	アラブ首長国連邦	0.6
中　国	0.5	シンガポール	0.4
その他	3.4	その他	1.4
その他諸国小計	5.9	その他諸国小計	3.2
合　計	33.8	合　計	35.7

単位：10億ユーロ
出所：INSEE より作成

けた拠点で販売している額は，フランスからの輸出を大きく上回っているのである。2011年度の対 GDP 比で見ると輸出／GDP が27％，工業製品以外の対外販売／GDP が29％，工業製品の対外販売／GDP は40％にもなる。ドイツ

について同じ比率をとると51％，40％，29％となっており，フランスとは対照的に輸出比率が高く，直接投資に伴う売上の比率が少ない。フランスはまた国内の雇用総数に対してフランス企業の海外拠点で雇用している人数の比率が37％と際立って高い（同様の比率はイギリスで26％，ドイツで20％，アメリカで13％）。「輸出」「雇用」といった経済の重要な変数について，フランスでは海外直接投資の役割が大きいことがうかがえる。

以下ではフランスへの投資，フランスからの投資について，特徴的な事例を紹介しておこう。

フランスへの投資

フランスに拠点を設けている海外企業のうち，1社で1万人以上を雇用している企業は20社あるといわれ（2013年現在），90年以上の投資実績をもつコカ・コーラをはじめ，フィアット，ジェネラル・エレクトリック（GE），ボルボ，ウォルト・ディズニー等が名を連ねている。フランスはかつて外資導入に慎重だったが，雇用創出や技術移転の戦略に立って，近年は資本移動の自由化を推進している。日本との関わりで見ても，2009年にはフランス国民に親しまれた清涼飲料メーカー・オランジーナ（会社名はオランジーナ・シュウェップス）をサントリーが買収するなど，注目すべき投資が行われている。

なお2014年にはフランスの重電機大手アルストムの基幹事業がアメリカのGEに売却された。この売却交渉には三菱重工とドイツのシーメンスの企業連合も参戦していたが，有利な買収条件と技術面の便宜を呈示したGEの勝利に終わった。アルストムの事業売却にはフランス政府が許認可権を握って深くコミットしており，技術や雇用といった政治要因をめぐる判断がアルストム事業の売却先を決定する際の決め手になったことは疑えない。自由化がすすんだとはいえ，個々の重要案件に政治が深く関与するフランスの伝統は健在である。

フランスからの投資

2013年にフランス企業が海外企業を買収した案件のうち，5億ユーロを超えるものは9件あったといわれる。このうち最大の買収はBNPパリバ・グループがベルギーの銀行フォルティスのベルギー政府株を買い戻した案件であり，

188◆　第Ⅱ部　トピック編

第2位は建設大手ヴァンシがポルトガルの空港運営会社 ANA を買収した案件，第3位にはラグジュアリー・コングロマリット LVMH がイタリアのファッションブランドのロロピアーナを傘下におさめた案件が続く。近年は，豊富なキャッシュフローを有する IT 企業に加えて，ラグジュアリー・流通などの幅広い分野で対外投資が盛んになってきている。

　もっとも，フランスからの投資が常に順風満帆だったわけではない。たとえば流通大手のカルフールは，フランスにおける大規模小売店舗の規制に対処するために急激な海外展開を図り，日本にも出店したが数年で撤退を余儀なくされた（カルフールは中国では店舗を維持・拡大している）。次節で触れる銀行・証券グループの投資行動のように，冒険的ともいえる利益追求の果てにリーマン・ショックやギリシャ危機に際会するなど，失敗例も少なくない。第一次世界大戦前には，フランスの投資行動は預金銀行が国内の過剰貯蓄を動員して帝政ロシアの公債を買い入れるなど，自国の産業発展に寄与しない「退嬰的」なものだといわれてきた（近年の研究で，戦前についてもこうした評価は当たらないことが実証されている）。こうした歴史上の風評に照らしてみると，フランスの対外投資行動は今日では全くその相貌を異にしているといってよい。

　ここで「フランスからの投資」であり，かつ「フランスへの投資」でもある案件として，わが国とも関わりの深い日産自動車とルノー自動車の提携に触れておこう。日産自動車の最大株主はフランスのルノー自動車であり，ルノー自動車の最有力株主はフランス政府である（2018年1月現在）。日産とルノーは1999年に資本提携を行い，株式を相互に持ち合う関係を築いた。フランス側（ルノー）から見れば，この資本提携は海外に投資する資本輸出であるとともに，外資（日産の資本）を受け入れる資本輸入でもある。かつてフランスは外資の導入には消極的であり，規制も厳しかった。しかし日産・ルノーの事例に見られるように今日ではむしろ積極的に資本提携をすすめている。もっとも，2014年に成立した「フロランジュ法」によれば，株式を2年以上もつ株主には2倍の議決権が与えられる（株主総会で投票者の3分の2が反対すればこの法の適用は免れる）。このフロランジュ法に則り，フランス政府はルノー自動車における政府保有株について2倍の議決権を与えることを株主総会に迫り，認めさせた。経済のグローバル化に際して，個別企業に対する政府の影響力を高めよう

4　フランスの経済・金融　◆189

とするフランスの施策はここにも姿を現している。本章の執筆中にはカルロ
ス・ゴーン（元）会長の逮捕・起訴という事件があり，そのゆくえは予断を許
さないが，長期的な視野に立てば，世界に投資と提携先を求めていかねばなら
ないフランスの立ち位置は揺るがないというべきだろう。

4 ◆── 金融のグローバル展開：銀行と資本市場

　現代のグローバル経済では，金融はかつてなく大きな影響を経済に及ぼして
いる。この金融という切り口からフランスと世界のつながりを見てみよう。

銀行ランキング

　まず表6には2018年の世界の銀行ランキングを掲げた。総資産額をもとにす
ると上位20行中，フランスの銀行は4行を占める。これら4行は，かつては全
く異なる業態に属していた（BNPパリバはフランスで「事業銀行」と呼ばれる投資
銀行，クレディアグリコルは農業信用金庫，ソシエテ・ジェネラルは預金銀行，BPCE
は庶民金融機関と貯蓄金庫）。それが今日ではいずれも大々的に海外業務を営む
総合銀行・兼営銀行に展開しており，バーゼル銀行監督委員会によって「グ
ローバルなシステム上重要な銀行」（G-SIBs）に分類されている。もっとも，中
核的自己資本（Tier 1と呼ばれる質の高い自己資本）をもとにしたランキングをと
るとフランスの銀行は上位から消えてしまう。いいかえれば，このランキング
には良質の自己資本を備えることなく，前のめりに海外に展開してきたフラン
ス諸銀行の戦略の一端がはしなくも現れている。

　先に触れたフランスの上位4行にクレディ・ミューチュエル・グループ
（GCM）を加えた五大銀行グループについて見ると，その投資先は，ユーロ圏
諸国やアメリカなど先進諸国向けが中心であり（リスクを伴う投融資＝エクス
ポージャの72％），その過半はユーロ建て（エクスポージャの45.6％）およびドル
建て（同34.5％）である。2006年以前には相当に高いリスクに賭けていたフラ
ンスの銀行も2010年以降はこうした投資を手仕舞うようになってきた，という
のが直近の傾向である（"The international banking activities of France's main bank-
ing groups since 2006", Banque de France, *Analyses et Synthèses,* no. 36, October 2014

190 ◆　第Ⅱ部　トピック編

表6　世界の銀行ランキング(総資産額ベース，2018年11月)

順位	国	銀行名	ドル建資産額
1	中　国	中国工商銀行	3,980,202
2	中　国	中国建設銀行	3,375,604
3	中　国	中国農業銀行	3,212,197
4	中　国	中国銀行	2,970,221
5	中　国	中国開発銀行	2,434,883
6	フランス	BNP パリバ	2,329,197
7	アメリカ	JP モルガン・チェース	2,140,778
8	日　本	ゆうちょ銀行	1,982,380
9	フランス	クレディアグリコル	1,842,066
10	日　本	三菱 UFJ 銀行	1,833,631
11	ドイツ	ドイチェバンク	1,752,296
12	アメリカ	バンクオブアメリカ	1,751,524
13	アメリカ	ウェルズ・ファーゴ	1,747,354
14	スペイン	サンタンデール銀行	1,732,819
15	日　本	三井住友銀行	1,719,772
16	スペイン	バンコプロヴィンシャル	1,618,252
17	日　本	みずほ銀行	1,544,685
18	フランス	ソシエテ・ジェネラル	1,515,124
19	イギリス	バークレイズ	1,512,445
20	フランス	BPCE	1,496,970

単位：100万ドル
出所：Bankers Almanac より作成

による)。先に見た直接投資とならんで，ここに見られるフランスの金融の姿は，かつて「フランス的」とみなされた行動様式とは程遠い，グローバル資本主義そのものである。

国際金融センターとしてのパリ

　証券市場を含む国際金融センターとしての実力はどうか。イギリスの民間シンクタンクが2007年以降発表している「グローバル金融センター指数」(Global Financial Centres Index：GFCI) というランキングによるとパリ市場は2018年末に世界23位に沈んでいる(1位はニューヨーク，以下，ロンドン，香港，シンガポール，上海，東京と続く)。この指数は国連や世界銀行などが公刊する金融市場に関する幅広い指数(ICT の発展指数や政府の透明度を図る指数など)を総合し，ア

図2 グローバル金融センター指数（GFCI, 2007〜18年）

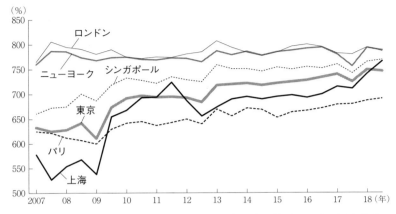

出所：http://globalfinancialcentres.net/gfcigraph/（2019年1月28日アクセス）より作成

ンケート調査なども踏まえて計測されている。

　現在，パリはこの指数で見る限りニューヨークやロンドンに遠く及ばない位置にいるが，実は2007年に計測が始まってからパリの指数は一貫して改善傾向にある。にもかかわらずランキングが伸びないのは，図2に見られるようにアジアの市場が急速に台頭しており，パリの発展がアジアに追いつかずに取り残されていることによる。実際，2007年にパリの指数625は上海の指数578を大きく上回り，東京の指数633と肩を並べていた。ところが2009年に上海に抜かれてからは指数の伸びは見られたものの順位はふるわず，香港，シンガポール，上海，東京がいずれも700以上に指数を上げていった中でパリは700に達することは一度もなく，順位を下げていった。

　こうした指数は，ややあいまいな指標や主観的なアンケートに基づくものではあるが，他方で，投資の判断といったまさに主観的な戦略のあり方を示唆するものでもあり，軽んじることはできない。アジアの成長を取り込んだ香港，シンガポールなどの伸長とグローバル金融の基軸として存在感を失っていない英米市場のはざまにあって，パリ市場はフランクフルト市場やルクセンブルグ市場などと競い合いながら欧州の金融をリードしなければならない，困難な局面を迎えているといえよう。

おわりに

　フランスは貿易赤字国であり，先進諸国や中国と工業製品を中心に交易をすすめている。フランスは世界有数の直接投資国であり，先進諸国との投資の関わりが深い。フランスの銀行・金融センターは世界の上位に位置して世界経済に影響を与えている――これが本章で見たフランスの経済・金融と世界との関わりのあらましである。これは一見すると日本やアメリカと変わるところがない，何の変哲もない資本主義であるが，しかし日産・ルノーの事例で触れたように政府が個別の企業の経営に介入し，企業の買収案件にも影響力を行使する特異な姿は健在である。「普通の資本主義」フランスと「国家が前面に出る資本主義」フランス――この２つの資本主義像は，どのような関係にあるのだろうか。その鍵は本章でも触れた「開放小国経済」の理解にありそうだ。

　1970年代まで，フランスの経済は国有企業と高度に集権化された金融システムによって牽引されてきた。政府・フランス銀行が一体となった信用配分，放漫な財政運営，強力な労組を背景とする賃金上昇，強いインフレ圧力，その先に間歇的に現れる緊縮政策と通貨切り下げ――固定相場制の時代にはそれなりに意味をもったこうしたシステムは，資本移動が自由化に向かい，変動相場制が一般化してくる1970年代には完全に行き詰った。ここからフランスは「開放小国経済」として，生産性の向上と通貨・財政の健全化，国有企業の民営化に舵を切る。注意すべきなのは，こうした経済の自由化・規制緩和・民営化は，フランスでは決して英米流の規制緩和など「国家の退場」に導いたのではなく，雇用や技術優位を守護しようとする「強力な国家」をもたらしたことである。フランスでは，自由化・規制緩和の先頭に立ったのが，英米のような保守政権ではなく，中産階級を守ろうとする社会民主主義政権だったことがその証左となる。これこそが「新自由主義」――ただし，アメリカ流のリバタリアニズムとは異なる，欧州起源の「新自由主義」――であり，現在に続くフランス経済の基調である。欧州起源の「新自由主義」とは，1930年代のモンペルラン協会やリップマン・シンポジウムなどに集ったさまざまな潮流が合成して現れたもので，ドイツの「オルド自由主義」などとも親和的である。その主張は，

4　フランスの経済・金融　　◆193

要するに，自由な資本移動や競争的な市場は，国家の介入がなくなれば自動的に現れるのではなく，国家による適切な規制や生存の保証を踏まえた後見の中でこそ実現するというものである。生産性を向上させつつ，社会安定の基礎になる中産層は国家が守りぬく。歴史的に俯瞰すれば，ここには伝統的な「強い国家」との連続面と，グローバル経済の新しい現実に正対しようとする断絶面が見て取れるといえるだろう。

いまフランスを揺るがせている「黄色いベスト運動」（Mouvement des Gilets jaunes）は——そのゆくえは未知数だが——この「新自由主義」の抱えるジレンマの表出でもあろう。かつてのフランスであれば社会安定のために放漫な財政支出と通貨切り下げをいとわなかっただろうが，いま EU の安定成長協定に拘束され財政政策も金融政策も縛られているフランスは，社会防衛を後回しにして，いわば徒手空拳でグローバル経済に立ち向かわなければならない。本章で見てきたフランス経済・金融の「グローバル対応」のゆくえは，歴史的に培われてきた「新自由主義」の成否にかかっており，逆もまた真なり，といえるのではないだろうか。

◆参考文献資料

国際銀行史研究会『金融の世界史』悠書館，2012年

国際銀行史研究会編『金融の世界現代史——凝集する富・グローバル化する資本取引・派生される証券の実像』一色出版，2018年

権上康男『通貨統合の歴史的起源——資本主義世界の大転換とヨーロッパの選択』日本経済評論社，2013年

Jones, Geoffrey, *Multinationals and Global Capitalism: From the Nineteenth to the Twenty-first Century* (Oxford University Press, 2005)（ジェフリー・ジョーンズ／安室憲一・梅野巨利訳『国際経営講義——多国籍企業とグローバル資本主義』有斐閣，2007年）

第Ⅱ部　トピック編

フランス文化外交の変遷

渡邊　啓貴

はじめに：ソフトパワー大国の歴史

　フランスは「ソフトパワー大国」である。フランスは映画やファッション・モードに代表される高級ブランドのイメージをもっている。文化の普及はフランスの対外的影響力の一翼を担っている。

　フランスでは絶対王政の時代からメセナが芸術保護の重要な役割を担っていた。必ずしも芸術振興はもともと国家が率先して行ったことではなかった。しかしフランスがその文化を次第に対外広報活動の重要な手段として用いてきたのは歴史的事実である。17世紀の終わりには，フランス語や思想・哲学の外国への普及はフランスの対外政策の一環として行われるようになり，20世紀以後は絵画・映画などの海外輸出が盛んになっていった。フランスのこうした文化発信の特徴は，米英の民間主導の活動と違って国家主導のもとに行われたことであった。

1 ◆ 　外交と文化の結合：啓蒙活動の手段

　外交と文化の結合の例としては，16世紀半ばに名高い詩人ジョアシム・デュ・ベレーが，叔父のデュ・ベレー枢機卿が聖務でローマを訪問したときに秘書兼経理として同行したことが最初の例といわれる。

　当時の外交活動はキリスト教・宗教の普及と結びついていた。1535年に締結された条約で，フランソワ一世は皇帝スレイマン一世からオスマン帝国におけるキリスト教徒庇護のためにフランス文化と言語を保護する権利を得ることに

成功した。この条約は，この地域におけるフランス文化・言語圏確立の基礎となった。ルイ13世統治下のカナダ，17世紀のマダガスカル，チュニス，アルジェ，極東地域におけるキリスト教使節団の活動も同様の目的をもったものだった。

　17世紀，リシュリュー宰相，そしてジュール・マザラン宰相は人文的素養のある人物を大使に任命し，フランス語の振興に努めさせた。フランス語をヨーロッパの王室と芸術界の使用言語とすることはビジネスにも結びついていた。たとえば各国王室のコレクション向けの作品目録をフランス語で出版することは，フランス語の地位を高めることを意味した。17・18世紀に出版された外交職に関する多くの文献は，文化的教養が外交職に不可欠な要素であると語っている。

　啓蒙時代はフランス文化の隆盛期でもあった。16世紀から18世紀の間，フランス人の多くの学者や芸術家がヨーロッパ諸国の宮廷から招聘された。フランス語とフランス文化の影響は，北アフリカ，中東，極東，北米にまで拡大した。

　クリスティーヌ・スウェーデン女王は宮廷での公用語をフランス語にした。ロシア・エカチェリーナ二世のもとにいたディドロ，プロシア宮廷に呼ばれていたヴォルテールらの啓蒙主義者をはじめ，多くのエンジニア，学者，建築家，芸術家が，ヨーロッパ各地に滞在していた。すでに当時，文学・芸術はヨーロッパ宮廷生活とは切っても切れない関係にあったし，対外接触の重要な手段でもあった。

　彼らは自国政府の秘密外交の担い手でもあった。1743年ヴォルテールは，ハーグでフリードリヒ大王がオランダで企んでいた策謀に関する情報を本国に伝えていたし，「フィガロの結婚」で有名な劇作家カロン・ド・ボーマルシェはロンドンで英国の対米政策に関する情報収集にあたった。ほかにもプロシアでのオノーレ・ミラボーの活動，ヴェネチアで大使秘書になったジャン・ジャック・ルソーなどの例もある。

2 ◆——— フランス革命から第二次世界大戦へ：海外進出の手段

　19世紀を通して文化活動と外交は結びついており，多くの場合には政府の支援を受けた海外での修道会の活動がそれを担っていた。ナポレオンのエジプト遠征は最初のフランス流海外協力であった。オスマントルコとはキリスト教保護協定を更新し，1840年以後宗教施設を支援した（渡航運賃の無料化）。ギゾー内閣は，ルーヴル美術館のコレクションを充実させる目的で，チュニジア探検使節団に補助金を計上している。この時代初めて文化協定の締結が行われた。

　1870年から第一次世界大戦までの帝国主義時代には海外植民地獲得競争が活発化した。フランスも学校・病院などの公共施設を設立し，技術専門家の派遣を行った。アメリカと西欧諸国は同じ地域で権益を争い，現地のエリート層にどのように食い込んでいくか，しのぎを削った。その手段として文化・教育政策は大きな位置を占めるようになった。

　たとえばエジプトで英国の影響力が増大してくると，それに対抗してフランス政府はカイロにフランス語講座を創設し，その後カイロ法律学校を設立した。これは高等教育のフランス語公用語化の先例となった。20世紀初頭テオフィル・デルカッセ外相はフランス語を法律と外交分野の国際的共通語とすることを国際的に認めさせることに成功した。

　そして親仏的階層を育成するための教育・文化施設が積極的に設立された。初期のリセとして，インドのポンディシェリー（1826年），イスタンブール（1868年），研究機関としてアテネやローマでのフランス語学校（1846年，1875年）などがあるが，特筆すべきは，1883年のアリアンス・フランセーズの創設である。この機関は，海外在住の親仏的人々を結集させることを目的にして設立された。普仏戦争で敗北したフランスが海外進出を目的として，仏語教育・広報活動の海外拠点として位置づけたものであった。

　海外での最初のアリアンス・フランセーズはプラハ（1885年）で設立され，次いでコペンハーゲンと中国（1886年），メルボルン（1890年）に誕生，20世紀を通じて発展し続けた。エチオピア，レバノン，エジプトなどにも第一次世界大戦以前に学校を設立した。また海外への教師派遣のために1910年大学・フラ

5　フランス文化外交の変遷　　◆197

ンス人学校局が創設された。フランス学院が欧州各地に設置された。

最初のフランス語学院がフィレンツェ（1907），マドリード（1909年）で設立された。19世紀以後フランスの文化ネットワークは着々と構築されて，1914年以前の段階で，オスマントルコ帝国のフランス語学校の生徒数は11万人にのぼった。

第一次世界大戦中には，国家の文化活動への介入は拡大した。戦争の結果，心理戦，情報操作，プロパガンダを促進するためのネットワークを拡充することが重要な政策目標とされるようになったからである。政府主導の文化活動が定着したのは，おそらくこの時代である。1918年，音楽師範学校を創設した音楽家アルフレッド・コルトーは，国際レベルで芸術関連情報の収集を行い，芸術活動振興のための「芸術普及機関設立」の音頭をとった。この機関は1923年には，海外に250を超える人員を配置し，1920年には，大学活動，芸術活動・芸術作品普及活動の３つの部門の任務をもつようになった。

英国の在外文化振興機関ブリティッシュ・カウンシルに対抗して，フランスもまたヨーロッパ各地にフランスの教育文化施設網を発達させた。1919年にはバルセロナ・ナポリをはじめとして，ザグレブ，アムステルダム，リスボン，ストックホルム，ヨーロッパ以外では京都，サンチャゴ（チリ）で教育文化施設が設立された。1922年には，フランス芸術普及・交流協会，つまり後の「フランス芸術振興協会（Association française d'action artistique：AFAA）」が発足した（同機関の本格的活動は第二次世界大戦以後）。

第二次世界大戦中，「自由フランス」（ドゴール派レジスタンス）の人々は，海外の学校や，本部をパリからロンドンに移転させたアリアンス・フランセーズの活動に注目していた。そして解放後の1945年には，フランス対外文化交流・活動総局が誕生した。

3 ◆——— 冷戦時代の文化外交の飛躍

戦後，中断していた海外との知的交流，教員・講師の海外派遣や書籍送付などが復活した。この時期，大使館に初めて，文化参事官のポストが創設された（1949年には14名）。海外でのフランス語教育やアリアンス・フランセーズの活

動も活発化し，1945年から1961年の間には60もの二国間条約が調印された。

　しかし旧植民地地域の独立という戦後の新たな事態を前にしてフランスは海外での文化活動を再検討しなければならなかった。1950年代末には，以下の4つの課題があった。すなわち，①フランスの言語と文化の地位の維持，②新独立国への技術協力の拡大，③伝統的な教育・文化交流の維持・補強，④旧保護領およびカンボジア，ラオス，ベトナムのインドシナ3国家の文化統合であった。

　1959年第五共和制発足後文化省が創設され，著名な文学者アンドレ・マルローが初代文化大臣に就任したことは，文化大国フランスのイメージアップに一役かった。1960年代は文化活動，技術協力，商業・産業活動が結びつけられた時代である。途上国の公務員管理職の育成，フランス国費留学促進，現地への技術専門家の派遣などだった。技術協力には，行政機構（公衆衛生，関税，郵便，財務など）やインフラ整備（電気，農業，通信など）も含まれ，そこでの使用言語はフランス語であった。1960年代末には，全世界に80人の文化参事官・担当官が赴任し，59のフランス学院，150の文化センター，小中高あわせて180のフランス人学校を数えるまでになった。

　この時代のフランス文化は，実存主義哲学をはじめとした思想界で世界の知的リーダーを輩出し，フィルム・ノワールや娯楽映画などでもハリウッドに対抗するだけの映画を普及させた。そして1970年代には，文化活動に科学分野が統合されるようになる。1979年，DGRCST（文化・科学・技術交流総局）が，フランス語・フランス文化の地位向上と，海外との科学・技術交流活動を1つにまとめた。フランスの対外文化活動の刷新は，専門職化（文化活動の実務にかかわる人材登用），文化交流（フランス学院や文化対話事業），メディア（1984年仏語による国際衛星放送局ＴＶ５の放送開始）の3つの方向で行われた。

4 ◆─── 冷戦終結後の転換

　しかし，フランス文化外交の大きな転換点は冷戦の終結だった。冷戦終結後東欧諸国にフランス文化施設が新設された。視聴覚情報伝達手段の発展に伴い，科学・技術協力の分野での活動が多様化していった。さらに，アラン・

5　フランス文化外交の変遷　◆199

ジュッペ外相が主導した1995年の大改革があった。この改革の基本方針は，①文化部門と言語部門の再構築を結びつけて対外活動を発展させる，②人事管理の手続きを分散化，迅速化する，③量的および質的評価の手法を用意する，④スタッフのキャリア管理を新規にする，の４つの方向であった。

　そして1998年には外務省と海外協力省の融合（先のDGRCSTと海外協力省を統合して外務省内に国際協力・開発総局DGCIDを設置）し，その後それは2009年にグローバル化・開発・パートナーシップ総局に改編された。これはグローバル経済と成長戦略，世界的公共財，文化政策とフランス語などの広範な活動領域を包括する部局の誕生であった。

5 ◆───── フランス芸術活動の普及

　他方，海外での芸術活動（音楽会・演劇・ダンス・美術展覧会など）を支援してきたのは「フランス芸術振興協会（Association française d'action artistique：AFAA）」であった。この協会は2006年に「フランス思想普及協会（Association pour la diffusion de la pensée française：ADPF）」と合併して，「カルチャー・フランス（Cultures France）」（公団）となった。2007年海外での現地法人協会には45万人の生徒が所属した。アリアンス・フランセーズ同様にその拠点の少なくとも20％（全体で1070の拠点）が外務省の支援を受けている。文化省や国民教育省はそれぞれの形で海外文化広報活動を展開しているが（文化省の場合，全国翻訳図書センターやカルチャー・フランスへの補助金，アメリカでのモナ・リザの展覧会やアブダビ・ルーヴル美術館設置などの大美術館の海外での美術紹介，国民教育省の場合には，マドリードの「ヴェラスケスの家」・ローマでのフランス校など海外研究拠点の設置），海外活動で中心になってきたのはやはり外務省である。2003年文化振興予算の８割が外務省の予算となった。

　また外務省は世界160余りの大使館および語学・オーディオ・文化関係の担当官とは別に，150余りの文化施設および文化センターを管轄に置き，アリアンス・フランセーズの５分の１を支援している。

6 ◆─── フランス海外広報文化の2つの柱：語学教育と文化の普及

　結局，1870年から1960年までの間，フランスの海外文化政策の基本は，フランス語学教育とフランス文化の普及という2つの大きな柱によって構成されていた。

　第1にフランス語教育は，アリアンス・フランセーズを筆頭とする語学教育機関にとどまらず，文化研究・活動機関においても積極的にすすめられてきた。

　「海外フランス語教育庁（Agence pour l'enseignement français à l'etranger）」がフランス語教育プログラムを有する教育機関（就学者数16万4000人）を統括する。それ以外にも「カルチャー・フランス（芸術・知的政策）」「キャンパス・フランス（フランスの大学の紹介）」「ユニ・フランス（フランス映画の海外普及活動）」を通したフランス文化普及活動を推進している。

　加えて，関連文化活動機関として，「国際フランス語機関（OIF，フランスが80％財政支援する国際機関）」がある。フランス語圏人口は2億2000万人といわれ，地域別ではヨーロッパが40％，サハラ以南のアフリカやインドで36％，北アフリカ・中東で15％がフランス語を話す。フランス語推進活動の中心は「フランス語圏大学庁（AUF）」であったが，2010年以後は，「フランス語圏の家（Maison de la francophonie）」がそれを継承している。

　第2の文化的行事の実施については，植民地時代からの伝統で，フランス文化の「優越性」を普及させるという意識が強かった。そうした「啓蒙的姿勢」は次第に技術・科学面の「協力」という姿勢に変化していったのが現実である。そこには，相互交流という双方向の発想が基調となってきている。たとえば1986年にはフランスで「インド年」と銘打って一連のインドの文化行事が実施されたが，1989年にはインドで「フランス年」が実施された。97年に「フランスにおける日本年」が開催されたのに続き，98年に「日本におけるフランス年」が開催されたのもこうした一連のフランスの対外文化政策の発展の延長にあった。その時に設置された自由の女神像は今ではお台場の象徴である。

　こうした中で次第に海外でのフランス文化紹介は，絵画・写真展，ダンス・

演劇の上演，映画祭などが中心になった。とりわけ，オーディオ・ビジュアルへの傾斜が新しい方向となり，1987年にラジオ・フランスが設立した「RF1」が独立し，1984年にはフランス語圏の放送局としてTV5が設立され，毎週7300万人の視聴者数を記録した。そのほかにも「カナル・フランス」（1989年），「フランス24」（最初のフランスニュース専門チャンネル，英仏アラブ語，2006年）などがこの分野の取り組みの成果である。海外での文化活動の施設の予算の多くは国家予算で賄われている。アリアンス・フランセーズは授業料や映画などの入場料，個人の寄付などで全体の75％が自己資金で賄われている。

7 ◆────── フランス文化外交の危機感と躍進：「フランス院」の誕生

　2008年から2009年にかけて，フランスでは文化・科学分野で対外進出を「影響力をもつ外交」として位置づけようという姿勢が改めて強く押し出されるようになる。

　「アメリカの文化外交」について大著を表した在米大使館の元文化担当官フレデリック・マルテルは，フランスの影響力喪失の原因を4つあげている（フレデリック・マルテル／根本長兵衛・林はる芽訳『超大国アメリカの文化力』勁草書房，2009年）。

　それは①テレビチャンネルの増加が欧州外からの参入を招き，コンテンツ競争を激化させた。②高齢化，若年層の減少により，エンターテインメント産業がターゲットを失った。③ヨーロッパの伝統的な文化はグローバル化，デジタル・コミュニケーション時代に必ずしもそぐわない。④一部の有識者層に文化受容者は限定され，文化の大衆性が少ない。一般大衆を対象とする批評界が存在し，アメリカ，インド，中国，ブラジルなどのような文化市場の均等性が認められない。

　2009年10月28日，「国境なき医師団」の創立者の1人であるベルナール・クシュネール外務・ヨーロッパ問題相は，文化外交大国であるはずのフランスが深刻な危機に陥っていることを明らかにした。予算減額，明確で永続的な戦略の欠如，職員のキャリア管理の不十分さ，専門研修の欠如，関係省の政策が国内外に対して不明確であること，活動部局や人員の意欲低下などを指摘した。

202 ◆　　第Ⅱ部　トピック編

クシュネールの意図はフランスの対外的影響力を拡大させるための「グローバル化省」が海外文化活動を主導することにあった。

　こうしたクシュネール外相の意図を受けて2010年7月27日法によって創設されたのが，フランス政府留学局（キャンパス・フランス），フランス国際評価機関（France Expertise internationale），フランス院（Instiut français）という3つの公的機関だった。

　第1のキャンパス・フランスは，高等教育促進と専門家育成の評価と地位の向上，海外からの学生・研究者の受け入れ，学生・研究者の奨学金，研修，その他海外派遣プログラムの管理，高等教育の推進などを目的とする。

　2番目の新設公益機関FEFは，フランスの海外における技術援助と国際査定の推進，さらには二国間および多国間の資金調達に関する計画業務の監督に携わる。

　3番目の機関がフランス院である。2010年7月にこの新しい文化機関の設置が決まり，翌年1月に正式に発足した。カルチャー・フランスが1901年法（アソシエーション（協会・団体）法）による公団・公共団体，アリアンス・フランセーズが民間団体であるのに対して，新しい機関の公的地位は民間企業との活動協力も可能な公共機関（EPIC）である。140の海外文化機関を束ね，135か国に展開するアリアンス・フランセーズ1016校と提携し，5000人ものアーティスト，役者，文化専門家と組んで海外で年間5万件もの文化行事を組織する。筆者もこの機関が最初に開催したシンポジウムにパネリストとして報告したことがある。フランスの学術最高峰のアカデミーフランセーズで大々的に実況中継されたこのシンポジウムには，企画の盛大さにフランス政府の意気込みを痛感した。

　2010年7月の記者会見で，フレデリック・ミッテラン文化相は，フランス院は外務省と文化省の共同傘下の機関であるとしている。海外の文化活動の中心は従来は外務省の管轄であり，公式には文化省には何の権限もなかったが，新しい機関は2つの関連省庁の協力による組織である。そしてこの機関設立はフランス文化が米中の文化攻勢に対抗する意味があった。

　フランス院は日本にも存在する。東京飯田橋にある日仏学院にそのオフィスはある。このフランス院の中身についてはサイト（http://www.institutfrancais.

com）に詳しい。

　先に触れた EPIC という機関は日本にはない事業形態である。基本的には行政・商工業の公共部門での活動を目的としながら，民間企業との協力体制が可能な運営形態を認められている。また民間からの寄付や資金援助も可能である。柔軟な活動形態が可能な事業体によって文化外交としてくくれる以下のようなあらゆる活動を網羅している。

①海外文化芸術作品・人物の受け入れと育成，フランスの学識・科学文化を書籍，芸術作品，作家の大規模な展示などを通して海外に紹介
②文化遺産についての査定業務
③映画・視聴覚関連業界，出版業界での協力
④フランス語の海外における紹介，普及，教育
⑤海外におけるフランス文化網や体制の形成，フランス文化の紹介についての外国人専門家の養成

　しかし今日このフランス院が当初想定したような包括的な海外広報文化施設としての役割を十分に果たしているかどうか，という点については見直し，検討課題も多い。

◆参考文献資料

レオナール，イヴ編／植木浩・八木雅子訳『文化と社会――現代フランスの文化政策と文化経済』芸団協出版部，2001年
渡邊啓貴『フランスの「文化外交」戦略に学ぶ――「文化の時代」の日本文化発信』大修館書店，2013年

コラム3　世界の中のフランス映画

　1895年12月28日，リヨン出身のリュミエール兄弟が，パリ9区・キャピュシーヌ大通り14番地で世界初の有料上映会をひらいた。兄弟はその後，世界各国に技師を派遣し，それぞれの国の風物がフィルムにおさめられた。その創世記から海を渡って撮影されていたフランス映画は，異国の才能に彩られながら歴史を刻んでいった。たとえば，いかにもフランス的な洒脱な会話が特徴的な「国民的」俳優・劇作家・映画監督であるサシャ・ギトリはロシア出身である。フランス人女優のエレガンスを最大限に引き出したマックス・オフュルス監督と，流麗なカメラワークでその作品世界をささえた撮影監督のオイゲン・シュフタンは，ナチスを逃れてフランスにやってきたドイツ人だ。他国の才能ある映画人がフランスに惹きつけられて創作活動を行う一方で，ジャン・ルノワールやジャック・ドゥミなど，母国で活躍した後アメリカに新天地をもとめたフランス人監督もおり，資本などの問題も考慮に入れればますます「フランス映画」のあり方は多様だ。

　移民問題が今ほど前景化する以前からこの主題で映画を撮り続けてきたフィリップ・フォコン監督の『Fatima』（2015年）は，家政婦として働きながら2人の娘を育てるアルジェリア出身の母を主役に据え，フランス版アカデミー賞であるセザール賞の三冠に輝いた。さまざまな出自をもつ24人の生徒たちと担任教師の一筋縄ではいかない関係性を描くローラン・カンテ監督『パリ20区，僕たちのクラス』は，2008年のカンヌ映画祭で最高賞のパルムドールを受賞し，2013年にはチュニジア出身のアブデラティフ・ケシシュ監督の『アデル，ブルーは熱い色』が同賞を獲得した。

　世界の映画市場を牛耳るアメリカとの関係に着目すれば，2014年に最もヒットしたフランス映画である『ルーシー』を監督したリュック・ベッソンは，多くの映画でハリウッドのスターを起用しつつ，あくまでも「フランス映画」の監督としてアメリカの一党独裁に抵抗する。10代の頃からその才能と可憐さが注目を集めていたジュリー・デルピーは，現在の拠点であるアメリカとフランスを行き来しながら，女優のみならず監督・脚本家・プロデューサー等，八面六臂の活躍を見せている。

　数字に目を向ければ，2014年に製作されたフランス映画は，主にフランス資本のものは203本，外国資本のものは55本にのぼる。2000年より年間パスの制度が導入され，大手シネコンを中心に無制限に映画を見られるシステムができたため，国内需要を満たすためのコメディ映画の本数が増えたとされている。フランス国内で消費される映画が主流になるなか，日本は例年50本前後ものフランス映画を配給している（2014年の統計では，日本では47本，韓国では55本のフランス映画が劇場公開された）。公開本数が最も多いのはカナダ・ケベック州の83本であるが，劇場動員数のシェアは北アメリカ全体で17.8％にとどまる。西欧の29.1％に次ぐフランス映画の劇場動員数を誇るのはアジアであり，全体の26.6％を占める。

日本とフランスの文化交流において，映画は重要な役割を果たしている。個々の作品の例をあげれば，ヌーヴェル・ヴァーグを代表するジャン＝リュック・ゴダール監督の初長編『勝手にしやがれ』（1959年）の革新性を見抜き，世界で最初に配給を決めたのは日本である。ゴダール監督は溝口健二監督を崇拝し，代表作のひとつである『気違いピエロ』（1965年）のラストシーンでは，『山椒大夫』（1954年）にオマージュを捧げている。フランスにおける日本映画への関心は高く，ここ数年に限っても，パリのシネマテーク・フランセーズでは小津安二郎，黒沢清，深作欣二，大島渚などの大規模な特集上映が組まれた。2006年から在仏日本大使館ほか日仏の各機関の支援によってパリおよび地方都市で開催されている　KINOTAYO（金の太陽）映画祭は，日本映画の「今」をフランスに伝える催しとして注目されている。1993年以降ユニフランスの主催で毎年開催されているフランス映画祭では，フランスでの話題作が多数紹介され，来日ゲストの顔ぶれも華やかだ。

映画への情熱が昂じて1930年代から旧作のフィルムを蒐集・上映していたアンリ・ラングロワの10本ほどのコレクションが起源であるシネマテーク・フランセーズは，度重なる移転を経て，2005年からパリ12区での運営を開始した。厖大なコレクションと３つのスクリーンを活かし，複数の特集上映を並行しつつ関連するシンポジウムを行い，世界中の映画ファンを惹きつけている。シネマテークの恩恵を受けて映画を浴びるように吸収した「映画狂（シネフィル）」たちが，1950年代の終わりからスタジオを飛び出してパリの街で撮影を行い，フランス映画の表現を革新しようとした動きが，「新しい波」を意味する「ヌーヴェル・ヴァーグ」だった。質・量ともに圧倒的な映画鑑賞の機会を提供し，街全体が映画と地続きであるかのようなパリは，世界に比類のない映画教育・制作の土壌として，いまだ無限の可能性を秘めている。

毎年６月にユニフランス主催で行われる「フランス映画祭」や，フランスの映画雑誌『カイエ・デュ・シネマ』誌とアンスティチュ・フランセ日本の提携によって開催される「カイエ・デュ・シネマ週間」では，日本にいながら「フランス映画の現在」に触れることができる。

◆参考文献資料

ゴダール，ジャン＝リュック『ゴダールの映画史』1998年（映像資料）

遠山純生編『ヌーヴェル・ヴァーグの時代』紀伊國屋書店，2010年

中条省平『フランス映画史の誘惑』（集英社新書）集英社，2003年

ブレッソン，ロベール／松浦寿輝訳『シネマトグラフ覚書――映画監督のノート』筑摩書房，1987年

三浦哲哉『映画とは何か――フランス映画思想史』（筑摩選書）筑摩書房，2014年

山田宏一『トリュフォー，ある映画的人生』（平凡社ライブラリー）平凡社，2002年

福田　桃子

第Ⅱ部 トピック編

フランスの農産物

廣田　愛理

はじめに

　EU最大の農業生産額を誇るフランスは，1970年代末から2000年代初頭までほぼ一貫してアメリカに次ぐ世界第2の農産物（加工品を含め，以下，農産物）輸出国の地位を維持し，世界的にも農業大国のイメージを確立した。しかし，2000年代以降，農産物輸出国としてのフランスのパフォーマンスは低下し，2010年から2014年まではアメリカ・オランダ・ドイツ・ブラジルに次ぐ第5位，2015年以降は中国に次ぐ第6位へと順位を落としている。

1　フランスはなぜ農産物輸出国になったのか

国内需要充足のための生産増

　農業労働力不足や生産・輸送手段への壊滅的な打撃により，第二次世界大戦直後のフランスは深刻な食糧難に見舞われた。1945年の農作物の生産は戦前の6割に満たず，食肉や牛乳も3分の2以下であり，パンの配給も1949年まで続いた。それゆえフランスは，外貨不足にもかかわらず基本農産物を主にアメリカから輸入せねばならなかった。

　こうした状況下で食料供給のための生産手段再建の重要性が認識され，農業機械が経済復興のための第一次近代化設備プラン（モネ・プラン，1946年作成）の基礎部門に組み込まれた。だが，フランス政府はこの段階で自国を農産物輸出国にすることを展望していたわけではない。農業部門に求められたのは，国内の食料需要の充足を保証することと，工業近代化に不可欠な原料・エネル

◆ 207

ギーの優先的輸入のために「国内で生産可能な食料品」の大量輸入を回避することだった。それゆえ，輸出は当面「特産品と不可欠ではない食料品」（シャンパン，ワイン，蒸留酒，野菜，果物，チーズ）を対象とすべきと考えられた。すなわち，農業に期待されたのは食料輸入の削減を通じて外貨不足と国際収支の改善に貢献することであり，輸出増は関心の外にあった。

マーシャル・プランのインパクト

　しかし，1947年6月のアメリカによるマーシャル・プラン発表がフランスの農業政策に軌道修正を迫る。同プランはフランスにとって経済復興に必要な資金提供を保証するものであったが，アメリカの要請に沿ってプラン終了の1952年までには援助なしに国際収支を安定させる必要があった。1947年の不作で食料の緊急輸入が必要となった結果，貿易赤字が増大して工業原料や設備材の輸入が妨げられたことも食料問題解決の緊急性を高めた。

　かくして1948年にモネ・プランが修正される際には，農業の重要性が高まり，1952年までに国際収支の赤字をカバーするに足る農産物輸出国となることが目的に掲げられ，「欧州の食料需要の充足」という目標も追加された。欧州諸国への輸出を戦略に据える以上は，欧州の需要に適応した生産が必要であるため，小麦・食肉・乳製品といった基本農産物の輸出に軸足を置く必要があった。こうしてフランスの農業政策の目的は，共産主義化回避のために西欧諸国の早期復興を望むアメリカの意図と相まって，自国の食料自給の確立から欧州における農産物輸出国の地位の確立へと変化し，欧州の食料安全保障の確保という大義名分がフランス農業に与えられた。

輸出先の確保

　輸出市場として最初に想定されたのは欧州最大の農産物輸入国のイギリスと西ドイツだった。しかし，イギリスは小麦の輸入協定に応じる用意がなく，この頃，フランスの対独政策が弱体化路線から和解路線へと転換したこともあり，フランスの関心は必然的に西ドイツに向かう。西ドイツは冷戦に伴う東部の分離によって食料輸入が不可欠なため，最もアクセスが容易な市場だと考えられた。

208 ◆　第Ⅱ部　トピック編

とはいえ，フランス農業の競争力は弱かったため，輸出は政府間の通商協定に頼らざるをえず，1949年夏には西ドイツ政府との交渉に基づく二国間貿易が本格的に再開する。ところが1950年代半ばになると，フランスからの農産物輸入を1対1で埋め合わせる形で西ドイツが工業製品の輸出拡大を要求するようになったため，フランスの利害に沿った通商協定の締結は次第に困難になった。この間，フランス政府は自国が輸出可能な主要農産物市場（小麦・砂糖・乳製品・ワイン）を欧州レベルで組織化することを検討し始め，1951年から欧州農業共同体構想をリードする。しかし同構想も，1954年まで議論が続けられたが決着がつかずに放棄されることになる。

1950年代半ばのフランス政府にとって，農産物輸出政策を推進するには，過剰生産と価格崩壊の不安（早くも1953年に生産過剰による農産物価格の暴落が生じていた）から農業従事者を解放し，農業拡大に対する協力を得る必要があった。したがって，欧州農業共同体構想の挫折とドイツとの二国間交渉の限界を前に，いかに輸出市場を確保するかが最大の課題であった。そうしたフランスに市場拡大の新たな可能性を提供したのが，1957年3月に締結されたローマ条約によるEEC共同市場の創設と共通農業政策（CAP）の策定だった。これにより欧州市場がフランス農業に開かれることになった。

2 ◆────共通農業政策はフランスの農産物輸出をどう変えたか

生産拡大への刺激剤

CAPは，1958年のストレーザ会議で定められた基本原則をもとに1962年に骨子となる規則が採択され，1967年の穀物を皮切りに市場組織化の対象品目を広げていった。CAPは，農産物価格安定のために介入を行う価格支持の考えに基づき，高い域内価格を維持し，安価な農産物の輸入を輸入課徴金（域内価格と輸入農産物の差額を埋めるための付加税）によって抑制する保護システムを提供した。それゆえCAP創設期にすでに基本農産物に余剰が生じていたフランスにとって，CAPは，基本農産物が不足する加盟国間との相補的な食料需給を通じて自国農業を拡大するための重要な枠組みを提供することになった。そのうえ，CAPは西ドイツ市場の水準に合わせて農産物価格を高く設定したた

6 フランスの農産物　　◆ 209

め，フランスの生産者は価格崩壊を心配せずに生産に励むことができた。結果として，フランスは，1960年から1975年にかけてEC（本章では便宜上1960年代から1980年代までをECと表記）加盟国への輸出シェアを倍増させた。

1970年代には農産物貿易収支に関して黒字の年が見られるようになり，1980年代初頭からは黒字が継続するようになる。かくしてフランスは農業の技術的遅れや低い生産性といったイメージを完全に払拭し，世界的な農産物輸出大国となる。他方で，1960年代以降，EC諸国からフランスへの輸出も増大し，これに伴いフランスの農産物貿易における旧植民地の重要性が低下していく。

しかし，1970年代までのフランスの農産物輸出は，世界市場よりも高価な農産物の購入を保証してくれるECのおかげで大きく拡大したのであり，1970年代を通じてEC域外への輸出はそれほど伸びなかった。また，1961年以降ほぼ一貫して余剰を発生させたのは穀物・穀物加工品，牛乳・乳製品，砂糖といった基本農産物と，伝統的輸出品のワイン・アルコール飲料であったため（缶詰を含む野菜果物，油脂，水産物については赤字傾向にあった），フランスとEC諸国の間には，フランスが基本農産物とワイン・アルコール飲料を輸出し，二次加工品と野菜果物を輸入するという補完関係が成立した。

世界市場への進出

CAPの保護システムによって農業生産を急速に発展させたフランスとEC諸国は，1980年代の初めにはほぼすべての主要農産物について食料自給という目的を達成する。域内市場の充足がすすんだことに加え，加盟国の畜産業がCAPの保護の対象外である安価な代替穀物輸入を増加させた影響でフランスの域内向け穀物輸出が停滞し始めると，フランスは1970年代以降世界市場におけるシェアを伸ばしていく。その背景には1970年代の世界的な農産物貿易の拡大もあった。かくして，1980年代初頭にはフランスの輸出額の45％が域外向けとなる。1980年代半ばには，ソ連・中国（穀物・小麦粉・麦芽），北アフリカ・中東（穀物・粉乳・鳥肉），スイス・アメリカ・日本・香港・シンガポール（アルコール飲料）がフランスの主要な域外輸出先となる。

しかし，CAPによる保護システムは欧州の自給達成を目的としてつくられたものであり，域外市場の確保を目的としたものではなかったから，域外輸出

の拡大により CAP のメカニズムが変調をきたす。すなわち，EC の農産物価格は世界市場価格よりも常に高かったため，輸出増は輸出補助金の支出増となって EC 財政の圧迫に帰結する。さらに1980年代における世界の農産物貿易停滞を背景に，EC はアメリカとの間で補助金合戦を伴う貿易戦争に突入するとともに（とりわけ北アフリカを舞台とした穀物輸出），生産者がほとんど助成を受けない国々（オーストラリア，ニュージーランド，アルゼンチンなど）からの批判を受け始める。1986年に開始したガットのウルグアイラウンド交渉では，この農産物貿易戦争への対処が争点となり，EC に対する輸出補助金削減の圧力が高まることになる。

マクシャリー改革のショックと農産物輸出構造の変化

　こうした状況下において，1992年に EU（本章では便宜上1990年代以降を EU と表記）は，支持価格の引き下げとそれを埋め合わせる直接所得補償システムへの移行，休耕義務化・飼養頭数制限による生産抑制といった抜本的改革の実施を決定し（マクシャリー改革），2000年代以降もこの方針に沿って CAP の見直しを続けていく。したがって，1992年はフランス農業にとって基本農産物の生産拡大を支えてきた保護システム崩壊の起点となった。フランスは，CAP 改革での価格引き下げを基本農産物の輸出競争力アップにつなげることはできず，むしろソ連崩壊に伴う輸出先の消滅に新興輸出勢力（ブラジル・ロシア・ウクライナ）台頭による基本農産物輸出の競争激化も加わり，1990年代に世界における輸出のシェアを減少させる。これに対して，CAP の輸出補助金に依存しないワイン・アルコール飲料は，アメリカや日本・中国などの消費拡大の影響で1990年代にフランスの輸出を支える要となる。

　輸出援助の削減により EU 域外への輸出が困難となったフランス農業は，同時期に EU 市場においても苦戦を強いられる。その要因のひとつ目は，価格競争力の高い農産物の域外からの輸入増である（ロシア・ウクライナからの穀物，アルゼンチン・ウクライナからの油糧種子，南米・タイからの英独向け牛肉・鶏肉）。２つ目は，EU 加盟国との競争の激化である。とりわけ注目すべきは，東西ドイツの再統一（1990年）以降，ドイツが穀物輸出を増加させ，さらに2000年代初頭から食肉輸出も拡大したことだ。1950年代にフランスが農産物輸出拡大を

6　フランスの農産物　　◆211

目指すうえでの根拠となった仏独の補完関係は，もはや成立しなくなったのである。2000年代以降はCAP改革のダメージを受けなかったワインについても同様の傾向が確認され，対英輸出ではオーストラリアと，対独輸出ではイタリアとの競争によってシェアが減少した。

　1992年のマクシャリー改革がフランスの基本農産物輸出に打撃を与えた一方で，同改革による農産物価格の引き下げは1980年代以降に勢いを増した食品産業にとってプラスに作用した。その結果，フランスは1992年以降，EU市場において朝食用シリアル・ビスケットなどの穀物製品，チョコレート製品，野菜・食肉加工品，ヨーグルトなど，二次加工品のシェアを徐々に拡大している。

おわりに

　戦後，欧州の食料自給という役割を自らに課したフランスは，CAP保護の恩恵を多く受ける農産物に生産を集中させることで農産物輸出大国に発展した。しかし，1990年代以降のCAP改革の中で，フランスはEU域内・域外の双方において輸出のシェアを減少させ，現在は農産物輸出構造の転換期にさしかかっているといえよう。とはいえ依然として穀物とワイン・アルコール飲料はフランスの輸出を支える柱であり，農業はフランスの貿易収支における黒字部門として（2015年の貿易収支黒字は92億ユーロで航空・宇宙部門，化学・香水・化粧品に次ぐ第3位），赤字部門をカバーする役割を果たし続けている。

◆参考文献資料
ガードナー，ブライアン／村田武ほか訳『ヨーロッパの農業政策』筑波書房，1998年
クーニャ，アルリンド＆スウィンバンク，アラン／市田知子ほか訳『EU共通農業政策改革の
　　内幕——マクシャリー改革，アジェンダ2000，フィシュラー改革』農林統計出版，2014年
廣田愛理「戦後フランスの農業政策とヨーロッパ統合（1945-1957年）」廣田功編『現代ヨー
　　ロッパの社会経済政策』日本経済評論社，2006年

コラム4　ワイン・料理

　フランスにとってフランス料理とフランスワインは，世界に誇る美食文化の二本柱である。

　よく知られるように，フランス料理のルーツはルネサンス期にイタリアのフィレンツェからフランス王に嫁いだカトリーヌ・ド・メディシスとその専属料理人によってもたらされたのが始まりだ。フランス絶対王政のもとで洗練の度を加え，フランスの国力と相まって，18世紀頃からヨーロッパの宮廷外交の正餐として取り入れられるようになった。今もフランス料理を元首の館の正餐としている国は少なくなく，日本の皇室も，イギリスのバッキンガム宮殿もそうだ。

　衣食住にさまざまに手を加えて感性豊かなものにし，人生を楽しむフランス人の人生哲学は「アール・ド・ヴィーヴル」と呼ばれるが，フランス料理とフランスワインはこれになくてはならないアイテムとなってきた。しかし今日，その地位は決して安泰ではない。

　たとえば料理。飽食や贅沢を避ける健康志向が世界的な潮流となる中で，ヘルシーなイタリア，スペイン料理などの地中海料理や，素材を大切にする和食が注目を浴び，ブームになっている。一方，フォアグラやキャビアなどの高級食材を使うフランス料理は，値段が高く，脂肪やクリームやバターを多用するためカロリーが高いという負のイメージから抜け出せていない。

　また中国料理，インド料理，タイ料理などの各国料理も，世界のトレンドを取り入れ，古い殻を破って装いを一新した新しいイメージをもって台頭している中で，フランス料理はややもすると「時代遅れ」「古くさい」と見られるようになった。

　ワインも，かつてフランスワインといえば世界にそびえ立つ存在だった。他のワイン生産国にとってワイン造りの基準であり，いかにフランスワインに近いものを造るかに努力を傾注してきた。しかしいまワイン造りの技術は世界に拡散し，革新的な醸造技術も生み出されている。多様な気候風土に対応したブドウ品種も開発され，極めて高いレベルのワインが各国で造られるようになった。

　コストパフォーマンスでいうなら，フランスワインよりもはるかにいいワインが続々と市場に投入されている。フランスの銘醸地ボルドーでも，トップレベルのシャトーは引く手あまただが，そうでないシャトーは経営が苦しくなっている。

　フランスが手をこまねいているわけではない。フランス政府はフランス料理を国連教育科学文化機関（ユネスコ）の無形文化遺産に登録すべく2008年から運動を展開。2010年，料理としては初めて無形文化遺産に登録された。これ以後，各国も自国料理の登録を進めるようになった。

　ワイン関連の世界文化遺産登録は早くから進められた。ボルドー地方のサン・テミリオン（1999年）を皮切りに，ブドウ畑を含むロワール古城群（2000年），ワイン積み出し施設を含むボルドーの「月の港」（2007年），シャンパーニュとブルゴー

ニュ（2015年）と登録が続いている。

　現在，フランス政府は外交・産業戦略と結びつけてフランス料理のイメージ刷新を図っている。そこには「フランス料理文化は重要なソフトパワーであり，国家のイメージ向上，外国人観光客の誘致，フランス農産品輸出の振興に活用する」との考えがある。

　ローラン・ファビウス外相（当時）は2014年，アランデュカス，ギー・マルタン，ギー・サヴォワというフランス料理界の３人の大御所に，フランス料理の新しい時代的位置づけを依頼した。まとめられた報告書の中で，３人はフランス料理の「現代性」と「卓越性」をメッセージとして強く打ち出すことの重要性を指摘した。

　「現代性」とはフランス料理が時代の潮流を取り込み，新鮮な食材と季節に敏感で，脂肪や砂糖や塩を多用せず，懐具合に応じて誰もが楽しめる料理なのだということ。「卓越性」とは，フランス料理は伝統の料理技術の素晴らしさとともにフランスの地方の豊かさ（つまり食材の多様さ）に支えられており，このことをより広く知らしめていくことの必要性に報告書は言及した。

　これを受けフランス政府は2015年からキャンペーン「グー・ド・フランス（フランスの味覚）」を展開している。毎年春分の３月21日夜，世界の1500を超えるフランス料理レストランと提携して特別メニューを出してもらい，フランス料理の「現代性」と「卓越性」を伝えようとのねらいだ。フランス外務省と各国にあるフランス大使公邸でも夕食会を催す。同じ夜に世界で一斉にフランス料理を食べるという壮大なイベントである。

　エリゼ宮（フランス大統領官邸）もフランス料理の振興活動に積極的だ。かつてエリゼ宮は外部の世界との接触に消極的だった。しかし現在，エリゼ宮は外国でフランス大使館や外国政府が催すフランス料理講習会に，要請されれば約20人いる料理人を交代で派遣する。「エリゼ宮の料理人が来てくれた」となるとその効果は絶大で，フランスの美食文化の普及に大きな力となる。

　またエリゼ宮の厨房は外国人を受け入れなかったが，初めて2013年９月，福島県いわき市の若手料理人を２週間，研修生として受け入れた。研修中，オランド大統領もわざわざこの料理人と会い，励ましている。「エリゼ宮はフランスの美食文化のショーウィンドウとなる」との意識がここにはある。

　歴史と伝統と名声にあぐらをかいていたフランスの美食文化も，グローバルな競争時代に対応すべく，試行錯誤しながらイメージ脱皮を図っている。

◆参考文献資料

北山晴一『世界の食文化⑯──フランス』農山漁業文化協会，2008年

西川恵『エリゼ宮の食卓──その饗宴と美食外交』（新潮文庫）新潮社，2001年

西川恵『ワインと外交』（新潮文庫）新潮社，2007年

山本博『ワインが語るフランスの歴史』（白水Uブックス）白水社，2009年

西川　恵

214◆　　第Ⅱ部　トピック編

第Ⅱ部　トピック編

7

フランスと原子力

黒田　友哉

はじめに

　フランスは,「原発大国」といってよいだろう。実際,「原発大国」としばしばいわれてきた。その理由として考えられるのは次のような実態である。2019年現在フランスでは, 米国に次ぐ世界第2位の58基を有し, 総電力の約4分の3を原子力が占めている。それだけでなく, フランスは, 使用核燃料の再処理を日本を含む各国から請け負い, 中国における出力1000メガワットの原子炉を含めて, 原子炉の輸出を行っているのである（そのほか, イラン, 南アフリカ, 韓国等に出力900メガワットの原子炉がすでに輸出されている）。

　本章では, このような原発大国はなぜどのように生まれ, 維持されてきたのかに焦点を当てる。その際, 民生分野を中心に置くが, フランスの原子力開発は軍民渾然一体となってきたことから, 核兵器開発といった軍事面にも適宜言及する。以下では, エネルギー多角化, 威信, ヨーロッパという3つの視角から原発大国化と維持の過程が分析されるだろう。そしてそれらの歴史的変遷の検討をベースに, 今後, フランスが原発大国を維持することができるのか, もそこに大きくかかわってくるだろう温暖化への取り組みとの関係でそれを考察し, フランスの原子力政策の将来を展望したい。

1 ── 原子力黎明期から軍事利用顕在化
：エネルギー対外依存の高まりへ

　フランスの原子力政策の起源はいつに求められるだろうか。実際に政策とし

◆ 215

て立案されていくのは原子力庁が設置された20世紀半ばだと考えられるが，それ以前のフランスでの科学の発展との関係を軽視すべきではないだろう。放射能の単位となっているアンリ・ベクレルの19世紀末のウラン鉱から放出される放射能の発見は，その後の原子力開発の礎となったし，フランスで研究していたマリ・キュリーとその夫ピエール・キュリーは，ボロニウム，ラジウムという２つの放射性物質を発見したのである。

　そのようなフランスでの科学の進展を土台に今日の原発大国が築かれる起点となったのは，第二次世界大戦末期の1944年のことである。レジスタンスのリーダーたるシャルル・ドゴールが1944年夏，軍事利用を視野に入れ，ラウル・ドートリとフレデリック・ジョリオ＝キュリーに核産業を起こすよう示唆し，それが同年秋に原子力庁（CEA）として創設されるのである。

　当初平和主義者ジョリオが原子力庁の双頭体制のトップの一角を担ったこともあり，原子力開発において平和利用の推進が主流であったが，それが変わっていくのは冷戦の進行と1950年のジョリオの解任からである。その後，フランスは核兵器開発にシフトしていくが，ドゴールの存在なしでもすすんだことがひとつの特徴だろう。時のピエール・マンデス＝フランス政権が計1250億フランという核兵器開発プログラムを打ち出したその背景には，前政権の国防大臣ルネ・プレヴァンのいうような「近い将来，核兵器を生産し配備する国だけが大国を自称することができるようになるだろう」という大国の地位の模索があった。

　しかし，フランスが原子力開発をすすめるうえで一国主義を常にとっていたわけではない。一国路線が築かれるのは，ドゴールが大統領になってからである。それ以前には仏政府はヨーロピアン・オプションを検討していた。その具体化がユーラトムである。欧州石炭鉄鋼共同体（ECSC）をともに形成していた西ドイツ，イタリア，ベネルクスとともにヨーロッパとしてのエネルギー自立を目指したものである。技術的にはフランスは最もすすんでいると自負していたが，ベルギー領コンゴに集中していたウラン資源や資金源としての西ドイツとの協力が期待されていたのであり，また1954年夏の欧州防衛共同体条約否決で勢いを失う欧州統合を再発進させたいという思惑もあった。

　ただし，ユーラトムレベルでの濃縮ウラン施設の建設は，濃縮ウランが軍事

216◆　　第Ⅱ部　トピック編

転用される恐れから，西独などの反対によって頓挫した。独力での国土防衛を目指すドゴールが1958年6月から首相になり権力に復帰してからは，核兵器開発とともに濃縮ウランも一国レベルで開発される。軍事工場が1964年にピエールラットに建設されるのである。

1960年代に核抑止体制は築かれ，軍事利用は顕在化していく。1960年に当時「植民地」であったアルジェリアのサハラ砂漠で初の核実験に成功すると，1964年に戦略爆撃機ミラージュIVが配備され，名実ともに核武装国となった。

軍事利用顕在化とともにこの時期の重要な変化は，エネルギー対外依存度の高まりであり，そこからの脱却を目指す動きが現れ始めたのが1960年代である。技術革新のため安価になった石油が中東などから輸入されるようになり，1960年代にエネルギー自給率は60％から漸減していくのである。

1965年にはPEON委員会（原子力からの電気生産諮問委員会）が対外依存度の高さに警告を発し，それへの対応を提案していた。1969年の第二次報告でも，水を減速・冷却に使う軽水炉の大規模建設を提案している。このように1960年代には，エネルギー多角化がその後の原発増加の大きな動機となっており，それを土台にして，1970年代には原発大国化への道が開かれていくのである。次節ではその過程を検討する。

2◆─── 原発大国化への道

エネルギーの安定供給を目指すエネルギー多角化が総電力の4分の3を原子力が占める「原発大国」の背景にあることは確かである。それは内発的だったのか，それとも外発的だったのだろうか。

先述のようにPEON委員会の勧告は，電力における原子力のシェアを増やそうというものであった。また，1970年には原子力庁長官ミシェル・ペキュールによって，原発推進路線が打ち出されていた。さらにオイルショック直前の1973年夏には，国有（当時）電力会社であるEDFが年に3～4基原発を建設する計画の文書を残している。その意味で，原発推進路線はある程度内発的である。しかし，それが政策となるのは，1973年10月の第一次オイルショック直

後の1974年3月に出されたメスメール計画以来である。第四次中東戦争の勃発がアラブ諸国に利用され，原油価格が4倍になったことは，石油に大きく依存してきたフランス経済の脆弱さを示すものであった。その意味で，フランソワ・ギョーマ゠タイユがいうように，原発大国形成の「触媒」として第一次オイルショックを捉えるのが適当だろう。原発大国化は，外発的な側面ももつ。

　今日の原発大国を築いた一里塚であるから，メスメール計画についてもその内容を確認しておこう。ジョルジュ・ポンピドゥー大統領のもとで首相を務めたピエール・メスメールが発表した原発推進政策であるが，毎年5〜6基，25年にわたり原発を建設するというものであった。その後，フランソワ・ミッテラン大統領期には頓挫することになるが，原子力の電力に占める割合が現在の状態になったのは，このメスメール計画によるものである。

　このような原発推進路線は，ヨーロッパ統合の枠組み，あるいは，ヨーロッパの同盟国と協調するというヨーロピアン・オプションを維持していた。空席危機から立ち直るべく1969年12月ハーグ首脳会議が開催されたが，その際にECレベルでの濃縮ウラン生産コンソーシアムであるユーロディフ（Eurodif）建設をポンピドゥー大統領が提案したのである。すでに濃縮ウラン施設を自前で建設していたフランスは，技術共有をECパートナー国と目指したのである。このような経過からわかるように，フランスにとって技術面でのメリットは少なかったが，ヨーロッパ統合活性化を目指すひとつのツールとして濃縮ウラン施設建設が考えられたのである。ただし，厳密な意味でのヨーロッパ統合にとどまることなく，ユーロディフは，当時加盟国ではなかったスペイン，スウェーデンにも参加の道が開かれた。

　しかし，このフランスの計画は順調にはすすまなかった。というのも，独蘭英3か国が1971年には合同企業のウレンコ（Urenco）を設立し，73年にはユーロディフから離脱したからである。その後，両組織の統合が目指されたが，結局，分裂状態は続くことになった。このように，ヨーロッピアン・オプションはユーラトムの停滞とともに，なんとか維持されるにとどまる目立たない存在となったのである。

　1980年代の大きな動きは，ソ連のチェルノブイリ原発事故とフランスにおける高速増殖炉の建設であろう。ただし，1986年4月26日に爆発が起こり，アメ

リカのスリーマイル島事故とともに当時世界最大の原発事故のひとつとして知られたチェルノブイリ原発事故は，フランスに与えた影響は小さかった。フランスは，「はるかに安全」とした自国製原発をロシア，東欧に売り込んだのである。

　一方，消費した燃料以上に核分裂性物質を生み出す高速増殖炉は，フランスにとって国家の威信をかけたものであり，1960年代から開発されたフェニックスを土台に，1970年代半ばから1980年代半ばにかけ取り組まれた。その結果，世界でほとんど類を見ない高速増殖炉のスーパーフェニックスは，1985年に稼働した。しかし，次節で見るように，スーパーフェックスも相次ぐ事故の結果，稼働停止に追い込まれるのである。

3 ◆─── 反原発の動きと温暖化の中での「脱炭素化エネルギー」

　それまで大きくなかった反原発の動きが顕著になるのは，1997年のことである。右派のジャック・シラク大統領，左派のリオネル・ジョスパン首相が保革共存を形成し，社会党，共産党，緑の党が左翼連立政権を形成したのである。緑の党は，反原発政党であり，これを機に，緑の党の政治家ドミニク・ヴォワネが環境大臣のポストを得たのである。

　緑の党のジョスパン政権への参画の結果，反原発の動きにフランスは舵を切ることになる。実際，高速増殖炉スーパーフェニックスは廃炉が決定した。しかし，反原発の動きには限界もあった。フェニックスやその他軽水炉は継続したのであり，その意味で原発推進路線の根本は変わらなかったのである。2002年の総選挙では，保守派が圧勝したため，緑の党は影響力を失い，反原発の動きも一時おさまることになった。

　その後，地球温暖化の中で，逆に原発を正当化する言説も生まれる。右派のシラク大統領による「脱炭素化エネルギー」という新語の創造である。2007年のEU首脳会議たる欧州理事会において，原発が温室効果ガス削減のための模範的手段となることを主張したのである。これは次期大統領ニコラ・サルコジやEUにより継承された。

　この動きに反対するように生まれたのが，2012年のフランソワ・オランド大

7　フランスと原子力　　◆219

統領の登場であり，「減原発」の動きである。オランドは，東日本大震災に次ぐ福島原発事故（フクシマ）の影響を受け，大統領選公約として，原発の総電力量に占める割合を，2025年をめどに75％から50％へと減少させることを再生エネルギーなどの活用により提案したのである。原発大国の地位はゆらいでいるようで，「国策会社」アレヴァ（AREVA）は，格付けの低下，リストラに苦しんでいた。

　最後に，EPR（ヨーロッパ加圧型原子炉，進展型原子炉）についても触れておこう。安全性の確保と発電量の規模の増加を目的とし，第三世代の先端技術であることから，フランスの威信にかかわっている。1989年から開発が始まったEPR は基本的には仏独の協力によるもので，ユーラトムに限定せずにより広い意味でのヨーロピアン・オプションをフランスはなんとか維持している。フランス，フィンランド，中国，イギリスに現在計6基が準備中である。

おわりに

　以上，主に第二次世界大戦後のフランスの原子力政策について概観した。その中で今日の原発大国の地位を支えている要因が，重要な順にエネルギー多角化，威信，ヨーロッパ（統合）であることが明らかにされた。EPR などヨーロピアン・オプションは維持され原発大国の維持への貢献が図られたものの，多くの機会にそれらは挫折し，一国主義路線が中心となった。その意味で，ヨーロッピアン・オプションが原発大国を支える役割はエネルギー多角化，威信と比べて小さいのである。緑の党という反原発政党が政権入りした1997年以来，フランスでは反原発の動きが見られるが，近年では，温暖化対策の国際的議論の文脈の中で，原発正当化の論理として，原子力＝「脱炭素化エネルギー」という位置づけも獲得している。そのような中，新たな変化は，オランド政権の総電力における原子力のシェアを75％から50％まで減らす「減原発」路線である。2018年末現在，「減原発」路線は実現していないが，，COP21で合意され，発効したパリ協定が今後履行されていくとしても，2015年8月17日法で規定され，確認された「減原発」路線がマクロン以降の政権で実現されていくかは20年計画であり，定かではない。ただし，パリ協定には一応の法的拘束力が

あり，また議長国として主導し批准を終えたフランスとしてはその履行を蔑ろにはできないだろう。その意味で，第一次オイルショック以来約40年間維持されてきた「原発大国」の行方は，パリ協定の履行に大きく依存しており，今後が注目される。

◆参考文献資料

黒田友哉「フランスとユーラトム」『日本 EU 学会年報』28号（2008年）

シュヴァリエ，ジャン＝マリー／増田達夫監訳『世界エネルギー市場——石油・天然ガス・電気・原子力・新エネルギー・地球環境をめぐる21世紀の経済戦争』作品社，2007年

真下俊樹「フランス原子力政策史」若尾祐司・本田宏編『反核から脱原発へ——ドイツとヨーロッパ諸国の選択』昭和堂，2012年

ヤーギン，ダニエル／伏見威蕃訳『探求——エネルギーの世紀（上・下）』日本経済新聞出版社，2012年

8

第Ⅱ部　トピック編

科学技術とフランスのグローバル戦略

鈴木　一人

はじめに

　フランスは欧州でも随一の科学技術大国であり，エアバスやアリアンロケットといった航空宇宙分野では欧州をリードする立場にある。ナポレオン時代からの技術的優位性が戦場における優位性を決定するという認識と，デカルト主義的合理性に基づく技術進歩による人類社会の発展という規範が根づいている。それは第二次世界大戦後，米ソが急速に発展し，「アメリカの挑戦（Le Défi Américain）」が明確になる中で，フランスが世界における地位を維持するためにも科学技術の発展による軍事力と国際競争力の確保が至上命題となった。フランスの伝統的な国家介入型経済政策であるコルベール主義のハイテク版（colbertisme high-tech）が実施されたのである。

　しかし，フランスが一国で米ソ超大国に対抗することは資金的にも技術的にも困難であった。そのため，欧州統合を推し進め，フランス企業をナショナルチャンピオンから「ユーロチャンピオン」へと脱皮させていこうとするが，科学技術分野は軍事技術との関連性が強く，フランスのコントロールの効かない超国家的な統合ではなく，EU の枠組みの外で欧州各国が協力し，能力のある国家による政府間協力をすすめる方針を模索した。しかし，冷戦後に産業再編をすすめた米国企業に対抗するため，国有企業を民営化し，欧州各国企業と合併させることでより効率的で競争力のある産業を育てることを目指す方針に転換した。本章では統合とフランスの主権との間で揺れ動く科学技術分野でのフランスの戦略を概観する。

1◆─── 科学技術に支えられたフランスの独自性

　19世紀以降の帝国主義時代のフランスを支えたのは，なんといっても科学技術の発展であった。ルイ・パスツールやマリ・キュリー夫人（ポーランド生まれ），建築家のル・コルビュジェ（スイス生まれ。本名はシャルル゠エドゥアール・ジャヌレ゠グリ）やエッフェル塔を作ったギュスターヴ・エッフェルなど，特に医学，工学，建築学，地理学などの分野で世界でもトップクラスの研究成果を生み出し，それらがワクチンや橋 梁 建設など，さまざまな実用技術へと応用されていくことでフランスは世界大国としての地位を確立した。

　しかし，第二次世界大戦でナチスドイツに占領され，連合国によって解放されるという経験は，フランスが過去の技術にしがみつき，その革新を怠ったことによる衰退と見られるようになった。もともと，フランスのエリート養成機関である理工科大学（École polytechnique）や鉱山学校（École des Mines）などは科学技術の優位性がフランスを大国にするということでその地位を保障されてきた。したがって，彼らが戦後のフランス国内での地位を確保するうえでも，科学技術部門で世界に後れをとるわけにはいかなかった。

　とはいえ，第四共和政のもとでは政治的な不安定さもあり，科学技術部門での戦略的で一貫した投資を行うことは困難であり，他方で，米ソ冷戦という環境のもと，軍事技術に牽引された原子力や宇宙開発などの最先端の分野で米ソ両国が圧倒的な技術発展を遂げ，フランスが一国で追いつけるような状態にはなかった。こうした状況下でなんとかフランスが大国としての地位を保つために必要だったことは独自の核開発（これも米国の支援があったといわれる）であった。ゆえに戦後のフランスの科学技術戦略は何を差し置いてもまずは核開発を成功させることとなった。

　1960年にサハラ砂漠で核実験が成功したことでフランスは世界の大国の地位を維持したが，次なる課題は核兵器を運搬し，戦略的に活用する手段を確保することであった。フランスは1970年に複数の企業をアエロスパシアル社に統合させ，防衛・航空・宇宙産業を一手に担う企業としてグローバルな競争にも対抗できるだけの資金力と技術力を結集したナショナルチャンピオンとして位置

8　科学技術とフランスのグローバル戦略　◆223

づけられた。また海軍造船所を母体とする DCNS 社（Direction des Constructions Navales Services：海軍造船局を母体とする企業）で空母・潜水艦などを建設し，Force de Frappe（核打撃力）と呼ばれる第二撃による報復を軸とする核抑止戦略を展開した。こうしてフランスは科学技術と工業力の粋を集めて米ソと比肩することはできなくとも，独自の核戦力を整えることで米ソ冷戦の枠組みにとらわれることなく，独自のグローバルな外交・国家戦略を展開する体制を整えた。

2◆────グローバル市場での競争

　フランスにおける科学技術戦略は軍事技術のみに特化しているわけではない。国家戦略としての技術開発と防衛力の強化は，産業として一定の規模を維持することはできても，フランス経済がグローバルな競争に対応できるだけの力を得られるわけではない。冷戦における軍事技術の競争で米国産業が圧倒的な技術力を蓄え，それを民間旅客機や原子力発電所，衛星通信・放送事業などに展開することで，（当時の）先端技術を駆使した新たな産業部門を米国が独占するということが懸念されていた。

　こうした米国の技術的覇権に対して，当初はフランスも一国単位で競争力を得る戦略を追求した。その代表となるのが1970年代の終わりにサービスを開始したミニテルである。これは付加価値情報通信のネットワークとして音声だけでなくデータも電話網に載せて，より高度な情報サービスを提供するという試みであった。しかし，ミニテルのサービスはさまざまな規制に阻まれ，グローバルどころか欧州に広がることもなく，フランス一国の試みにとどまるうちにインターネットが普及し，その歴史を終えた。

　それに対し，一国主義を乗り越え，欧州各国で協力し，コンソーシアム方式で成功をおさめたのがエアバスとアリアンロケットであった。欧州各国が独自で航空機開発をすすめ，小型機では一定の競争力を保持しつつも，大型の民間旅客機では米国企業に全く太刀打ちできない状況にあった。そこで英仏独西の4か国によるコンソーシアムとしてエアバスを形成した。エアバスはフライ・バイ・ワイヤ（電子機器による機体制御）技術の導入など，革新的な技術を導入

してマクドネル・ダグラスなどの米国企業を市場から追い出し，世界市場の半分を占める一大勢力となったのである。

またアリアンロケットは，米ソ宇宙競争で米国のロケット技術が飛躍的に発展する中，欧州各国が個別にロケット開発することは資金面からも技術面からも困難であり，1960年代から英仏独を中心に「ヨーロッパ（Europa）」と呼ばれるロケットの共同開発が進めたが，このヨーロッパロケットは一度も成功せず，欧州各国はみずからの衛星の打上げを米国に依存している状況であり，米国の都合で欧州の人工衛星を打ち上げられない状況も生まれた。そこでフランスが中心となり，欧州独自の打上げ能力を獲得するためのアリアンロケットの開発が進められた。フランス主導のロケット開発は成功したのだが，米国のように莫大な軍事予算があるわけではないため，アリアンロケットによる公共目的の衛星打上げ機会が極めて限られ，米ソのように多数のロケットを打ち上げて量産効果を得てコストダウンを図ることができなかった。そのため，フランスが中心となってロケット打上げの商業サービス会社であるアリアンスペースを立ち上げ，民間衛星事業者の打上げを請け負うことで打上げ機会を増やす戦略を展開した。折しも米国が使い捨てロケットよりもはるかにコストのかかるスペースシャトルに衛星打上げを集約したため，打上げコストに優れたアリアンロケットに民間業者が集中し，衛星打上げ商業化戦略は大成功となった。

3◆―― スターウォーズ計画への対抗

しかし，フランスは欧州各国との協力でいくつかの成功をおさめたものの，米ソとの距離は大きく開いたままであった。この状況にさらなるショックを与えたのは，米国のレーガン政権が提唱した戦略防衛構想（SDI：いわゆるスターウォーズ計画）であった。この計画は宇宙空間で核ミサイルを迎撃するという途方もない規模の計画であり，それに必要な新技術への投資によって，特に宇宙，航空，電子，情報処理といったさまざまなハイテク分野における技術開発が飛躍的に伸びると見られていた。このまま米国がSDIを進めれば，欧州は二度と追いつけなくなるほどの技術格差が生まれ，産業競争力も完全に失われることが危惧された。

ここでフランスは科学技術戦略の基盤を一国ではなく，欧州に求めることとなる。米国のSDIに対抗するだけの投資と技術基盤を投入するためには，欧州が共同で対応するしか選択肢はなかったのである。しかし，EC（現在のEU）がすすめていたESPRIT（European Strategic Program for Research and Development in Information Technology：欧州情報技術研究開発戦略計画）などの研究開発，産業育成プログラムはフランスにとって必ずしも望ましいものではなかった。ECのプログラムはブリュッセルで意思決定がなされ，フランスが望む産業分野や研究開発プロジェクトが採択されるという保証はなかった。

　さらに大きな問題は，こうした研究開発プロジェクトにかかわる多くの技術が軍民両用技術である，という点である。ECで研究開発が行われる場合，加盟国が自由にプロジェクトをコントロールすることができなくなるだけでなく，自国の安全保障にかかわる重要な技術を独占的に保持し，管理することが難しくなるという問題が生じる。SDIで開発される技術は軍民両用技術であり，軍事部門をもたず，純粋に民生利用のためだけの研究開発を行うECではアメリカに対抗する技術開発をすすめることは困難であった。

　そのため，ECのプロジェクトと並行してフランスが主導する形で欧州先端技術共同研究計画（European Research Coordination Action：EUREKA）が展開されることになった。EUREKAは「市場に近い技術」に焦点を当て，エアバスやアリアンロケットと同様に加盟国の拠出金の割合に応じて自国の産業がプロジェクト契約を結ぶという「地理的均衡配分（juste retour）」のルールを用いた。これにより，複数国家の拠出金によって成り立つ巨大なプロジェクトの一部に参加し，拠出金の割合が多ければ，そのプロジェクトのリーダーシップを握れるようになったのである。この方式は，一言でいえば加盟国の意志や戦略的選択が反映されやすい仕組みである。

おわりに：冷戦後のグローバル競争

　こうしたEC主導のプログラムと加盟国主導のEUREKAプログラムは研究開発の投資先を分散させ，プロジェクトの重複など，効率の悪さが指摘されるようになってきた。そのため，1999年に発効したアムステルダム条約からEU

図1　エアバスとボーイングの航空機販売機数と市場シェアの歴史的変化

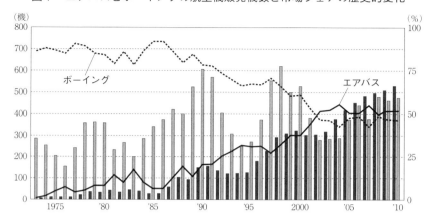

出所："Airbus market share pitted against Boeing", Thomson Reuters, 9 January 2012.
https://blogs.thomsonreuters.com/answerson/airbus-market-share-comparison-boeing/

のもとに統合した研究開発プログラムとして枠組みプログラム（Framework Programme）を設定し，EUREKAのプロジェクトも含めた研究開発戦略がEU主導で行われるようになった。

　しかし，冷戦後の欧州産業と科学技術が置かれた状況はさらに厳しいものとなった。というのも冷戦が終わったことで米国の軍事費は大幅に削減され，数十社で分業体制を築き，研究開発を牽引してきた米国の防衛・航空・宇宙・電子産業はボーイングやロッキード・マーチンなど4社を中心とする大規模な産業再編を行い，膨大な技術力と研究開発能力が集約されることとなった。こうした米国の産業再編に対抗するには，エアバスやアリアンロケットのような各国ごとに意思決定が分権化され，生産拠点も各国ごとに散らばるコンソーシアム方式による生産効率の悪い分業体制と分散化された技術力では不十分と見られるようになった。

　そこでエアバスに参加する各社はナショナルチャンピオン戦略を捨て，欧州レベルでの再編をすすめてユーロチャンピオン企業をつくることに舵を切った。すでに米国市場に参入し，グローバルなビジネスを展開していたイギリスBAEシステムズはこの仕組みに入らず，防衛電子産業のマルコーニを合併

し，ナショナルチャンピオン戦略を継続したが，フランスのアエロスパシアルはドイツのダイムラー・エアロスペース（DASA）社と合併して EADS，現在のエアバス社となった。

　フランスは国有企業であるアエロスパシアルを民営化し，DASA と合併させることは政府による産業のコントロールを失うものと見て長らく合併をためらったが，最終的に民営化・合併を認め，ここに科学技術プログラムを防衛・航空・宇宙産業に応用してグローバルな影響力を保持し，安全保障政策での自律性を保つという戦略は大きな転機を迎える。現在でも戦闘機を開発製造するダッソーや潜水艦を建造する DCNS，TGV などの鉄道車両を生産するアルストム，原発の開発製造を行うアレバなど，フランスに本拠を置き，グローバルな展開をしている企業は数多くある。しかし，アエロスパシアルの民営化とエアバス社の統合は，フランスが目指した科学技術分野のグローバル戦略が，国際的な競争が激しくなる世界において時代遅れのものになりつつあり，ユーロチャンピオンという新たな戦略へと向かっていくことを示唆している。

◆参考文献資料

Cohen, Élie, *Le Colbertisme «high tech»: Economie des Télécom et du Grand Projet* (Hachette, 1992)

Hayward, Jack (ed.), *Industrial Enterprise and European Integration: From National to International Champions in Western Europe* (Oxford University Press, 1995)

Peterson, John, *High Technology and the Competition State: An Analysis of the Eureka Initiative* (Routledge, 1993)

Sandholtz, Wayne, *High-tech Europe: The Politics of International Cooperation* (University of California Press, 1992)

9

第Ⅱ部　トピック編

フランスの脱植民地化

藤井　篤

はじめに

　フランスがイギリスに次ぐ広大な植民地帝国を築いたことはよく知られているが，その植民地帝国の解体はイギリスよりもはるかに大きな人的・物的犠牲を伴った。第二次世界大戦中から脱植民地化の方向を受容していたイギリスと違って，フランスは強く植民地領有に執着した。植民地はフランスが大国であるための不可欠の要素だと考えられていたからである。ここでは戦後フランスの植民地体制の再編と脱植民地化の諸類型を概観し，脱植民地化以後の問題状況を検討する。

1◆───第二次世界大戦後のフランス植民地体制の再編

　第二次世界大戦は世界各地の植民地の民族主義を覚醒させた。アルジェリアでは1945年5月の対独戦勝祝賀式典からあがった先住民の独立要求は暴動を生み，フランス当局による過酷な鎮圧を招いた。同年9月にはインドシナでホー・チ・ミンらベトミン（ベトナム独立同盟）がベトナム民主共和国の樹立を宣言し，公然とフランスの支配に反旗を翻した。また1947年にはマダガスカルでも先住民による暴動が発生した。この時点では，1946年に独立したシリア，レバノンを除いてフランスの海外領土はさしあたり維持されていた。

　1946年憲法前文は「フランスは，海外領土の国民と共に，人種又は宗教の差別なく権利および義務の平等の上に根拠を置く一つの連合を形成する」とし，それを「フランス連合」と称した。それはすべての植民地制度を排除し，フラ

◆ 229

ンスが指導すべき海外領土住民を自由の理念に導くとしたが，その目標は「自
治の民主的な事務管理」とされ，フランス連合からの海外領土の離脱・独立は
想定されていない。フランス共和国大統領が連合大統領を務め，連合議会は諮
問機関であり，フランス連合におけるフランス共和国の支配的地位は明らか
だった。

　フランス連合はフランス共和国のほか，海外県（マルティニーク，グアドルー
プ，ギアナ，レユニオン），海外領（仏領赤道アフリカ，仏領西アフリカ，仏領ソマリ
ア，マダガルカルなど），協同国家（インドシナ），協同領土（トーゴ，カメルーン）
から構成された。これらの区分は当該領土のフランスによる支配の歴史や性格
によるが，いずれもフランス本国による一方的な再編であり，海外領土の合意
を得たものではない。フランスはモロッコ，チュニジアを協同国家としようと
したが，両国はそれを拒否した。またアルジェリアはフランス共和国の一部と
されたが，総督支配下の植民地的実態に変わりはなかった。

2 ◆——— 脱植民地化の諸類型

　脱植民地化とはここでは公式の植民地的支配・従属関係の廃絶としておく。
それは必ずしも主権国家としての独立を意味しない。フランスの脱植民地化は
以下の4つの類型に大別できよう。

①植民地戦争の結果としての脱植民地化（インドシナ，アルジェリア）

　インドシナのベトミンと，アルジェリアの民族解放戦線（FLN）が各々独立
を求めて開始した武力闘争は，ともに長期的な泥沼のゲリラ戦争として展開さ
れた。フランスは甚大な犠牲を払った挙句，民族主義勢力を軍事的に制圧でき
ず，これらの地域の独立を認めた。これらは最も抵抗の大きい脱植民地化の事
例である。

　アルジェリアはインドシナよりも植民地化の歴史が長く，百万人にのぼる
ヨーロッパ系住民を抱えていたため，その独立の承認はフランスにとって一層
困難であった。フランスの青年たちが徴兵されたアルジェリア戦争は，外国人
兵力に依存したインドシナ戦争よりもフランス人にとってはるかに身近で切実

230 ◆　　第Ⅱ部　トピック編

な戦争であった。インドシナ共産党を母体とするベトミンは隣国中国から軍事援助・訓練を受けて闘うに至り，紛争は冷戦構造に組み込まれて国際化していく。他方，FLNは共産主義とは無縁であり，社会主義国からの支援も乏しかった。アメリカはインドシナを失えば周辺地域まで共産化されるという恐怖心からフランスを強く支援したが，アルジェリア戦争では共産主義の脅威は乏しく，過度の対仏支持がFLNをソ連圏に接近させることを恐れた。

②政治的交渉を通じた脱植民地化（チュニジア，モロッコ）

　フランスはチュニジアとモロッコの伝統的君主（チュニジアではベイ，モロッコではスルタンと呼ぶ）を温存しながら両国を保護国として支配してきた。両国では民族主義の高揚によりテロや政治的危機が発生したが，植民地戦争は起こらず，民族主義勢力はフランスを相手に交渉し，独立を獲得した。チュニジアでは権威の失墜したナスール・ベイに代わってハビーブ・ブルギバの率いるネオ・デストゥール党が民族主義運動を担い，モロッコでは復権したスルタンのモハメド五世が民族主義運動のイスティクラール党と歩調を合わせた。1956年3月に独立した両国はアルジェリアの独立運動に連帯するが，フランスとの協調・相互依存を求める「西側志向」をもっていた。こうした政治的リーダーシップの存在こそが植民地戦争を回避した。これは①と③の中間に位置する脱植民地化である。

③整然とした脱植民地化（サハラ以南の仏領アフリカ）

　仏領西アフリカ，仏領赤道アフリカ，マダガスカル，トーゴ，カメルーンの事例がこれに当たる。これらの地域は2段階の脱植民地化を経て独立に至った。まず1956年のドフェール法により各領土の領土議会の自治権が強化された。さらに1958年憲法はフランス連合に代えて「フランス共同体」を創設したが，憲法草案の国民投票ではこれらの領土は「共同体」への参加を選び（ギニアのみが独立を選択），さらに1960年の改憲により「共同体」に加入したまま独立が可能となり，同年には一挙に17のアフリカ領土が独立した。

　これらの地域ではフランス系住民は極少数で，先住民の政治的指導者たちはそろって親仏的であった。急進的な民族主義運動もなく，独立をねらった暴動

9　フランスの脱植民地化　◆231

も政治的危機も生じなかった。フランスからの経済支援の必要は広く自覚されており，ドフェール法によって先住民の自由への欲求は相当に満たされていた。

④新しいフランスとのパートナーシップ（その他の海外領土）

　戦後に創設された4つの海外県は今日までフランス領であり続け，本国の県と同様にフランス法が適用される自治体になっている。他方，海外領はその固有性に応じた独自の制度をもち，地位変更も認められたが，上記③以外の海外領で独立を選んだのは仏領ソマリア（ジブチ），コモロ諸島，ニュー・ヘブリデス（ヴァヌアツ）だけである（1975〜80年）。2003年に海外領土は海外県・州（DROM）と海外共同体（COM）に大別された。サン＝ピエール・エ・ミクロンや仏領ポリネシアはCOMに，マヨットはDROMになった。海外領土の大部分は産業基盤の脆弱な島嶼地域であり，その存続には本国政府の援助が不可欠と考えられ，独立は選択肢にならなかった。海外領土は低開発の問題を抱えてはいるが，今日広範な自治権を認められ，フランスとの新しいパートナーシップを形成している。

　これまで独立の可能性が問われてきた海外領土はニューカレドニアである。この地域では先住民のカナク人による独立運動がヨーロッパ系その他のフランス残留派住民と激しく対立し，1980年代には両者間で暴力の応酬を生んだ。独立派・残留派・仏政府の三者間のヌメア協定（1998年）により，フランスとニューカレドニアの主権の分有が確認され，独立の可否は将来の住民投票で決定するとされたが，2018年11月の投票では残留派が勝利した。

3 ◆── 脱植民地化の歴史的位置とその後の問題

　インドシナ，アルジェリアで継続する植民地戦争は，フランス経済が戦後復興から高度成長へと移行し，さらに欧州石炭鉄鋼共同体，共同市場による欧州統合が開始される時期に重なる。戦争の継続は不生産的軍事費を膨張させ，経済成長に強くブレーキをかけていた。かつては「フランスの偉大」の源泉だと思われた植民地体制が重荷になったことを理解したシャルル・ドゴールは，アルジェリアを放棄し，「帝国」から「統合ヨーロッパ」へと舵を切った。この

結果，ドゴールは「第三世界の友」として旧植民地諸国を味方につけ，米ソ両大国に対抗する独自外交を展開していくことができた。脱植民地化はフランスを政治的・経済的大国として存続させるための条件であった。

　同時にフランスは植民地支配の遺産を国内に抱え込む。アルジェリアの独立とともに，ヨーロッパ系住民の大半はフランス本国に引き揚げてきた。引揚者への住宅と雇用の提供が急務であったが，高度経済成長期の労働需要の拡大に助けられ，1960年代末までにこれらの問題は解決する。植民地に財産を捨てて戻ってきた引揚者たちは自らを脱植民地化の犠牲者と考え，戦争被害者と同様の補償を政府に要求したが，ドゴール大統領はこれを認めず，彼の死後に数次にわたって補償がなされ，1980年代にはこの問題はほぼ片づいた。

　1990年代以降，引揚者たちは自己の文化的アイデンティティや記憶の公的承認を求めだした。フランス各地での記念碑の建立や記念行事の開催がその成果であるが，それはフランスの栄光のために植民地で戦い，死んだ者たちの顕彰事業であり，そこに過去の植民地支配への反省を見出すことはできない。

　2005年の引揚者支援法の第4条は，フランスが海外領土で果たした「肯定的役割」を教えることを学校教育に求めた。この条項は歴史家たちの強い批判を浴びて後に廃止されたが，「肯定的役割」を認める歴史観はフランス社会に広く存在する。これまでフランスに植民地主義への公的謝罪（「悔悛」）を要求している旧植民地はアルジェリアだけであるが，ジャック・シラク，ニコラ・サルコジ，フランソワ・オランドの歴代大統領は植民地主義の過ちを認める一方で，謝罪を拒否してきた。エマニュエル・マクロン大統領も植民地支配を「人道に反する罪」だと述べたが，公的謝罪はしていない。過去の克服とは日本だけでなくフランスにも問われている課題である。

◆参考文献資料

池田亮『植民地独立の起源——フランスのチュニジア・モロッコ政策』法政大学出版局，2013年

桜井由躬雄・石澤良昭『東南アジア現代史Ⅲ——ヴェトナム・カンボジア・ラオス〔第2版〕』（世界現代史7）山川出版社，1977年

ストラ，バンジャマン／小山田紀子・渡辺司訳『アルジェリアの歴史——フランス植民地支配・独立戦争・脱植民地化』明石書店，2011年

平野千果子『フランス植民地主義と歴史認識』岩波書店，2014年

コラム5 フランスとテロ

「テロリズム」（フランス語「テロリスム」）が用語として広まったきっかけは，フランス革命時に革命派が反革命派を虐殺した出来事だといわれている。もっとも，その前からもその後も，政治的な意図に基づいて非武装の市民をねらうことで恐怖と不安を広げるテロ行為は，歴史の中で脈々と受け継がれてきた。当時に比べ人命のもつ重さがずっと増した現代では，テロがもたらす「効果」もむしろ高まっている。

テロを実行する主体は，時代によって変遷した。古くは国家や教会，思想集団や民族集団が主流だった。20世紀以降，中心となったのは左翼や右翼の過激派である。ソ連と欧米とのイデオロギー対立と覇権争いを反映してのことだった。

右翼の典型例は，ドレフュス事件に反発して19世紀末に結成された右翼団体「アクシオン・フランセーズ」による一連のテロである。戦前，王政復古を掲げて共和制支持者らを襲撃するなどした。左翼の例としては，戦後80年代前半に爆弾テロを繰り広げた無政府主義者団体「アクシオン・ディレクト」があげられる。この頃は「ドイツ赤軍」やイタリアの「赤い旅団」など左翼集団によるテロや暗殺が欧州各地で相次いだ。

ただ，1980年代に入って東西対立が緩み，左右の過激思想はテロの主体となる若者たちを魅了しなくなった。これに代わってイスラム主義が台頭した。

左翼右翼のテロが「冷戦」という国際情勢と密接に結びついていたように，イスラム過激派の動きも「アラブ世界の流動化」という国際情勢から切り離せない。独裁が続いてきたアラブ諸国の体制にほころびが見えたことに加え，ソ連のアフガニスタン侵攻や米英のイラク戦争といった大国の対応の誤りも影響し，現地で過激思想が増幅した。フランスの場合，この考えが北アフリカの旧植民地諸国を通じて国内に浸透し，一部の若者らの不満を吸収した結果，カルト宗教団体に似た閉鎖的，孤立的な組織となったのである。メンバーに移民家庭出身者が多いのは確かだが，在仏の移民社会との接点は薄い。

初期の活動例は，1986年に相次いだ爆弾テロである。レバノン内戦と結びついた過激派によるもので，パリの繁華街や治安機関を標的とした。

1990年代年には，アルジェリアの「武装イスラム集団」（GIA）と結びついたテロが相次いだ。1994年に起きたアルジェ発パリ行きエールフランス機乗っ取り事件は，特に衝撃をもたらした。給油地マルセイユで仏特殊部隊が突入し，容疑者4人を射殺して解決したが，容疑者らはエッフェル塔に突入する航空機自爆テロを計画していたといわれる。GIAは翌1995年，パリの高速地下鉄RERをねらった爆弾テロも相次いで起こした。

ただ，この時の教訓は，1996年のテロを最後に以後15年間にわたって犠牲者を伴うテロからフランスを遠ざけた。2004年にマドリードの列車連続爆破事件，2005年

234 ◆ 第Ⅱ部　トピック編

にロンドン地下鉄爆破事件と，欧州各地で大規模テロが相次いだのとは対照的だ。治安当局の抑え込みが功を奏し，テロ組織に付け入る隙を与えなかったからと見られる。

　沈黙が破られたのは，2012年にトゥールーズ周辺で起きた連続射殺事件である。ユダヤ教徒の学校などで子どもら8人が犠牲になり，イスラム過激派のアルジェリア系仏人の容疑者が射殺された。2014年5月には，アルジェリア系仏人過激派がブリュッセルのユダヤ博物館で旅行者ら4人を射殺する事件も続いた。

　背景には過激派側の戦略の転換があると，イスラム現代政治を専門とするパリ政治学院のジル・ケペル教授は分析する。綿密な計画のもとでメディア向け大スペクタクルのテロを起こして注目を集めるアルカイダの手法が行き詰まったことから，その次の世代の過激派らはユダヤ人や知識人らをにわか仕立てで襲撃する方法に転換した。過激派らは，欧米社会に直接戦いを挑むより，仏国内に「イスラム対ユダヤ」「移民社会対知識人」といった対立軸をあえてつくり出して社会を分断させようとねらうようになった，というのである。

　2015年1月にパリで起きた風刺週刊紙『シャルリー・エブド』襲撃事件も，この文脈を踏まえつつ理解する必要があるだろう。イスラム教預言者ムハンマドの風刺画を掲載した同紙編集部での銃撃と，これに続くユダヤ教徒スーパー立てこもり事件などをあわせ，17人の犠牲者が出た。アルカイダや武装組織「イスラム国」などから影響を受けていた3人の実行犯はいずれも射殺されたが，彼らがねらったのはまさに知識人やユダヤ人だった。

　ただ，これに続く大規模テロは市民を無差別にねらうようになった。11月のパリ同時多発テロでは，銃や爆発物を持った男たちが劇場や飲食店を次々と襲い，130人もの市民を殺害した。実行したのはブリュッセル郊外モレンベーク地区を拠点とするグループだが，その残党は翌2016年3月にブリュッセルの空港や地下鉄で連続自爆テロを起こし，32人の犠牲者を出した。続いて，花火大会見物の群衆をなぎ倒すトラック暴走テロが7月に南仏ニースであり，86人が殺害された。

　いずれも，アルカイダや「イスラム国」による支援が指摘される。一方で，実行に携わったのは欧州で生まれ育った若者たちであり，「ホームグロウン・テロ」（自家栽培テロ）の側面ももっている。

　こうした流れを止めるには，取締りを強化し，テロリストを生むフランス社会のあり方を問い直すと同時に，テロリストと思想や人脈の面で強いつながりをもつアラブ諸国の安定化も不可欠だろう。

◆参考文献資料

国末憲人『自爆テロリストの正体』（新潮新書）新潮社，2005年

Kepel, Gilles, *Terreur dans l'Hexagone* (Gallimard, 2015)

Suc, Matthieu, *Femmes de Djihadistes* (Fayard, 2016)

国末　憲人

10 第Ⅱ部 トピック編

フランスの自治体外交

中田　晋自

はじめに

　現在，教育・文化・持続可能な開発・経済などをテーマとする国際協力の分野において，世界各国の地方政府・地方自治体が重要な役割を果たしている。フランス外務省の定義によれば，「地方自治体による対外活動」（Action extérieure des collectivités territoriales）とは，教育・文化・持続可能な開発・経済などの分野における協力プロジェクトを推進するため，同国の自治体が他国のそれとともに行う国際協力活動のこととされ（フランス外務省），法律では「分権化された協力」（coopération décentralisée）と表現される。

　本章では地方自治体による対外活動全般を「自治体外交」と表記するが，その内実は「自治体国際協力」と表記すべき国際協力の取り組みである。そして，その検討を通して見えてくるのは，従来地方の役割を過小評価してきた中央集権国家フランスが，自治体の役割を再評価する地方分権化の時代的潮流の中で，国が外交分野全体を独占するのではなく，自治体とも連携して，その一分野である国際協力に取り組んでいる姿である。

　しかも，フランスの自治体から1年間に6000万ユーロを超える ODA（日本では政府開発援助と訳される）が拠出される国際協力プロジェクトの相手国には，フランスがかつて植民地支配を行い，今日ではフランスの影響力を引き続き確保しておきたいアフリカのフランス語圏諸国が多く含まれている。フランスの地方自治体は，同国の外交戦略においても重要な役割を果たしているのである。

236◆

1 ◆── 自治体外交の制度的発展

　フランスの公法学者ヴィジニ・ドニエによれば，同国において自治体国際協力に初めて法的根拠を与えたのは1982年3月2日の地方分権法であったとされる。すなわち，地方分権改革を公約に掲げ1981年に当選したフランソワ・ミッテラン大統領のもと，同法とそれを補足する首相通達（1983年）が国際協力活動への自治体の参画を認め，さらに地方分権改革の促進を目指す1992年2月6日の地方行政指針法が「自治体国際協力全国委員会（la Commission Nationale de la Coopération Décentralisée）」（以下，CNCD）の創設やフランスの自治体による他国の地方諸機関との協定締結を認めたのである。

　このように，フランスの自治体外交が1980年代以降の地方分権化の文脈で発展を遂げてきたことは，この国の政治の特徴を理解するうえで極めて重要である。というのも，フランス革命（1789年）以前のいわゆる「旧体制」の時代からフランスには中央集権主義の伝統があるといわれ，同国では地方の役割が過小評価され，国があらゆる政策を独占しようとする傾向があったからである。しかも，外交分野は一般的に国の専権事項とされているだけに，国際協力という外交の一分野において地方自治体が果たすべき役割があることをフランス政府がみずから認めた点で，それは重要な出来事であった。

　ただし，こうした動きがすべてフランス国内からの内発的な要請に基づくものというわけではない。人権，民主主義，法の支配の分野で国際社会の基準策定を主導する汎欧州の国際機関として1949年に設立された「欧州評議会」（Council of Europe）は，国際協力に関する枠組み協定を1980年に採択することで，自治体国際協力の促進にとって重要な制度的枠組みを提供しているし，マーストリヒト条約に基づき1993年に発足した「欧州連合」（EU）も，欧州構造基金と呼ばれる予算を配分することで，経済開発や自然遺産の保全に取り組む自治体国際協力の諸活動を支援してきたのである。

10　フランスの自治体外交　◆237

2 ◆—— 自治体外交の制度枠組みと推進体制

　いま述べたフランスの自治体国際協力に関する制度枠組みは，「地方自治体一般法典」（以下，CGCT）の L.1115-1 条により定められているが，この枠組みのもと，同国の地方自治体は他国の自治体との間で国際協力に関する協定を締結する。そしてここでは，むしろ自治体が担うことで国際協力が有効に機能すると期待される 2 つの分野が想定されている。すなわち，ひとつは観光や経済その他の共同事業において協力を促進する活動であり，もうひとつは国際連帯の理念に基づいて人道的目標を探求する活動である。

　なおフランスの自治体にとって，自治体国際協力へ参画する法律上の義務はないが，逆に参画したい自治体には遵守すべき条件がある。その第 1 は中立性の原則であり，政治的に対立している他国の紛争地域にフランスの自治体が介入することは禁じられている。また，フランスの自治体が協定を締結する相手はあくまでも他国の自治体であって，他国政府ではない。ただし現在はCGCT の L.1115-5 条について，一部改正が行われ，ヨーロッパ域内に限り，他国政府との協定締結が認められている。

　その推進体制についてはどうか。まず，首相の直轄機関として設置された上述の CNCD がすべての関係機関を組織し，情報交換と提案を行い，報告書を作成することになっている。その事務と省庁間の調整は，フランス外務省内の「地方自治体対外活動局」（DAECT）により担われており，同局は各国のフランス大使館や CNCD と事前協議を行い，自治体国際協力の援助・発展戦略を策定し，実施する（フランス外務省）。

　また1975年に結成された「フランス都市連合」（Cités Unies France）は，フランス外務省や2004年にスペインのバルセロナで結成された国際組織「都市・地方政府連合」（Cités et Gouvernements Locaux Unis ）と連携し，フランスの自治体国際協力を推進している（フランス都市連合）。

表1　フランスの自治体国際協力プロジェクト件数とODA
（相手自治体の地域別）

	相手自治体の地域	件　数（％）		ODA（ユーロ）
1	ヨーロッパ	7,578	71.8%	3,027,287
2	アフリカ・インド洋地域	1,733	16.4%	39,438,237
3	南北アメリカ大陸・カリブ海地域	670	6.4%	4,965,849
4	アジア	300	2.8%	4,593,119
5	中近東	242	2.3%	3,376,164
6	オセアニア	24	0.2%	5,000
	総　計	10,547	100.0%	62,527,542

注：ODA は2016年のデータで，自治体国際協力以外の枠組みによるプロ
ジェクトへの支出を含み，総計の金額には表中の6地域に分類されな
いものも含んでいる。
出所：フランス外務省公式サイトのデータを参考に筆者が作成

3◆―― 自治体外交の相手国と活動分野

　フランス外務省の公式サイトで公開されているデータによると，現在フランスの4720自治体が関与する，全体で1万700件の自治体国際協力プロジェクトが，133か国8100自治体との間で推進されている。

　これらのデータに基づき，プロジェクトの件数を相手自治体の地域ごとに整理すると，ヨーロッパ地域とのプロジェクト件数が71.8％で最も多いものの，第2位はアフリカ・インド洋地域の16.4％であり，第3位につけている南北アメリカ大陸・カリブ海地域の6.4％を大きく上回っている（表1参照）。

　また，自治体国際協力やその他の活動に参画するフランスの自治体が増大する中，それらが1年間に拠出する ODA の金額も2003年段階におけるおよそ4500万ユーロから現在では6000万ユーロを超えるところまで増大している。同表はその中でもアフリカ・インド洋地域への支出が突出していることを明らかにしている。

　こうしてクローズアップされてくるアフリカ・インド洋地域との自治体国際協力について，フランスの自治体がどのような国の自治体をその協力相手と

表2　フランスの自治体国際協力プロジェクト件数（相手国別，分野別上位10位）

	アフリカ・インド洋地域	件数
1	セネガル共和国（西アフリカ）	405
2	マリ共和国（西アフリカ）	395
3	ブルキナファソ（西アフリカ）	363
4	モロッコ王国（北アフリカ）	289
5	マダガスカル共和国（インド洋）	252
6	トーゴ共和国（西アフリカ）	134
7	ベナン共和国（西アフリカ）	129
8	チュニジア共和国（北アフリカ）	113
9	カメルーン共和国（中央アフリカ）	113
10	アルジェリア民主人民共和国（北アフリカ）	110

	ヨーロッパ地域	件数
1	ドイツ	413
2	イギリス	213
3	ポーランド	212
4	イタリア	199
5	スペイン	172
6	ルーマニア	138
7	ロシア	107
8	チェコ共和国	90
9	ハンガリー	84
10	ベルギー	75

	アフリカ・インド洋地域	件数
1	持続可能な経済	716
2	教育・社会・研究	699
3	環境・気候変動・エネルギー	589
4	政治・人道活動・国境横断的協力	469
5	文化と遺産	202
6	その他	76

	ヨーロッパ地域	件数
1	文化と遺産	600
2	教育・社会・研究	538
3	持続可能な経済	384
4	その他	303
5	政治・人道活動・国境横断的協力	269
6	環境・気候変動・エネルギー	95

出所：フランス外務省公式サイトのデータを参考に筆者が作成

し，どのような分野でプロジェクトを推進しているのか。この点についてより詳細に検討するため，ヨーロッパ地域のデータとともに一覧にしたものが表2である。

　まず相手国を見ていく中で目を引くのは，ヨーロッパ地域に旧共産圏諸国が含まれている一方で，アフリカ・インド洋地域の上位10か国は，フランスの海外県であったアルジェリアや保護領であったモロッコを含め，いずれもかつてフランス植民地帝国の支配下にあった国々で占められている点である。フランスはかつて宗主国と植民地の関係にあったいわゆるフランス語圏の国々に対する影響力の確保を，「影響力の外交」（diplomatie d'influence）と呼んで，今日でも外交戦略上の重要な柱のひとつとしているが，この分野でもフランスの地方

自治体が重要な役割を果たしているわけである。

　またその活動分野をより詳細に見ていくと，ヨーロッパ地域では「文化と遺産」が全体の27.4％でトップの地位を占めているのに対し，アフリカ・インド洋地域では「持続可能な経済」と「教育・社会・研究」がほぼ同数で全体のおよそ半分を占め，さらに「環境・気候変動・エネルギー」を加えると，これら３分野だけで全体の７割を超えている。要するに，アフリカ・インド洋地域との自治体国際協力は，多額のODAを用いて，生活基盤・社会基盤整備の諸分野で広く展開されているのである。

　たとえばフランス北部オー＝ド＝フランス地域圏（Hauts-de-France）の州都であるリール市（Lille）は，高速鉄道によって，パリはもちろん，ロンドンやブリュッセルへのアクセスでも有利な位置にあるヨーロッパ交通の要衝であり，同市自身も「ヨーロッパの中心都市」（une ville au cœur de l'Europe）を自認している。そうしたことから，同市は欧州の諸都市との連携を積極的にすすめてきたが，同時に次の諸都市を「連帯パートナー」（partenariats solidaires）と位置づけ，自治体国際協力の活動を展開している。すなわち，西アフリカではセネガルのサン・ルイ（Saint-Louis），北アフリカではアルジェリアのトレムセン（Tlemcen）やモロッコのウジダ（Oujda），さらに中東地域ではイスラエルのツファット（Safed）やハイファ（Haifa）とパレスチナ自治区のナーブルス（Naplouse）であるが，特に1978年に協定を締結したセネガルのサン・ルイとの関係は長く，文化から公衆衛生や経済開発支援に至るまで，幅広い分野で活動が展開されている。

　以上のように，本章では地方自治体が他国の自治体と連携して国際協力活動を展開する「自治体外交」が，フランスではどのように行われているのかについて検討してきた。その中で明らかになったのは，従来地方の役割を過小評価してきた中央集権国家フランスが，地方分権化の時代的潮流の中で，国際協力という外交の分野においても地方自治体が果たしうる重要な役割を見出し，さまざまなアクターが連携・協力してこれを推進しているという事実である。

　翻って，日本の自治体国際協力はどのような状況にあるのか。地方財政が逼迫する中でも，日本の自治体はその多くが国際活動に取り組むとともに，日本の自治体の共同組織として1988年に設立された「自治体国際化協会」（以下，

CLAIR）がそれを支援し，国は外務省内に「地方連携推進室」を設置して，従来同省とは関係が希薄であった自治体との連携強化を図っている。とはいえ，CLAIR は日本の自治体による国際活動について「国際交流」から「国際協力」への認識の方向転換を打ち出している段階であり，フランスなど他国の事例を参照しながら，今後のあるべき方向性についてさらなる模索が求められる。

◆参考文献資料

DONIER, Virginie *Droit des collectivités territoriales,*（Dalloz, 2014）

SÉNAT Rapport d'information de M. Jean-Claude PEYRONNET, fait au nom de la délégation aux collectivités territoriales n° 123（2012-2013）-13 novembre 2012

コラム6　建築および都市遺産の保護・活用政策

　人間の活動の場としてつくり出され，存在し続ける建築物およびその集団としての都市は文化的遺産としての意味をもちうる。大革命直後のフランスでは，旧体制の権力の象徴と見えた教会や王侯貴族の財産に対する破壊や横領の蛮行すなわちヴァンダリズムが公然と行われたことがあったが，間もなく旧権力自体とその文化的遺産を切り離して，これを国民全体の遺産と捉え，その保護へ向かう動きが現れ，建築および都市遺産の保護・活用を図る制度の構築へと結びついていった。

　1830年には，全国の県を巡り，各地の歴史的記念物の価値を確認し，情報を収集して，価値ある歴史的記念物の保護をはたらきかける「歴史的記念物検査総監」の制度が創設された。内務大臣フランソワ・ギゾーの報告によれば，それは地方当局の「熱意」に対して中央政府の「見識ある指導」を行うための制度であり，まさに中央主導的な考え方を体現していた。その後，1887年の法律および1913年の法律により，歴史的あるいは芸術的価値を有する不動産ならびに動産を，国が「歴史的記念物」として指定または登録して保護する制度が定められた。指定された不動産は，国の同意なくして取り壊しあるいは修復・修理・変更することが禁止される。指定に至らず補足目録に登録された不動産は，国への事前申告なく変更を加えることができなくなる。指定・登録に伴う規制は当該不動産の周囲にも及び，原則として半径500メートル以内にあり，指定・登録不動産からの視界もしくはそれに対する視界の中にある不動産は，デパルトマン（県）に配属された国の職員である「フランス建物建築家」の同意に基づく認可を得ることなく，建築，取り壊し，外観変更，樹木伐採を行うことができなくなる。フランス建物建築家の意見に対する異議申し立てはレジオン（地域圏）における国の代理である知事によって受理され，裁定が下される。指定・登録された不動産は約4万3千件，動産は約30万件を数える（2015年）。指定された物件のうち国が直接管理する物件は約1600件あり，その中には，近代フランスの外交の舞台ともなってきたヴェルサイユ等の城，パリ，シャルトル等の大聖堂，モン・サン・ミシェル，クリュニー等の旧大修道院，エトワール凱旋門等の記念構造物，ラスコー等の考古遺跡のような世界的に知られた名所旧跡も含まれている。

　第二次世界大戦後，都市の変容が急速にすすむ状況において，遺産の保護は単体としての建築物等の保護から市街地の地区全体の保護へと展開した。1962年のいわゆる「マルロー法」によって，歴史的あるいは美的価値を有する地区を「保護地区」として定め，その保存，修復，活用を図る制度が生み出された。保護地区では土地利用や建築形態に関する規則を含む「保護・活用計画」が策定され，それに基づいて規制が行われる。保護活用計画はコミューヌ（市町村）またはコミューヌ広域連合体（以下，単にコミューヌという）が策定する地方都市計画よりも詳細な規則を定めることができ，それには建物内部の規制や建築材料の指示なども含まれ

る。保護地区の設定は，コミューヌの要請または同意に基づいて，最終的に国の代理であるデパルトマンの知事によって行われる。保護・活用計画は国とコミューヌが共同で策定を進め，住民意見の調査などを経て，最終的にデパルトマンの知事または行政最高裁判権をもつコンセイユ・デタ（コミューヌが反対の場合）の承認によって成立する。保護地区はフランス建物建築家の監視の下に置かれ，工事の許認可の決定にはその同意が必要とされる。旧リヨン地区（1964年），パリのマレー地区（1964年）と第7区地区など，全国に100余りの保護地区がある。

　1981年に誕生したフランソワ・ミッテラン政権下で，フランスは地方分権化に大きく舵を切った。地方と国の権限配分を定めた1983年の法律により，地方分権の一環として，建築・都市遺産の保護の分野においても，コミューヌがレジオンにおける国の代理と協力して，歴史的記念物の周囲ならびに美的または歴史的特性をもつ地域の保護・活用を図る「建築・都市遺産保護地域」の制度が導入された。その後，景観保護を法制化した1993年の「景観法」により，制度の目的と名称に景観の概念が加えられて「建築・都市・景観遺産保護地域」となり，さらに，地球規模の課題である環境問題への取り組みを定めた2010年の法律いわゆる「グルネル2」によって，制度の目的が「持続的発展に配慮した建築遺産および空間の活用の促進」と規定され直し，制度は従来からの基本的な原則を維持しながら「建築・遺産活用圏域」としてつくり変えられた。建築・遺産活用圏域は，「文化的，建築的，都市的，景観的，歴史的または考古学的な利益を有する地域」を対象として設定され，設定と同時に策定される建築・遺産計画には，建築の質の向上，遺産の保全と活用，ならびに再生可能エネルギー開発および省エネルギー関連施設の景観への同化を図るための土地利用および建築に関する規則が定められる。圏域の設定とそれに伴う計画の策定は，住民意見の調査，知事の同意などを経て，最終的にコミューヌによって行われる。圏域内での工事の認可には，計画に基づくフランス建物建築家の同意が必要とされる。建築・遺産活用圏域およびその前身の建築・都市・景観遺産保護地域はおよそ670を数える（2015年）。

　近年，新たな法律により，保護地区，建築・遺産活用圏域，建築・都市・景観遺産保護地域の3つの制度が単一の「秀逸遺産地」に置きかえられた（2016年）。秀逸遺産地では，従来からあるような内容の保護・活用計画または建築・遺産活用計画（もしくは重複しない形で両方）が策定されるので，遺産の保護・活用の内容にはほとんど実質的な変化がない。しかし，秀逸遺産地の設定は，コミューヌの提案または同意に基づき，住民意見の調査などを経て，最終的に文化担当大臣またはコンセイユ・デタ（コミューヌの同意がえられない場合）によって決定されるので，設定手続き上は国の最終決定権を明確にする形での制度の統一が図られたと言える。

◆参考文献資料

《Guide de la protection des espaces naturels et urbains》, D.F., 1991　　　　鈴木　隆

11

第Ⅱ部　トピック編

フランスの移民

坂井　一成

はじめに

　フランスにおける移民は，20世紀前半まではヨーロッパ域内出身者が多数を占めていたが，その後次第に北アフリカなどの旧植民地地域のヨーロッパ外出身の労働者が増加していった。そして1970年代以降，オイルショックを契機にこうした外国人労働者が帰国せずに定住化を選択していくと，非ヨーロッパ系の人々が急速にフランス社会での存在感を増していく。この変化は，次第にフランス社会の構成原理である「ライシテ」と，ムスリムであることの多い移民との間の摩擦を引き起こし，1989年のイスラム・スカーフ事件として移民との共生の手段をめぐって国を二分する議論を巻き起こしていった。

　そして近年では，EU としての移民政策の共通化に向けての協調が図られる一方で，アラブの春以降は地中海周辺地域からの大量の移民・難民の押し寄せに苦慮し，EU 全体としての対応の模索が続いた。こうした中で，EU の主要国で，しかも地中海に面する南欧の一国として多くの地中海からの移民を擁するフランスの対応のあり方も，EU としての対応の政策協調の成否につながる重要性が増してきた。

1◆──── フランスを構成する多様な移民

　フランスは歴史的に多くの移民を受け入れてきた国である。労働力不足を補うため，主にイタリアやポルトガルなどのヨーロッパ諸国からの移住労働者を受け入れてきた（表1）。

◆ 245

表1 フランスへの出身国別移民の変化（1962～2012年）

	1962 (%)	1968 (%)	1975 (%)	1982 (%)	1990 (%)	1999 (%)	2012 (%)	（人）
ヨーロッパ	78.7	76.4	67.1	57.3	50.4	45.0	36.8	2,101,209
スペイン	18.0	21.0	15.2	11.7	9.5	7.4	4.3	245,077
イタリア	31.7	23.8	17.2	14.1	11.6	8.8	5.1	292,592
ポルトガル	2.0	8.8	16.8	15.8	14.4	13.3	10.5	599,333
ポーランド	9.5	6.7	4.8	3.9	3.4	2.3	－	－
他のヨーロッパ	17.5	16.1	13.1	11.8	11.5	13.2	16.9	964,206
アフリカ	14.9	19.9	28.0	33.2	35.9	39.3	43.2	2,470,100
アルジェリア	11.6	11.7	14.3	14.8	13.3	13.4	13.1	748,034
モロッコ	1.1	3.3	6.6	9.1	11.0	12.1	12.1	692,923
チュニジア	1.5	3.5	4.7	5.0	5.0	4.7	4.4	251,220
他のアフリカ	0.7	1.4	2.4	4.3	6.6	9.1	13.6	777,922
アジア	2.4	2.5	3.6	7.9	11.4	12.7	14.4	823,487
トルコ	1.4	1.3	1.9	3.0	4.0	4.0	4.3	248,159
カンボジア,ラオス,ヴェトナム	0.4	0.6	0.7	3.0	3.7	3.7	2.8	161,466
他のアジア	0.6	0.6	1.0	1.9	3.7	5.0	7.2	413,862
アメリカ，オセアニア	3.2	1.1	1.3	1.6	2.3	3.0	5.6	319,249
計	100.0	100.0	100.0	100.0	100.0	100.0	100.0	5,714,045

出所：INSEE, "Recensement de la population"
　　　http://www.insee.fr/fr/bases-de-donnees/default.asp?page=recensements.htm（2015年11
　　　月17日アクセス）
　　　INSEE, "Population immigrée: Qui et combien ? Histoire et origines, Vie familiale"
　　　http://www.insee.fr/fr/ffc/docs_ffc/ref/IMMFRA12_g_Flot1_pop.pdf（2015年11月17日
　　　アクセス）

　オイルショック直後の1974年，景気後退から自国民の雇用を守ることを最優
先し，フランスは外国人労働者の呼び寄せを停止する。この時点でフランスに
出稼ぎに来ていた外国人はアフリカ諸国出身者の比率が高まっていたが，彼ら
は一度帰国すると再入国ができなくなることを恐れ，自らが帰国するのではな
く出身国にいる家族を呼び寄せる選択肢を選んだ。定期的に帰国していた外国
人労働者は，この時点から定住化して「移民」と認識されていくのである。
　フランスにおける移民は2012年段階で560万人であり，人口の10％弱となっ

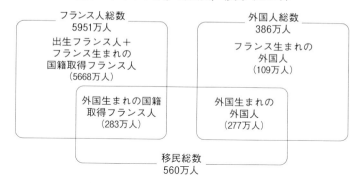

出所：INSEE, "Évolution de la part des populations étrangères et immigrées jusqu'en 2012"
http://www.insee.fr/fr/themes/tableau.asp?reg_id=0&ref_id=NATTEF02131（2015年8月28日アクセス）

ている（図1参照）。この中で，旧植民地のアルジェリア，チュニジア，モロッコという北アフリカ諸国（マグレブ諸国と呼ばれる）出身者の比率が高い。かれらは上述の外国人労働者受け入れ停止によってフランスにとどまった世代に加え，今日ではその2世・3世の世代が多くなっている。この北アフリカ系の2世・3世は貧困に苦しみながら育ってきたケースが多く，政府が用意した都市郊外の低家賃集合住宅に集住していることが多々ある。学校教育からも次第にドロップアウトし，学歴も資格もない状況で労働市場に投げ出されるために就職は困難で，その結果失業状態にとどまってしまうことが少なくない。

　フランスで生まれ育ってフランス社会の規範を身につけてきたとしても，人種的特性から北アフリカ系とみなされる2世・3世の存在は次第に可視化されていく。ここに少ないケースであっても犯罪の発生が絡んでくると，ホスト社会の側からは北アフリカ系移民を一括りに犯罪者扱いするような偏見が広がっていく。こうした意識は，移民系ではないフランス人の若年層にもおいても高い水準になっている失業問題と相まって，反移民差別の風潮を次第に助長していくこととなる。

2 ◆—— 政治化する移民問題

　移民の出身国の変化と，アフリカ系移民の可視化がすすむ中で，1980年代以降，特に2000年代に入りこうした出自の移民が政治の争点化されていく。

ライシテ laïcité

　1989年にパリ郊外の高校で，公立学校におけるイスラム・スカーフの着用の是非をめぐり，宗教上の理由でスカーフ着用を主張する女子生徒と，「ライシテ」（脱宗教）原則を根拠に学校内では外すことを求める学校側との論争が発生する。学校は最終的にこの生徒を退学処分とするが，これを契機として，宗教上の自由を認めるか，フランス共和国の基本理念であり憲法に明記されるライシテを優位と見るか，フランスを二分する論争が起こる。ライシテ優位を主張する立場からは，フランスにおける共生のための条件を満たさない存在として，移民排斥を唱える意見が強まっていくことになる。

　ライシテは，近代国家の建設過程で，キリスト教会の権力から解き放たれた社会を構築するために導入され，フランス社会の基本原理として定着している。憲法でも，フランスを「非宗教的共和国」（République laïque）とする規定が1946年の第四共和制憲法に明記され，1958年制定の現行の第五共和制憲法にもこの文言は継承されている。もともとはキリスト教を対象にしていたものとはいえ，その対象に原理的に限定はなく，イスラムについても，その存在を公的な場で認知することはライシテに反するという議論が展開されるのである。

　このスカーフ問題を受けて，公教育におけるライシテ原則の遵守と移民との共生をめぐる法整備がすすめられる。1994年にバラデュール保守内閣において，「これみよがしの」（ostentatoire）宗教的シンボルの着用禁止が定める国民教育省通達が出される。しかしこの通達後も類似の事例が各地で起こったため，2004年には宗教的シンボル禁止法が制定された。同法ではイスラム教のみならず，キリスト教，ユダヤ教などあらゆる宗教を対象に，その属性を示す要素を公立学校などの公共空間で身につけることを禁じた。

移民排斥意識の政治化

　若者を中心とした失業問題とライシテの遵守が相まって高まっていった反移民感情（とりわけ反イスラム系移民感情）は，政治に利用されていく。1980年代に頭角を現してきた国民戦線（Front National）は，移民排斥を論点として掲げることで，急速に支持を集めてきた。国民戦線は，移民がフランス人の雇用を奪い治安の悪化をもたらしていると主張し，保守層の支持を取り込み，勢力を伸ばしていった。

　2002年の大統領選挙では，下馬評では現職で保守のジャック・シラクと，左派（社会党）で首相のルオネル・ジョスパンの一騎打ちと見られていたのであるが，国民戦線党首のジャン＝マリ・ルペンが第1回投票でジョスパンを上回って2位に入り，決選投票となる第2回投票に駒をすすめた。決選投票では，本来対抗勢力である社会党支持者からも多くの票を得てシラクが勝利を収めたが，政治勢力としての国民戦線の台頭を象徴する事例となった。

　また，2004年に欧州連合（EU）が東欧の10か国を一気に加盟させる拡大を実現した際には，「ポーランドの鉛管工がフランスに押し寄せる」という議論が広まった。「ポーランドの鉛管工」とは，フランス人に比べて安い賃金で働く労働者を意味する表現であったが，EUに加盟した東欧諸国からの安い労働力がフランスに押し寄せ，フランス人の雇用を奪っていくとの懸念を表していた。実際にそうした影響が出たとはいえないとしても，市民への心理的影響は大きく，アラブ系移民に対する反発に，東欧からの移民流入に対する不安が積み重なっていった。

　そして2005年には，アフリカ系移民へのフランス当局の処遇への反発を背景に，都市郊外での連鎖的な暴動が起こる。この時内相だったニコラ・サルコジは2007年に大統領に就任すると，反移民の姿勢を鮮明にしていった。特に2007年11月20日付けと2011年6月16日付けの2つの移民関連法により，移民の家族呼び寄せのルールの基準が厳しくなり，正規移民を対象とする公共秩序維持の目的による本国送還措置の導入や，非正規移民への取締りが一層厳格化された。さらに2011年4月施行のブルカ禁止法によって，頭から足先まで全身を覆うイスラム女性の着衣であるブルカを全面着用禁止とした。

　国民戦線は，こうして移民問題がさまざまな形で政治課題の俎上にあがる流

11　フランスの移民　　◆249

れに乗り，支持層を広げていくことになる。

3 ◆―― 安全保障問題化する移民問題

　フランスにおける移民問題は，第1に雇用問題として立ち現れ，次いでライシテをめぐる文化摩擦と社会統合の問題，さらに雇用と治安が結びつけられながら政治の争点化されてきた。この過程で，移民の出身地がヨーロッパ諸国から北アフリカへと変化し，フランス社会の中での文化摩擦とその政治化が進行してきたが，これに加えて移民問題は広域化，脱国境化，そして安全保障問題化してきた。当初は雇用や社会統合という国内問題として認識されていたが，EUにおける人の移動自由を実現した「シェンゲン圏」の確立と，2010年暮れからのアラブの春を契機として，国境を越えた広域的な国際関係の中で捉えて議論する問題へと焦点が移行していく。

　アラブの春と呼ばれる急速な民主化運動によって，北アフリカからアラビア半島にかけて連鎖的に政情が不安定化し，その結果，かつてない規模で移民・難民が発生して地中海を渡ってフランスを含むヨーロッパに向かうようになった。移民・難民の大規模な押し寄せは，受け入れの負担に関する財政的問題や，ホスト社会での文化摩擦の問題にとどまらず，広域的な安全保障問題化してきている。地中海における境界管理について，欧州国境沿岸警備機関（FRONTEX）を通じて加盟国の支援と協力強化を図っているEUにおいても，加盟国内の治安とEU域外での安全保障を一体的に捉える観点で議論がすすめられてきている。「域内治安戦略」（Internal Security Strategy）（2010年）では，非正規移民の取締りと，犯罪につながる不安全要因の域内流入を阻止するためEU外縁の境界管理が極めて重要であり，そのために近隣諸国との連携が不可欠であることが強調されている。

　バルカン地域では，フランスは，ブルガリアとルーマニアのシェンゲン圏入り（2014年1月に予定されていた）に強く反対した。その背景には，両国の向こう側にはトルコが隣接し，シリアなど中東諸国からの多数の移民・難民がトルコ経由でシェンゲン圏へ入り，東欧諸国を経由してフランスに多数押し寄せることも想定されることから，治安・安全保障面での状況悪化を懸念してのこと

であった。

おわりに

　フランスにおける移民問題は，移民の出身国の変化，ヨーロッパ外からの移民の増加による移民の可視化，さらに国内だけでなくシェンゲン圏を内包するEUや地中海という広い文脈の中での移民問題への取り組みへと推移してきている。移民問題に対する対策には，第1に国境管理（入国管理）が行われ，第2に入国した移民を対象にホスト社会への統合推進にすすむという流れがあると理解される。2009年発効のリスボン条約以降，移民・難民問題に関してEUとしての政策調整がすすむが，フランスもこの中での政策の舵取りが欠かせなくなってきている。

◆参考文献資料

坂井一成「EU の地中海政策におけるフランスの関与と課題──移民問題のセキュリタイゼーションをめぐって」『国際政治』182号（2015年）

坂井一成「人の移動をめぐるガバナンス」グローバル・ガバナンス学会編（渡邊啓貴・福田耕治・首藤もと子責任編集）『グローバル・ガバナンス学Ⅱ　主体・地域・新領域』法律文化社，2018年

ボベロ，ジャン／三浦信孝・伊達聖伸訳『フランスにおける脱宗教性（ライシテ）の歴史』（文庫クセジュ）白水社，2009年

Blum Le Coat, Jean-Yves et Eberhard, Mireille, éds, *Les immigrés en France* (La documentation française 2014)

Poinsot, Marie et Weber, Serge, éds, *Migrations et mutations de la société française: L'état des savoirs* (La Découverte 2014)

11　フランスの移民　　◆251

さらに学びたい人のための参考文献資料

1）テキスト・専門書など

ヴィノック, ミシェル／大嶋厚訳『フランスの肖像──歴史・政治・思想』吉田書店, 2014年

小倉貞男『物語　ヴェトナムの歴史── 一億人国家のダイナミズム』中央公論社, 1997年

小田中直樹『フランス現代史』（岩波新書）岩波書店, 2018年

片岡貞治「オランド大統領の南アフリカ訪問」『アフリカ』53巻3号（2014年）

片岡貞治「フランスの新たなアフリカ政策」『国際政治』159号（2010年）

片岡貞治「第五章　アフリカ紛争予防──フランスの視点（仏の対アフリカ政策から）」
外務省委託論文, 日本国際問題研究所, 2001年

上川孝夫・矢後和彦編著『国際金融史』有斐閣, 2007年

キャロン, F.／原輝史監訳『フランス現代経済史』早稲田大学出版部, 1983年

白石昌也『日本をめざしたベトナムの英雄と皇子──ファン・ボイ・チャウとクオン・
デ』彩流社, 2012年

坂井一成「地中海とEUの狭間に揺れるフランスの移民政策」岡部みどり編『人の国際移
動とEU──地域統合は「国境」をどのように変えるのか？』法律文化社, 2016年

鈴木一人「フランスとESDP──「ドゴール＝ミッテラン主義」の制度化過程」『国際安
全保障』34巻3号（2006年）

Kazuto Suzuki, *Policy Logics and Institutions of European Space Collaboration*（Ashgate,
2003）

立川京一『第二次世界大戦とフランス領インドシナ──「日仏協力」の研究』彩流社, 2000年

丹羽典生・石森大知編『現代オセアニアの〈紛争〉──脱植民地期以降のフィールドか
ら』昭和堂, 2013年

平野千果子『フランス植民地主義の歴史』人文書院, 2002年

廣田功編『欧州統合の半世紀と東アジア共同体』日本経済評論社, 2009年

ペルヴィエ, ギー／渡邊祥子訳『アルジェリア戦争──フランスの植民地支配と民族の解
放』（文庫クセジュ）白水社, 2012年

ヤコノ, グザヴィエ／平野千果子訳『フランス植民地帝国の歴史』（文庫クセジュ）白水
社, 1998年

吉田徹編『ヨーロッパ統合とフランス──偉大さを求めた1世紀』法律文化社, 2012年

ルボワイエ, M.レヴィ／中山裕史訳『市場の創出──現代フランス経済史』日本経済評
論社, 2003年

渡辺和行・南充彦・森本哲郎『現代フランス政治史』ナカニシヤ出版, 1997年

渡邊啓貴『フランス現代史──英雄の時代から保革共存へ』（中公新書）中央公論社, 1998年

渡邊啓貴『ミッテラン時代のフランス〔増補版〕』（RFP叢書）芦書房, 1993年

2）ウェブサイト

総論　フランス外交の歴史

フランス大使館（日本語）　https://jp.ambafrance.org/-Japonais-

仏外務省　第一次資料検索（仏語）　https://www.diplomatie.gouv.fr/fr/

パリ第一大学　国際関係史研究所　フランスの国際関係史研究の中心（仏語）
　　https://www.pantheonsorbonne.fr/autres-structures-de-recherche/ipr/

第Ⅰ部　地域編
1　フランスとドイツ
　　　独仏関係ポータル（仏語）　https://france-allemagne.fr/
2　フランスとヨーロッパ
　　　フランス外務省（仏語）　https://www.diplomatie.gouv.fr/fr/
　　　欧州連合（仏語）　https://europa.eu/european-union/index_fr
3　フランスとアフリカ
　　　BBC（仏語）　https://www.bbc.com/afrique/region-42144947
　　　フランス外交に関するサイト（仏語）
　　　　https://www.diploweb.com/La-politique-africaine-de-la.html
4　フランスとマグレブ
　　　フランス外務省（仏語）
　　　　アルジェリア：https://www.diplomatie.gouv.fr/fr/dossiers-pays/algerie/
　　　　　　　　　　presentation-de-l-algerie/article/presentation-de-l-algerie
　　　　モロッコ：https://www.diplomatie.gouv.fr/fr/dossiers-pays/maroc/
　　　　　　　　presentation-du-maroc/article/presentation-du-maroc
　　　　チュニジア：https://www.diplomatie.gouv.fr/fr/dossiers-pays/tunisie/
　　　　　　　　　presentation-de-la-tunisie/article/presentation-de-la-tunisie
5　フランスと中東
　　　Institut du monde arabe（仏語）　https://www.imarabe.org/fr
　　　Institut français du Proche-Orient (Ifpo)（仏語）　https://www.ifporient.org
　　　（執筆時点で，フランスの中東政策を俯瞰できる有益なウェブサイトは見当たらない。とりあえず上記のサイトをあげておくが，仏国際問題研究所（ifri）のウェブサイトで中東関係の記述を確認するか，単純に "politique arabe" もしくは "france moyen orient" などで検索をかける方が有益である。）
6　フランスとインドシナ
　　　フランスとインドシナの関係の歴史（仏語）
　　　　https://www.cheminsdememoire.gouv.fr/fr/la-presence-francaise-en-indochine
　　　日本とベトナムの関係の歴史（日本語）
　　　　http://www.archives.go.jp/event/jp_vn45/index.html
7　フランスと南太平洋島嶼
　　　フランス政府による海外フランス紹介（仏語）
　　　　http://www.outre-mer.gouv.fr/les-territoires
　　　フランス語圏の紹介に関するサイト（仏語）
　　　　http://www.world-territories.com/ttfr/index.php

第Ⅱ部　トピック編
1　フランスの政治

フランス外務省（仏語）　https://www.diplomatie.gouv.fr/en/

2　フランスの軍事・国防
　　フランス軍事省（仏語）　https://www.defense.gouv.fr/
　　（英語）　https://www.defense.gouv.fr/english/portail-defense

3　フランス経済の特質と変貌
　　フランス国立統計経済研究所（仏語）　https://www.insee.fr/fr/accueil
　　フランス景気変動観測機構（仏語）　https://www.ofce.sciences-po.fr/
　　国際貿易投資研究所（ITI）（日本語）　https://www.iti.or.jp

4　フランスの経済・金融
　　フランス国立統計経済研究所（仏語）　https://www.insee.fr/fr/accueil
　　フランス銀行（仏語）　https://www.banque-france.fr/

5　フランスの文化外交の変遷
　　アンスティチュ・フランセ 東京（旧東京日仏学院）（仏語）
　　　https://www.institutfrancais.jp/tokyo/fr/
　　日仏会館（日本語）　https://www.mfjtokyo.or.jp/overview.html
　　アンスティチュ・フランセ関西（日本語）
　　　https://kyoto-artbox.jp/facilities/15289/

6　フランスの農産物
　　「フランスの農林水産業概況」農林水産省サイト（日本語）
　　　https://www.maff.go.jp/j/kokusai/kokusei/kaigai_nogyo/k_gaikyo/fra.html

7　フランスと原子力
　　OECD 原子力機関の公式サイト（英語）　https://www.oecd-nea.org/
　　国立研究開発法人 日本原子力研究開発機構（JAEA）（日本語）
　　　https://atomica.jaea.go.jp/

8　科学技術とフランスのグローバル戦略
　　欧州宇宙機関の紹介ビデオ（英語）　https://youtu.be/ixUAjZsLO3g
　　エアバスの歴史をまとめたビデオ（英語）　https://youtu.be/5wqrrgiw37o

9　フランスの脱植民地化
　　Archives nationales d'outre-mer（仏語）
　　　https://www.archivesnationales.culture.gouv.fr/anom/fr/

10　フランスの自治体外交
　　フランス外務省（地方自治体の対外活動）（仏語）
　　　https://www.diplomatie.gouv.fr/fr/politique-etrangere-de-la-france/action-
　　　exterieure-des-collectivites-territoriales/
　　日本外務省：外交政策[ODA(政府開発援助)——地方自治体による国際協力]（日本語）
　　　https://www.mofa.go.jp/mofaj/gaiko/oda/press/local/index.html

11　フランスの移民
　　フランス首相府（仏語）
　　　https://www.vie-publique.fr/france-donnees-cles/immigration/qui-sont-immigres-
　　　france.html
　　フランス内務省（仏語）　https://www.immigration.interieur.gouv.fr

年　表

1870	普仏戦争勃発，第三共和制開始
1882	チュニジアを保護国
1885	天津条約により清はヴェトナムにおけるフランスの主権承認
1894	露仏同盟締結
1904	英仏協商締結
1905	タンジール事件（第一次モロッコ事件）
1907	英露協商締結（仏英露三国協商成立）
1911	アガディール事件（第二次モロッコ事件）
1912	フェズ条約によりモロッコはフランスの保護領化
1914	第一次世界大戦勃発
1916	ヴェルダンの戦い
1918	コンピエーニュの森での休戦協定
1919	パリ講和会議，ヴェルサイユ条約締結，アルザス・ロレーヌが仏領に
1923	ルール占領
1925	ロカルノ条約
1927	独仏通商条約
1928	ケロッグ・ブリアン条約（パリ不戦条約）
1929	ブリアン，国際連盟総会で欧州統合を提案
1932	フランス，国際連盟軍縮会議で新たな安全保障体制提案
1932	バルトゥー外相，東方ロカルノ条約提案
1935	仏伊協定，ストレーザ会議，仏ソ相互援助条約
1936	ドイツ軍，ラインラント進駐， 国民議会選挙で人民戦線勝利，スペイン内戦への不干渉政策
1938	ミュンヘン協定（宥和政策）
1939	ドイツ軍ポーランド侵攻，英仏対独宣戦布告し第二次世界大戦勃発
1941	フランス国民委員会結成（ロンドン）
1940	電撃戦によりナチス・ドイツが仏占領，ヴィシー政権成立
1943	全国抵抗評議会，フランス国民解放委員会結成
1944	ブラザビル会議，ノルマンディ上陸作戦，臨時政府成立， パリ解放，ドゴール臨時政府成立，ドゴール訪ソ，仏ソ同盟条約締結
1945	第二次世界大戦終結
1946	第四共和制成立，フランス，ヴェトナム共和国承認，インドシナ紛争

1947	英仏ダンケルク条約
1949	NATO（北大西洋条約機構）発足，パリ郊外に統合参謀司令部（SHAPE）設置
1950	シューマン宣言（欧州石炭鉄鋼共同体と独仏和解の提案）
1950	アメリカとの相互防衛援助条約（MSA）を締結
	プレヴァン・プラン（欧州防衛共同体（EDC）設立）提案
1951	欧州石炭鉄鋼共同体設立条約（シューマンプラン）調印
1953	ラオス独立
1954	カンボジア独立
	ディエン・ビエン・フーの陥落，インドシナ休戦協定
	国民議会で欧州防衛共同体（EDC）条約批准拒否
	パリ協定（西独主権回復），西欧同盟（WEU）成立
	アルジェリアで民族解放戦線（FLN）の武装蜂起
1956	チュニジアとモロッコの独立，スエズ戦争
1958	欧州経済共同体 EEC・EURATOM 発足
	アルジェリアで軍部のクーデタ，ドゴールが大統領に就任，
	第五共和制成立，フランス共同体成立
1960	サハラ砂漠で核実験成功
1961	アルジェリア「バリケードの一週間」，将軍達の反乱
1962	エヴィアン協定，アルジェリアの独立
1963	ドゴール，英の EEC 加盟拒否
	エリゼ条約（仏独協力条約）締結
	仏ソ通商協定
1964	中華人民共和国承認
1965	空位政策
1966	仏，NATO 軍事機構離脱
1967	６日間戦争勃発，ドゴール，イスラエル批判とアラブ世界への接近
1968	５月危機
1969	ドゴール辞職，大統領選／ポンピドゥー当選
1972	国民投票で英国などの EC 加盟承認
1974	メスメール計画（原発）
	ポンピドゥー大統領急死により大統領選／ジスカール・デスタン当選
	外国人労働者受け入れ停止
1975	ランブイエで第１回先進国首脳会議（サミット）開催
	全欧安保協力会議（CSCE）ヘルシンキ最終議定書調印
1977	ザイールへの介入

1979	欧州通貨制度（EMS）発足
1981	大統領選／ミッテラン当選
1983	ミッテラン，西独下院で演説，NATO 二重決定支持（米製中距離核ミサイルの西欧諸国配備を支持）
1984	ヴェルダンでのミッテラン大統領とコール首相（手をつなぎ独仏和解のシンボルに）
1985	ミッテラン，戦略防衛イニシアティブ（SDI）への参加拒否 ドロール，欧州委員長に就任
1986	単一欧州議定書調印 チャドへの軍事介入（タイタカ作戦）
1987	アラブ世界研究所開設
1988	独仏合同旅団設立決定（独仏協力条約25周年），ミッテラン，大統領に再選
1989	スカーフ事件 ベルリンの壁崩壊
1990	独仏，政治統合について共同提案 全欧安保協力会議（CSCE）をパリで開催
1991	湾岸戦争参戦（砂漠の砂嵐作戦） ユーゴスラビア戦争勃発
1992	マーストリヒト条約を国民投票で僅差の承認 核実験停止
1993	EU ／ UE 創設
1994	ユーロトンネル（英仏海峡）開通 ルワンダへの多国籍軍派遣（トルコ石作戦） WTO ／ OMC 創設
1995	シェンゲン協定発効 大統領選／シラク当選 NATO，IFOR（ボスニアでの和平実施部隊）創設 核実験再開 OTAN 軍事機構に部分的復帰（国防相会議と参謀長会議への仏代表の派遣）
1996	核実験終結と包括的核実験禁止条約調印， 南太平洋非核地帯条約（ラロトンガ条約）加盟へ 兵役廃止
1997	中国への接近
1998	国民議会によるアルメニア虐殺認知 英仏サンマロ合意

1999	コソボにおいて NATO 指揮下の KFOR 展開
2001	第 1 回世界社会フォーラム開催
	ニューヨーク同時多発テロ勃発
	米国のアフガニスタン派兵
2002	ユーロ流通開始
	コート・ディボアール内戦派兵し，自国民（および日本人）を保護（リコルヌ作戦）
2003	イラク戦争（仏は米介入に反対）
2004	EU に中東欧10か国加盟
2005	国民投票において欧州憲法条約の批准拒否
2007	大統領選／サルコジ当選
	リスボン条約調印
2009	ギリシャの財政赤字粉飾を引き金に欧州複合危機
	NATO 軍事帰国復帰
2010	チュニジアのジャスミン革命（→アラブの春）
2011	リビア攻撃（アルマタン作戦）
2012	大統領選／オランド当選
2013	マリへ軍事介入（セルヴァル作戦）
2014	イスラム国を攻撃するイラクへの軍事協力（シャマル作戦）
	サヘル（サブ・サハラ）での対テロ作戦（バルカンヌ作戦）
2015	シャルリー・エブド事件，パリ同時多発テロ
	対テロ対策（センティネル作戦）
2016	ニーステロ事件
2017	大統領選／マクロン当選
	EU 外相理事会は欧州防衛常設機構 PESCO 創設決定

あ と が き

　本書の刊行に際しては，最初，フェリス女学院大学の上原良子教授が，フランスの対外政策をコンパクトにまとめた教科書が出版できないだろうか，と筆者に相談されたのがきっかけとなりました。ちょうどフランス外交史の通史をまとめつつあった筆者は，それをさらに発展させたさまざまなイシューを含む広範な教科書の出版には積極的である旨お伝えしました。それが本書の出発点となりました。

　本書の企画が始まったときには2年半ぐらいで出版できる予定でしたが，予定はどんどん遅れて出版は実際には4年半以上もかかってしまいました。

　その遅延の理由は，これだけの人数であるからなかなか原稿が出揃わなかったことにありましたが，なんといっても編著者のひとりである渡邊の作業の遅延がその大きな理由のひとつでした。執筆者が多いので，重複や解釈・記述の違いなど，調整と統一には時間がかかります。その作業に編著者がなかなか集中できず，多大な時間を要したことが本書の出版が遅延を繰り返した大きな要因でした。

　実際には何度読み返してもきりがないことなのですが，執筆者の皆さんにはわがままな編著者の意見を我慢強く聞き入れていただき，忙しい中大幅な修正にも応じていただきました。本書の執筆者の皆さんの寛容の賜物でもありますが，そこにはみんなで少しでも良い教科書を作りたいという高い志を共通にしていたこともあったと思います。執筆者の方々の協力的な姿勢には心から感謝申し上げると同時に，その研究に対する誠実さを誇りにしたいと思います。

　上原教授には本書の内容や構成について緊密に話し合いましたが，その率直な姿勢には感服しました。それに執筆者の布陣を決めるときには随分とお手間をおかけしました。同教授の広範な人脈がこれだけの専門家を集めることを可能にしたと思っています。

　また本書担当の編集者舟木和久氏にはずいぶんとご心労をおかけいたしました。舟木氏の辛抱強くもまたこの分野の研究に対する深い理解と寛容な心が本

◆ 259

書の出版をついに実現させたと確信しています。記して感謝の気持ちを伝えることにしたいと思います。

2019年7月

編著者　渡邊　啓貴

執筆者紹介 （＊は編著者）

＊渡邊啓貴　総論，第Ⅱ部5
帝京大学法学部教授，
東京外国語大学名誉教授

川嶋周一　第Ⅰ部1
明治大学政治経済学部教授

＊上原良子　第Ⅰ部2
フェリス女学院大学国際交流学部教授

片岡貞治　第Ⅰ部3
早稲田大学国際学術院教授

池田亮　第Ⅰ部4
東北大学大学院国際文化研究科准教授

小林正英　第Ⅰ部5
尚美学園大学総合政策学部准教授

立川京一　第Ⅰ部6
防衛省防衛研究所戦史研究センター
戦史研究室長

尾立要子　第Ⅰ部7
早稲田大学教育学部非常勤講師

吉田徹　第Ⅱ部1
北海道大学法学研究科教授

小窪千早　第Ⅱ部2
静岡県立大学国際関係学部講師

長部重康　第Ⅱ部3
法政大学経済学部名誉教授
国際貿易投資研究所（ITI）客員研究員

矢後和彦　第Ⅱ部4
早稲田大学商学学術院教授

廣田愛理　第Ⅱ部6
獨協大学外国語学部准教授

黒田友哉　第Ⅱ部7
専修大学法学部准教授

鈴木一人　第Ⅱ部8
北海道大学公共政策大学院教授

藤井篤　第Ⅱ部9
香川大学法学部教授

中田晋自　第Ⅱ部10
愛知県立大学外国語学部教授

坂井一成　第Ⅱ部11
神戸大学大学院国際文化学研究科教授

中村督　コラム1
南山大学国際教養学部准教授

大川知子　コラム2
実践女子大学生活科学部
生活環境学科准教授

福田桃子　コラム3
慶応義塾大学経済学部准教授

西川恵　コラム4
毎日新聞外信部客員編集委員

国末憲人　コラム5
朝日新聞ヨーロッパ総局長

鈴木隆　コラム6
獨協大学名誉教授

Horitsu Bunka Sha

フランスと世界

2019年11月15日　初版第1刷発行

編著者　渡邊啓貴・上原良子

発行者　田靡純子

発行所　株式会社 法律文化社

〒603-8053
京都市北区上賀茂岩ヶ垣内町71
電話 075(791)7131　FAX 075(721)8400
http://www.hou-bun.com/

印刷：中村印刷㈱／製本：㈲坂井製本所
装幀：谷本天志

ISBN978-4-589-04034-3

Ⓒ 2019　H. Watanabe, Y. Uehara　Printed in Japan

乱丁など不良本がありましたら、ご連絡下さい。送料小社負担にてお取り替えいたします。
本書についてのご意見・ご感想は、小社ウェブサイト、トップページの「読者カード」にてお聞かせ下さい。

JCOPY　〈出版者著作権管理機構　委託出版物〉

本書の無断複写は著作権法上での例外を除き禁じられています。複写される場合は、そのつど事前に、出版者著作権管理機構（電話 03-5244-5088、FAX 03-5244-5089、e-mail: info@jcopy.or.jp）の許諾を得て下さい。

吉田 徹編

ヨーロッパ統合とフランス
―偉大さを求めた1世紀―

A5判・330頁・3200円

フランスという国民国家が主権の枠組みを超える欧州統合という史上稀にみる構想を，どのようにして実現していったのか。経済危機で揺れる欧州の深層を探るべく，第一線の研究者とフランスの元外相が共同執筆。

安江則子編著

ＥＵとフランス
―統合欧州のなかで揺れる三色旗―

A5判・230頁・2800円

EUによるガバナンスと加盟国による法の受容と政策の実施過程を，フランスを事例に多角的・包括的に分析する。憲法的アイデンティティ，移民政策，農業政策，メディア政策および仏独関係等アクチュアルな争点を考察する。

岡部みどり編

人の国際移動とＥＵ
―地域統合は「国境」をどのように変えるのか？―

A5判・202頁・2500円

欧州は難民・移民危機にどう立ち向かうのか。難民・移民への対応にかかわる出入国管理・労働力移動・安全保障など，諸政策の法的・政治的・経済的問題を実証的かつ包括的に考察する。

岡村 茂著

フランス 分権化改革の政治社会学

A5判・292頁・6000円

中央集権制の国家であるフランスが，82年のドゥフェール改革以降，大規模な地方分権化改革に踏み出した。分権化が，「地域の民主主義」とどのような論理構造と実践のもとに結びつくのか，その過程と変容を分析する。

畑山敏夫著

現代フランスの新しい右翼
―ルペンの見果てぬ夢―

A5判・238頁・3600円

欧州で新たな右翼政党が台頭している。ネオナチとは一線を画し，主流政党とみまがうほどの柔軟さをもっている。本書は，フランスの国民戦線（FN）のイデオロギーと運動を検証し，グローバル化時代のポピュリズム政党の本質的意味を解読する。

廣澤孝之著

フランス「福祉国家」体制の形成

A5判・242頁・4700円

社会保障に関しては独自の道を歩んできたフランス。「社会連帯」の理念を媒介に，形成・変容してきた福祉国家の特質と見取り図を提示。フランス福祉国家の構造的特性の一断面を解明する。［第7回損保ジャパン記念財団賞受賞］

―――法律文化社―――

表示価格は本体（税別）価格です